HISTOIRE
DE LA
RÉVOLUTION
DE 1848

PAR GARNIER-PAGÈS

DEUXIÈME ÉDITION

TOME QUATRIÈME

GOUVERNEMENT PROVISOIRE

II

PARIS
PAGNERRE, LIBRAIRE-ÉDITEUR
RUE DE SEINE, 18

1866

HISTOIRE

DE LA

RÉVOLUTION

DE 1848

DEUXIÈME ÉDITION

IV

PARIS. — TYPOGRAPHIE DE HENRI PLON,

RUE GARANCIÈRE, 8.

GOUVERNEMENT

PROVISOIRE.

II

CHAPITRE PREMIER.

Réaction des troubles sur les finances. — État des finances : charges, ressources. — Réouverture de la Bourse : dépréciation des fonds publics; panique; le Gouvernement laisse les cours aller à la baisse; ses motifs.—Suspension de payement de grandes maisons de banque; dangers et craintes de celles qui se soutiennent; réunions commerciales; députation violente; demande de proroger les échéances; refus du ministre des finances; nouvelles instances; nouveau refus; offre d'intervenir et d'obtenir de la Banque des concessions; demandes de secours directs : un milliard ne pourrait suffire; refus. — Causes des embarras; double remède : création des Comptoirs d'escompte et des Magasins généraux. — Situation : Compagnies des chemins de fer; Caisses d'épargne : demandes de remboursements; satisfaction donnée aux déposants; bons du Trésor : non renouvelés; report des échéances à six mois; les communes retirent leurs fonds de la Caisse des dépôts et consignations; les receveurs généraux sont accablés de réclamations de remboursements; sollicitations des fournisseurs de l'État; détresse des départements : Banques de Marseille, Toulouse, Nantes, Rouen, Lille; plus d'espèces nulle part : Cambrai, Châtellerault, Alsace; suspension de la Banque du Havre. — Diversité des crises qui tourmentent l'économie du corps social; celle de 1848 n'échappe à aucune des causes de troubles et de ruine. — Vide du Trésor. — Banque de France, dernière ressource : sa hardiesse des premiers jours; épuisement de son numéraire; imminence de sa catastrophe; les gouverneurs accourent au ministère des finances; le ministre leur donne le cours forcé; la Banque est sauvée. — Extension de ce privilége aux banques départementales. — Besoins du Trésor : remèdes proposés : confiscation et vente des biens de la famille d'Orléans; rappel du milliard distribué aux émigrés; emprunt, volontaire ou forcé; papier-monnaie; Banque d'État; vente des forêts de l'État; anticipation des recettes futures; banqueroute; impôt, sur le revenu ou sur le capital, proportionnel ou progressif; augmentation de l'impôt indirect ou direct. — L'augmentation de l'impôt direct est seule possible : l'esprit public y est porté; les antécédents l'autorisent; la nécessité, la justice l'approuvent; impôt de quarante-cinq centimes sur les contributions directes; bénéfice d'exemption au profit des contribuables pauvres; instructions réitérées relatives à ce dégrèvement. — Crédit de 60 millions ouvert sur les quarante-cinq centimes, pour subventionner les Comptoirs d'escompte : salut des villes et des campagnes. — Approbation générale de cet impôt. — Il sauve la France.

I

Cette agitation perpétuelle, ce trouble des esprits, trouble sans cesse alimenté par les passions, ces complots, ces conclusions, ces discussions de clubs et de places publiques, ces audacieuses démonstrations, réagissaient à l'instant même sur des finances déjà en péril, et précipitaient le pays vers la catastrophe prédite. Ce fut au milieu de ce chaos, et pour combattre un passé désastreux, un présent impossible et un avenir menaçant, que M. Garnier-Pagès, secondé par M. Duclerc, prit possession (le 7 mars) du ministère des finances.

L'état du Trésor public, tel qu'il a été établi, constaté, était en résumé celui-ci :

Le budget de 1847 s'élevait à 1 712 millions, et devait laisser un déficit de 257 millions ;

Le budget de 1848 présentait, sur les dépenses ordinaires, un découvert de 76 millions et de 169 millions sur l'extraordinaire, ensemble 245 millions;

Cinq cent quatorze millions restaient à dépenser au 1er janvier 1848, pour les travaux publics; mais la dépense réelle, supérieure aux prévisions, devait absorber exclusivement l'amortissement jusqu'en 1855, et même jusqu'en 1859;

Les bons du Trésor montaient à 318 millions, et les dépôts aux Caisses d'épargne à 355 millions;

L'emprunt de 250 millions, sur lequel 82 millions avaient été perçus, devait être abandonné;

Enfin la dette flottante, exigible, officiellement reconnue, s'élevait à 960 millions, plus 170 millions pour travaux qui ne pouvaient être interrompus, en tout 1 130 millions;

Il fallait pourvoir en outre non-seulement aux dépenses mensuelles, de 140 millions, mais encore aux dépenses extraordinaires imposées par les circonstances.

II

Pour satisfaire à ces dettes accumulées, pour couvrir ces dépenses urgentes, pour effectuer ces payements immédiats, on ne pouvait compter sur les impôts, ils étaient tous plus ou moins contestés; ni sur les recettes, elles étaient suspendues. Les ressources se trouvaient limitées au disponible des caisses et du portefeuille. Or le chiffre, pris au procès-verbal dressé, suivant l'usage, à l'entrée du nouveau ministre, était réduit à 107 millions en numéraire au Trésor et à la Banque, plus 56 millions de valeurs en portefeuille, valeurs fort incertaines. (Les souscripteurs des traites de douanes et des billets pour la vente des bois réclamaient un délai de payement.)

De ces 107 millions en espèces, 73 millions étaient irrévocablement affectés au payement du semestre commencé le 6 mars, et réduisaient le disponible à 34 millions.

Trente-quatre millions! voilà l'effectif net du Trésor le 7 mars!

Que l'on compare l'exiguïté de cette somme avec les immenses et impérieux besoins du passif; que l'on se transporte, en pleine crise, dans le cabinet du ministre; que l'on rassemble toutes les pièces contradictoires, toutes les preuves; que l'on scrute patiemment, une à une, les voies fatalement ouvertes aux dépenses et au déficit; que l'on suppute les recettes et leur aléat, et l'on sentira ce que l'honneur de la patrie peut causer de tressaillements et d'effroi.

III

La Bourse restait fermée. Le jour de sa réouverture devait inévitablement dévoiler la chute du crédit public. Aussi, dans l'anxiété de ce désastre, quelques-uns conseillaient-ils d'ajourner encore, craignant qu'une baisse excessive vînt accroître la panique qui gagnait les esprits les plus solides. Mais éloigner la difficulté n'était pas la résoudre. On ne pouvait d'ailleurs interdire plus longtemps le marché aux détenteurs des fonds publics, forcés de vendre afin de pourvoir à leurs engagements.

Le 6, le ministre des finances donna l'ordre d'ouverture. Le lendemain, la Bourse fut rendue aux affaires.

Le 5 p. 100, jouissance du 22 mars, fermé, le mercredi 23 février à 116 fr. 10 c., ouvrit à 97 fr. 50 c., et ferma à 89 fr. Le 8, il descendit à 75 fr.

Le 3 p. 100, fermé à 73 fr., ouvrit à 58 fr., et ferma à 56 fr. Le 8, il tomba à 47 fr.

Les fonds publics étaient donc dépréciés, le 5 p. 100 de 41 fr., moins le coupon, le 3 p. 100 de 26 fr.

IV

Les actes financiers de la République s'étaient bornés jusqu'alors à déclarer le maintien provisoire des impôts et des recettes, l'acquit de l'emprunt grec, le payement anticipé du semestre, le respect des contrats et la résolution de liquider les dettes de la monarchie. Le Gouvernement provisoire n'avait donc pu détruire la confiance : il avait tout employé pour la conquérir.

Mais la révélation du péril éclatait à tous les yeux; les dernières discussions des Chambres avaient éclairé le pays; chacun voyait la situation léguée par la monarchie, et touchait du doigt la vérité; l'abîme depuis si longtemps creusé se découvrait; l'effroi était universel.

Le Gouvernement ne fit rien pour arrêter les cours dans leur baisse. Il ne devait rien faire. Le soutien factice des prix eût été insensé. Une quantité considérable de rentes était dans les mains des étrangers; à elle seule, la Russie possédait les 50 millions vendus par la Banque. Des sacrifices, impossibles d'ailleurs au Trésor, eussent été en majeure partie faits au profit des étrangers désireux de réaliser. D'autre part, la baisse attirait les petits capitaux : ils allaient s'emparer des rentes flottantes que la nécessité portait à la Bourse. C'était préparer au crédit public un avenir assuré, par un éparpillement à l'infini des fonds de l'État; c'était ce qu'on a appelé depuis *démocratiser la rente.* — Les faits ont prouvé que les prévisions du ministre étaient fondées.

Le Gouvernement laissa donc les choses suivre leur pente naturelle. Il ne voulut induire personne en erreur. Le ministre des finances prévint les agents de change qu'il n'interviendrait en aucune manière dans les opérations de la Bourse.

V

Dès le premier jour de la reprise des affaires, la place fut frappée de stupeur par la suspension de la *Caisse du commerce et de l'industrie,* ancienne maison J. Laffitte, et par les liquidations des maisons Ganneron et Baudon, moins compromises. Ces établissements d'escompte entraînaient avec eux bon nombre d'industriels et de commerçants; d'autres maisons de banque étaient également menacées; la faillite planait sur tous; chacun tremblait pour son honneur. A ce premier mouvement de terreur succéda bientôt l'énergie exaspérée que donne aux gens de cœur la volonté de ne point périr. Une première réunion (7 mars) eut lieu passage Montesquieu, une seconde à la Bourse, où l'on décida de réclamer du Gouvernement provisoire une souveraine mesure de salut.

Le lendemain, une députation se forme en cortége et se met en marche; les hommes les plus considérables de la banque, du commerce, de l'industrie, s'avancent les premiers. L'animation est des plus vives. Ce sont des murmures de frayeur, des emportements de colère, des sommations, des menaces. C'est presque une émeute, l'émeute de l'honneur au désespoir! Le tumulte est tel, que le bruit se répand d'un nouveau danger pour le Gouvernement provisoire, et que les élèves des Écoles accourent pour le défendre à l'Hôtel de ville.

VI

Quelle est donc cette souveraine mesure de salut si violemment invoquée? Rien moins que la prorogation à trois mois de toutes les échéances! et cette demande est appuyée par des membres du Tribunal de commerce! et ces hommes, dont l'intelligence n'est au-dessous d'aucune conception, dont le caractère s'est placé si haut dans plus d'une entreprise, ne voient pas que cette prorogation générale est la banqueroute universelle!

VII

A l'Hôtel de ville, le ministre des finances, secondé par M. Pagnerre et par quelques-uns de ses collègues, et, au ministère des finances, le sous-secrétaire d'État, reçoivent les députations avec une sympathie sincère, mais avec fermeté. Ils cherchent à dessiller les yeux. Ils représentent les conséquences funestes de la mesure demandée : la perte de la Banque, la ruine du Trésor, l'arrêt de toutes les recettes, l'éclat prochain de la catastrophe terrible, impitoyable. Finalement, sourds à toutes les obsessions, ils refusent la prorogation au delà des dix jours accordés par les décrets des 26, 28 février, et 3 mars.

Avertis de ce qui se passe, saisis d'effroi, le gouverneur et les sous-gouverneurs de la Banque accourent pour conjurer le ministre de ne point se laisser ébranler et de les soustraire au malheur d'une liquidation forcée. Mais déjà le péril était détourné.

VIII

Cependant la violence de l'agitation croît en raison de la violence de la crise. A mesure qu'ils voient leurs voisins emportés par le courant, ceux qui résistent, épuisant tous les sentiments, tentent auprès du ministre des démarches désespérées.

Une dernière députation de grands industriels et de banquiers escompteurs, qui ont continué bravement, ceux-ci de fournir au petit commerce les secours de leur crédit, ceux-là d'occuper le plus grand nombre possible d'ouvriers, borne sa réclamation à une prorogation de quinze jours. Le devoir parle : le ministre, douloureusement ému, refuse. Mais il offre son intervention auprès de la Banque pour en obtenir toutes facilités et concessions favorables à leur liquidation.

Cette offre fut acceptée; et une commission nommée sur-le-champ, composée de MM. Dethomas, Gaillard,

Cusin-Legendre, Pavie-Blondel, Lehideux, formula les demandès. La Banque concéda tout ce qui pouvait être raisonnablement concédé.

IX

La prorogation générale des échéances n'était pas la seule mesure sollicitée. On exigeait du Gouvernement des secours directs, en argent, pour les maisons de banque, les grandes usines, les chemins de fer, les exploitations des mines, les fournisseurs de l'État.

Chaque ville envoyait sa députation : Marseille, Bordeaux, Rouen, Nantes, Lyon, le Havre, Mulhouse, etc., assiégeaient de leurs doléances, de leurs terreurs, le ministère des finances, le cabinet de chacun des ministres, la salle même des délibérations du Gouvernement provisoire. Même langage, mêmes exclamations : « La faim va décimer les ouvriers et les jeter dans les excès les plus atroces. Notre ville va être saccagée ; notre département, livré à l'anarchie, à la guerre civile ! Secourez-nous ou craignez les plus affreux désastres ! » Ces gémissements étaient arrachés par la nécessité ; chaque députation, ne calculant que la somme partielle qu'elle demandait et croyant la concession possible, insistait avec la ténacité du désespoir. Mais le Gouvernement, qui additionnait toutes ces demandes d'argent, voyait avec évidence qu'un milliard ne pouvait y suffire. L'État lui-même devait plus d'un milliard ; et il avait net 34 millions !

X

Ces moyens repoussés comme dangereux, incomplets et impraticables, il fallait aux maux de la situation des remèdes francs, décisifs.

Les embarras des commerçants provenaient de deux causes principales : l'encombrement des portefeuilles et celui des magasins.

La négociation du papier et l'écoulement des marchandises étaient donc la solution vraie.

Il y fut pourvu par la double création des Comptoirs nationaux d'escompte et des Magasins généraux.

XI

La création des Comptoirs d'escompte était la plus urgente ; ce fut, le 7 mars, le premier acte du ministre. Il arrêta les bases principales de cette institution de crédit, après les avoir élaborées avec MM. Duclerc et Pagnerre, et soumises à ses collègues. Puis il appela à en délibérer des hommes spéciaux, dont les lumières étaient à la hauteur des circonstances.

De leur côté, délégués d'une réunion de négociants, MM. Pinard, banquier, et Boissaye, négociant en tissus, venaient au ministère réclamer pour la capitale cette organisation puissante. Ils furent adjoints à la commission qui tenait séance dans les salons du ministre et sous sa présidence. Cette commission se trouva ainsi composée : MM. E. Duclerc, A. Marrast, Pagnerre,

Biesta, fondeur en caractères, A. Fould, banquier, Pinard, Boissaye, Bourget, président du Tribunal de commerce, Léon Faucher, ancien député, Charles Gosselin, Legentil, président de la Chambre de commerce, Langlois, libraire-éditeur, Émile Pereire, administrateur du chemin de fer du Nord, Hachette, libraire-éditeur, Aristide Guilbert, économiste, Esnée, notaire, Shayé, agréé, Sénac, maître des requêtes.

« Dans les circonstances graves où le crédit privé est affecté, il importe de donner l'exemple d'une de ces associations fécondes qui, en unissant les forces, assurent à tous le bienfait du crédit et la garantie du travail; — un des devoirs essentiels de l'État est d'intervenir, dans une juste mesure, quand les citoyens sentent eux-mêmes le besoin de se réunir pour créer entre eux une sorte d'assurance mutuelle; — il importe de généraliser ce genre d'association, et d'en presser l'application dans tous les centres de fabrication et de commerce. »

Tels furent les considérants du décret qui instituait, « dans toutes les villes industrielles et commerciales, un Comptoir national d'escompte destiné à répandre le crédit, et à l'étendre à toutes les branches de la production. »

Le capital devait être formé dans les proportions suivantes : « Un tiers en argent, par les associés souscripteurs; un tiers en obligations, par les villes; un tiers en bons du Trésor, par l'État. »

Les membres de la Commission avaient apporté dans leurs travaux autant de célérité que de haute intelligence.

XII

Les statuts du Comptoir d'escompte de Paris ayant été signés le 8, on affecta à son installation une partie des appartements du Palais-Royal. Le 9, le ministre nomma le Conseil d'administration. Les membres de ce Conseil étaient MM. Louis André, Augereau, Avrial, Boïssaye, Cerceuil, Depouilly, Dubochet, Gillet fils aîné, Hachette, Laveyssière, Levillain, Niel, Outin, Sommier, Thuilleaux; M. Pagnerre accepta, à titre de délégué du Gouvernement, la direction gratuite; M. Pinard, la sous-direction. Le 20, M. Biesta fut adjoint à la direction, comme sous-délégué du Gouvernement. — L'élite des négociants de Paris fut appelée à former les Conseils d'escompte.

Jour et nuit on fut à l'œuvre. Les premières souscriptions promptement recueillies, à la suite de celles de la Chambre et du Tribunal de commerce et de la Banque de France, les travaux furent inaugurés le 19, les bureaux ouverts, les opérations commencées. Un dévouement inépuisable rendit des services immenses. Avec un petit capital, on fit des prodiges de circulation financière. Le génie du crédit, multiplicateur à l'infini du capital, n'alla jamais plus loin. Le commerce et l'industrie en tirèrent des ressources inouïes, sans les épuiser.

Les résultats furent immédiats. Combien d'honorables maisons durent à cette institution de conserver un nom sans tache! combien, de sauvegarder leur fortune! combien, de tenir leurs ateliers ouverts!

XIII

Le 25 mars, pour compléter l'œuvre, M. Pagnerre fit approuver par le Gouvernement l'organisation, par localité ou par agrégation d'industries, de sous-comptoirs de garantie, destinés à faciliter et accroître le crédit, en servant d'intermédiaires entre le commerce, l'industrie, l'agriculture et les comptoirs. « Ces institutions, » disait-il, « le Gouvernement provisoire les a créées en grande partie, non pas seulement comme des expédients accidentels, nés des nécessités du moment, mais encore comme se rattachant à un système normal, destiné à répondre à tous les besoins de l'avenir..... »

Le bienfait des Comptoirs et des Sous-comptoirs devant s'étendre sur toute la France, le ministre fit adresser à chaque ville des instructions pressantes, à l'effet d'en hâter la création; il fit rédiger et expédier un modèle de statuts, qui leur donna l'uniformité indispensable; il délégua M. Aimé d'Artigues pour activer cette salutaire organisation.

XIV

En même temps, le ministre des finances s'occupait de la création des Magasins généraux. Ce système de mobilisation des marchandises, pratiqué en Angleterre, était inconnu à la France. MM. Henri d'Artigues, Achille Fould, Pagnerre, etc., etc., prêtèrent leur concours à l'établissement de cette institution, qui devait passer dans les habitudes commerciales du pays.

Nous lisons dans le rapport du ministre : « Dans le but de mettre les chefs d'industrie en mesure de disposer dès aujourd'hui du prix de leurs marchandises, il serait établi, à Paris et dans les départements, des magasins généraux où les négociants et les industriels viendraient déposer leurs matières premières, marchandises et objets fabriqués dont ils seraient propriétaires. En échange de leurs dépôts, ils recevraient une reconnaissance extraite d'un registre à souche. Le récépissé, indiquant la valeur vénale de la marchandise, estimée à dire d'experts, conserverait la propriété, qui serait transmissible par voie d'endossement. Les porteurs des récépissés du magasin central seraient admis à les déposer en garantie au comptoir d'escompte de leur circonscription, etc. Revêtus du timbre de la République, et représentant une valeur matérielle, solide, tangible, prochainement réalisable, les récépissés seraient regardés comme équivalant à une seconde signature. » Un décret conforme fut rendu le 21 mars.

Frappées d'inertie aux mains des commerçants, les marchandises étaient faites ressources actives; une valeur immobilisée était transformée en valeur de circulation; un remède topique à la pénurie du moment devenait un germe de production général, permanent et fécond, appelé à fournir au commerce et à l'industrie une partie de leurs capitaux.

Depuis, on a appelé Docks les magasins généraux; Warrants, les récépissés; et l'on a modifié quelques détails de l'organisation.

XV

Par la création des Comptoirs nationaux d'escompte, des Sous-comptoirs et des Magasins généraux, le Gouvernement provisoire avait largement ouvert la porte aux institutions de crédit : crédit commercial, industriel, agricole; crédit pour les propriétaires, pour les travailleurs, pour les associations, pour les inventeurs, etc. Il avait préparé de nouvelles voies à l'avenir. Il avait vivifié les valeurs en portefeuille et les marchandises en magasin. Il avait ranimé la circulation, assuré les seuls moyens vrais et naturels de liquidation.

Mais tout n'était point pourvu; et le ministre des finances avait à faire face à bien d'autres difficultés.

Voici la situation précise, véritable, hélas! non assombrie.

XVI

Les Compagnies de chemins de fer employaient un nombre considérable de travailleurs, répartis sur tous les points du territoire; surprises par les événements, elles se voyaient dans la nécessité de réduire, de suspendre même leurs travaux. Non-seulement le Trésor ne pouvait exiger d'elles ce qui lui était dû, mais encore il avait à leur concéder de fortes sommes sur leurs cautionnements.

La Compagnie du Nord devait à l'État, et, ne pouvant s'acquitter, demandait des délais.

Les administrateurs du Chemin de Lyon écrivaient qu'ils allaient faire à leurs actionnaires un appel dont le résultat était douteux : « Mais, en attendant, nous éprouvons un embarras sérieux pour le payement des dépenses que nous aurons à solder fin du mois courant et au commencement du mois prochain. Nous vous avons déjà exposé, par une lettre en date de ce jour (7 mars), que nous ne pouvions solder nos dépenses, faites en février dernier, que moyennant le remboursement des 2 440 000 fr. que nous avons déposés à la Caisse des consignations, comme partie de notre cautionnement... Nous venons, en conséquence, Monsieur le Ministre, vous prier de vouloir bien nous garantir, pour la dépense que nous aurons à solder à la fin du mois, une somme de cinq millions de francs.....

STOURM, ENFANTIN,

» Administrateurs de service. »

Les administrateurs du Chemin de Nantes réclamaient une partie de leur cautionnement, indispensable au payement de leurs ouvriers et aux dépenses courantes.

Ceux du Chemin de Dieppe et Fécamp écrivaient (le 23) : « Nous occupons, sur la ligne de Rouen à Dieppe, quatre mille ouvriers environ..... Nous demandons 150 000 fr. pour la paye de samedi. A défaut de payement les ateliers seront abandonnés; quatre mille ouvriers vont se répandre dans la campagne, refluer sur Rouen et peut-être sur Paris, où ils augmenteront les embarras du moment, et, avant tout, probablement, dévaster ou détruire un chemin presque terminé..... Dans cet état de choses, nous vous prions de nous venir en aide : 1° par la restitution de la partie de notre cautionnement restée en dépôt, 170 000 fr.; 2° par un prêt de 2 millions. »

XVII

Les Caisses d'épargne avaient, sur les 355 millions dus aux déposants, 289 millions immobilisés, par le gouvernement déchu, en rentes et en actions de canaux. Besoins réels, frayeur ou malveillance, une panique se répandit. Les Caisses furent assiégées par la foule, impatiente de remboursements.

Vainement, pendant longues années, l'Opposition avait prévu le danger; vainement elle avait supplié le ministère de se précautionner contre les éventualités d'une crise! La République devait subir le mal, le réparer, et prendre, au milieu même de la tempête, les mesures volontairement négligées pendant le calme.

Le ministre proposa de remettre à chaque déposant une somme de 100 francs en espèces, et de rembourser ceux qui exigeraient le solde, moitié en rentes 5 0/0, moitié en bons du Trésor à 5 0/0 d'intérêt. Il éleva l'intérêt de 4 à 5, puis à 6 0/0. Plus tard, enfin, le gouvernement républicain poussa, envers les déposants, la générosité jusqu'à la prodigalité.

L'émotion causée par le retrait précipité de ces dépôts donna lieu, dans quelques villes, à des actes de dévouement. Des capitalistes et des propriétaires se réunirent et offrirent aux déposants leur garantie personnelle. Cette louable intervention apaisa les craintes locales ; malheureusement elle ne put être généralisée.

XVIII

Les bons du Trésor (318 millions) seraient-ils renouvelés à leurs échéances ? Un moment on l'espéra.

L'énergie du Gouvernement, un franc et lucide exposé financier fait par le ministre (9 mars), le payement à présentation des bons échus, avaient rassuré les gens de finances ; une certaine somme en bons avait été reportée ; la rente était remontée de 72 à 77 fr. ; les échanges de billets de banque étaient moins nombreux. Mais les événements qui se succédèrent couvrirent cet horizon, qui s'éclaircissait à peine, de nouveaux nuages orageux. La peur délira.

« La France, » disait *le Constitutionnel*, « subit aujourd'hui une des plus rudes épreuves par lesquelles un peuple puisse passer. Ce n'est ni par la frayeur ni par l'inaction qu'on échappe au danger. »

Le *Journal des Débats* commençait ainsi son numéro du 16 mars : « Il faut pourtant le dire à tout ce public que la panique a saisi : une société qui s'abandonne elle-même, et où le cri de *Sauve qui peut!* devient général, manque à ses devoirs les plus sacrés, et rend inévitables tous les maux dont chacun, en se débarrassant, espérait écarter de soi la chance..... Cette épidémie de la peur est bien déplorable ; si nous ne nous en guérissons, elle rend inévitable une série de catastrophes sans fin. »

Après avoir satisfait aux échéances les plus rapprochées, le Gouvernement se vit obligé de reporter les bons à six mois, tout en continuant le payement des intérêts, élevés à 5 0/0, et en préparant un projet de conversion qui devait offrir un large dédommagement aux porteurs.

XIX

Les communes, pressées par les besoins urgents, par les travaux à distribuer comme secours aux malheureux journaliers, étaient contraintes de retirer de la Caisse des dépôts et consignations des sommes importantes.

Les receveurs généraux qui, par anticipation, avaient versé au Trésor l'argent des particuliers reçu en compte courant, étaient accablés de réclamations : il fallait rembourser. Le simple produit des contributions directes leur suffisait à peine; et le seul impôt recouvré s'arrêtait ainsi, sans parvenir aux caisses de l'État.

Les entrepreneurs de travaux et les fournisseurs de l'État, les fabricants soumissionnaires de drap, bois, fer, plomb, cuivre, cuir, blé, fourrages, toiles, lits, tabacs, etc., sollicitaient instamment, avant les échéances, non-seulement les sommes réglées, mais encore celles qui ne l'étaient pas, sous peine de se trouver réduits à fermer leurs ateliers.

XX

Le Trésor aux abois! Paris dans la détresse! les départements n'étaient point épargnés.

Les Banques étaient réduites aux dernières extrémités.

Dès le 4 mars, celle de Marseille publiait cet avis : « Le Conseil général, prenant en considération particulière les besoins si intéressants du petit commerce et de la classe ouvrière, a décidé de consacrer ses fonds, lundi, mardi et mercredi prochains, au remboursement des billets de 250 fr. et de 200 fr., à *raison d'un billet* par présentateur ; et, à partir du 6 de ce mois, un nouveau guichet sera ouvert à l'effet d'activer de plus en plus les remboursements. »

De Toulouse, le Commissaire général, M. Joly, écrivait (17 mars) : « Je viens de décider, de concert avec les administrateurs de la Banque, qu'un délégué vous serait envoyé. Il part cette nuit porteur de cette dépêche : « Ici l'opinion publique s'inquiète. L'ordre et le calme que j'ai maintenus jusqu'à présent, je serai impuissant à les conserver si je n'obtiens de vous un secours immédiat. Déjà des rassemblements nombreux se groupent autour de la Banque. Hier, j'ai été obligé d'employer la force armée pour les maintenir et les dissiper. Dans les clubs, il se fait les motions les plus incendiaires. Tout cela est dû à la crise commerciale qui afflige Toulouse... Il est de mon devoir de vous faire part de toutes mes craintes. La malveillance et la peur rendront terrible la crise qui commence. Les ouvriers sans travail se réunissent et menacent ; les capitaux se resserrent tous les jours davantage. Les ressources de la Banque s'épuisent, et bientôt peut-être il ne sera plus temps de porter un remède au mal. Hâtez-vous ! » La conclusion était une demande d'un million à la Banque de France, sur dépôt de rentes, sorte de prêt que la Banque avait dû s'interdire d'une manière absolue.

De Nantes, dès les premiers jours de mars, le commissaire général, M. Guépin, réclamait au Trésor 700 000 fr. pour la Banque de cette ville. Le 10, il écrivait : « Chaque heure de retard dans l'organisation du comptoir nous menace de catastrophes nouvelles... L'orage est venu! il gronde très-fort! » M. Luneau, ancien député, adressait (1er mars) ce pénible avis : « Le défaut de numéraire dans la ville de Nantes, et probablement dans les autres villes de France, cause de vives inquiétudes et menace de faire suspendre les travaux. Pourrait-on recevoir du numéraire de Paris? là est la question. » L'inspecteur des finances, M. Nau de Sainte-Marie, envoyé sur les lieux, expédiait, le 4, cette dépêche : « La Caisse d'épargne est menaçante. Elle a fait, pour le 13, une demande de remboursement de 450 mille francs. — La Banque de Nantes, qui a payé douze cent mille francs de ses billets en deux jours, épuise son numéraire et a suspendu ses opérations. On espère qu'elle pourra les reprendre dans quelques jours. — Les départements voisins ont demandé six cent mille francs; on ne peut satisfaire à ces demandes. » Le maire, M. Colombel, écrivait : « Je n'ai pas besoin de vous dire que le grand mal de notre ville, c'est la cessation des travaux. Les masses inoccupées augmentent tous les jours. La misère est immense. Les ressources commerciales disparaissent. »

Le chef d'une des premières maisons de Rouen faisait au ministre ses douloureuses confidences. « Notre

Comptoir marche lentement. Nous atteignons maintenant le chiffre de six cent mille francs. Il a fallu des démarches personnelles; j'en suis malade et très-fatigué. J'ai acquis la conviction que la plupart des commerçants avaient encore leurs capitaux chez les banquiers; et ces derniers ne peuvent les rendre, attendu que presque tous sont accablés de retours. Je ne serais pas étonné qu'avant quinze jours ils ne soient tous en suspension... Ce qu'il y a de plus grave dans cette suspension, ce sont nos industriels qui n'ont de matières premières que pour quelques jours, qui ne peuvent vendre leurs produits, et qui, par conséquent, n'ont pas d'argent pour acheter leurs matières premières. Ils vont être obligés d'arrêter et de mettre alors une quantité considérable d'ouvriers sur le pavé... Tâchez de doter convenablement notre Comptoir! » Dans une seconde lettre, il réclamait deux millions : « Alors notre place sortirait de son état de misère, qui est épouvantable, car on ne peut rien négocier. » En effet, la Banque de Rouen tremblait d'effroi et n'osait plus escompter. — Un négociant de premier ordre et de premier crédit vint à Paris trouver le ministre, porteur d'un portefeuille de deux millions en bon papier. Il n'avait pu se procurer à Rouen, avant la création du Comptoir, soixante mille francs pour ses échéances.

Le Commissaire du département du Nord faisait au ministre la communication suivante : « Le commerce de Cambrai vient de m'envoyer quatre délégués pour m'exposer la situation critique des négociants et industriels de cette place importante... Le manque de numéraire rend impossibles les transactions. Les négociants, les banquiers ont leurs portefeuilles bourrés de valeurs et ne peuvent trouver d'argent. Si le Gouvernement ne leur vient pas en aide, il faut compter sur la suspension de tous les travaux. Il faudrait cinq cent mille francs. » — Toutes les autres places du Nord, toutes riches, étaient sous le coup des mêmes menaces. La Banque de Lille ne pouvait plus suffire aux besoins.

De Châtellerault, M. de Proa, ancien député, écrivait (le 27), au nom de la Société des entrepreneurs de la manufacture d'armes : « Nous avons journellement huit cents ouvriers à payer. Notre capital est de douze cent mille francs, et le numéraire va nous manquer. »

M. Dollfus (Matthieu) exprimait ses doléances : « L'Alsace, à l'heure qu'il est, manque de coton. L'Alsace occupe cent cinquante mille ouvriers qui vont se trouver sans travail. La crise financière, les suspensions de payement, que nous voyons et qui menacent l'Alsace d'affreux désastres, mettent le Havre dans l'impossibilité matérielle de fournir le coton nécessaire à l'alimentation de cette province. Pas d'argent au Havre! pas d'argent en Alsace! pas de moyens de s'en procurer! pas de crédit! Dans cette situation, qui est tout à fait exceptionnelle, vous ne verrez pas sans effroi un pays comme l'Alsace exposé à voir la dévastation et l'incendie, parce que les ouvriers n'auront ni travail ni pain. »

Le Commissaire du Haut-Rhin, M. Struch, écrivait (18 mars) : « Nous vous supplions de concerter avec le ministre du commerce les moyens de salut que commande la véritable détresse dans laquelle se trouvent plongés l'industrie et le commerce dans le Haut-Rhin...

Le discrédit et la position qui en résulte pour tous les établissements sont tels, que nous sommes assaillis, mes collègues et moi, par les plus sombres préoccupations. D'un jour, d'un instant à l'autre, nous avons à craindre les complications les plus sérieuses avec les ouvriers des manufactures, qui sont à la veille de se voir forcément jetés sur le pavé. Il nous faut une prompte et efficace assistance de la part du Gouvernement. »

La banque du Havre ne pouvait plus escompter les traites des commerçants ; elle suspendait!

XXI

Nous avons donné quelques fragments pris dans les milliers de lettres que recevait journellement le ministre des finances. Palpitants d'actualité, ils font connaître l'étendue de la crise mieux que toute description. Témoignages irrécusables, ils peignent au vif les désespoirs du moment. Quand le ministre et le sous-secrétaire d'État ouvraient ces dépêches, ils échangaient des regards douloureux, et ils étouffaient leurs émotions sous l'énergie indispensable à cette lutte.

Ce qui frappe le plus dans la correspondance de cette époque, c'est le souci constant de la vie des ouvriers, c'est le désir général d'alimenter les travaux qui leur assurent du pain. Le Gouvernement était pénétré des mêmes sentiments. Il poussait activement la création des Comptoirs et des Magasins généraux ; devançant même leur organisation dans certaines villes (Mulhouse, etc.), le ministre des finances ouvrit des crédits chez les receveurs généraux afin de fournir la matière première aux fabricants.

XXII

La disparition du numéraire décuplait les causes de troubles et de ruine.

Les crises qui tourmentent l'économie du corps social sont de diverses natures et de portées diverses. Tantôt, en présence d'un gouvernement pauvre, il y a une nation riche : la nation fait un effort, le gouvernement est sauvé. Tantôt, c'est le contraire qui a lieu : l'État a des finances prospères, il peut venir au secours de l'industrie, du commerce, de l'agriculture. Plus rarement, tout souffre à la fois, l'État, les particuliers, le Trésor, l'agriculture, le commerce, l'industrie; mais le numéraire abonde : les grands établissements de crédit, restés debout et puissants, redonnent à tous la vigueur. Plus rarement encore, la crise est générale; mais l'état politique du pays est bon : dans le calme des esprits, l'activité du corps social s'exerce d'ensemble et sans obstacle; la circulation, un instant suspendue, se rétablit, la vie coule et reparaît partout.

En 1848, la France n'eut pas même ce dernier refuge; elle sentit à la fois toutes les crises (sociale, politique, financière, industrielle, commerciale, métallique) et toutes leurs réciproques réactions. Mieux encore, le secours de l'étranger lui fit défaut. Les crises de Belgique, de Hollande, d'Autriche et d'Allemagne mirent les banquiers de ces pays dans l'impossibilité de fournir à leur commerce les capitaux nécessaires à l'achat de nos produits, et, par suite, à l'apport du numéraire dont nous avions besoin.

La disparition du numéraire provenait de mobiles personnels et égoïstes. Les uns emportèrent leur argent; d'autres le tinrent en réserve et le cachèrent; quelques-uns spéculèrent sur la détresse publique. Le payement anticipé du semestre de la rente avait pris à la Banque des espèces destinées à alimenter la circulation; la peur et la spéculation les en détournèrent.

XXIII

L'argent s'écoulait du Trésor comme l'eau d'une écluse ouverte. De minute en minute, à vue d'œil, le niveau baissait, et l'on pouvait calculer mathématiquement le moment précis où l'épuisement serait complet. Le directeur du mouvement des fonds et le caissier central ne cessaient d'avertir le ministre; ils répétaient tristement, matin et soir : « Nous pouvons encore vivre quinze jours, douze jours, dix jours, huit jours! »

La banqueroute à huit jours de vue! la banqueroute! c'est-à-dire la ruine universelle, le renversement de toutes les situations, la guerre civile, l'accablement de l'État, et, pour les sacrifiés qui auraient signé de leur nom cette catastrophe, le déshonneur et la mort!

XXIV

La Banque de France restait comme suprême ressource.

Dès leur entrée aux finances, le ministre et le sous-secrétaire d'État n'avaient cessé de l'encourager à marcher hardiment, à escompter avec largeur, à payer ses billets à bureau ouvert, à doubler ses guichets; à maîtriser la déroute par l'audace de la confiance. C'était le système suivi par le Trésor, seul système sage, car souvent, dans les grandes crises, la vraie prudence, c'est la témérité : la Banque s'y empressa. En quinze jours (du 26 février au 15 mars), elle escompta à Paris cent dix millions.

Elle satisfit également à l'échange des billets contre espèces. Du 26 février au 14 mars, l'encaisse de Paris descendit de 140 à 70 millions; dans la seule journée du 17 mars, 10 millions 800 mille francs furent échangés; le soir, il ne restait plus que 59 millions. Quelques jours encore, et la Banque n'avait plus ni un écu ni un lingot!!

Sur ces 59 millions, 45 millions appartenant au Trésor, le solde, 14 millions, plus 63 millions, encaisse de ses Comptoirs des départements, laissaient à la Banque un disponible de 77 millions en face d'un remboursement de 345 millions, soit 260 millions, billets en circulation, et 85 millions, dépôts dus à divers. L'heure de la catastrophe était arrivée.

XXV

Frappés de stupeur, le gouverneur et les sous-gouverneurs accourent au ministère des finances annoncer ce dénoûment fatal. M. d'Argout fait le récit saisissant de la journée : la Banque assiégée par une foule innombrable et impatiente; les avenues intérieures envahies; les guichets, multipliés presque au delà du possible, insuffisants. Il termine par ces mots : « Le peu de numéraire qui reste est dû à l'État, monsieur le ministre. Il vous est indispensable pour les approvisionnements de Paris, pour l'armée, pour la garde mobile, pour les ouvriers, pour les travaux, pour les services publics. Nous sommes perdus! Que faut-il faire ? »

Ainsi, la capitale, les départements, le Trésor, la Banque de France, tout est perdu. La Banque suspendant ses payements, tous les payements sont arrêtés. Le pays entier va tomber en faillite et être plongé dans un abîme effroyable de honte, de famine, de guerre civile. Toutes les misères, toutes les terreurs!

C'était ce dernier mot du désespoir que le ministre et le sous-secrétaire des finances attendaient pour sauver la Banque par l'État, le Trésor par la Banque, la France par le Trésor et par la Banque. C'était de l'excès du mal qu'ils espéraient le remède.

« Votre perte est-elle donc bien certaine? » réplique le ministre, qui, suivant heure par heure le développement de la crise et ne voulant partager la responsabilité qu'avec le sous-secrétaire d'État, a préparé avec lui un projet complet. « Le public est-il bien convaincu que vous devez succomber? » — « Oui certes, » répond M. d'Argout. « La chute du cours de nos actions et la foule qui se presse autour de nos caisses en sont la triste preuve. » — « Eh bien, nous allons déclarer vos billets monnaie légale! Plus tôt, cette mesure, prématurée, eût semé le trouble et l'inquiétude; vos billets eussent perdu 25 ou 30 pour cent. Aujourd'hui, tout le monde en comprendra l'absolue nécessité, et l'opinion publique applaudira. D'ailleurs, pour donner des garanties qui empêchent toute dépréciation, nous limiterons le chiffre de l'émission, et vous ferez désormais connaître votre situation tous les huit jours. »

A cette réponse inattendue, le gouverneur et le sous-gouverneur de la Banque se sentent délivrés; l'évidence du salut jaillit à leurs yeux. M. d'Argout fait observer « qu'il serait peut-être convenable et prudent que la Banque elle-même prît l'initiative de la demande et la justifiât devant le public. » — « Parfaitement, » dit le ministre, « 300 millions vous suffiraient comme limite; mais demandez-en 350. A son tour, le Gouvernement aura besoin de vous. Demandez aussi des petites coupures : elles feront reparaître les espèces. »

C'est ainsi que fut décrété le cours forcé des billets de banque.

Le soir, en Conseil, le Gouvernement provisoire vota avec empressement la proposition du ministre des finances. Une approbation unanime accueillit cette mesure. Légèrement dépréciés pendant quelques jours, les billets revinrent promptement au pair.

Ce privilége étendu aux Banques départementales leur permit de reprendre, d'agrandir même leurs opérations.

XXVI

En sauvant la Banque de France et les Banques départementales, le Gouvernement provisoire avait sauvé le pays de la dernière ruine. En créant les Comptoirs d'escompte et les Magasins généraux, il avait rendu la circulation au commerce, à l'industrie, à l'agriculture : mais il avait à les vivifier par des secours en espèces. Il avait à réorganiser l'armée, les arsenaux, à féconder les travaux publics, à couvrir les dépenses du budget, à payer la dette courante, en un mot à satisfaire tous les besoins dont nous avons fait l'énumération. Certes, le ministre des finances comptait, en échange des services rendus, sur des prêts de la Banque; mais il prévoyait que ces prêts ne pourraient qu'être insuffisants, et ne seraient d'ailleurs qu'une éventualité provisoire.

Le Trésor réclamait une satisfaction immédiate : les recettes ordinaires presque nulles, il fallait recourir à des moyens extraordinaires. Cette nécessité était reconnue, avouée par tous : souffrant du mal, chacun rêvait la guérison.

Aussi ces questions de finance ne cessaient d'être à l'ordre du jour dans la presse, dans les clubs, où elles étaient discutées avec passion. Les plans, les projets, les inventions, les perfectionnements, arrivaient chaque matin par centaines au ministère. Il y en avait de toutes les espèces, aussi variés entre eux que les imaginations qui les enfantaient, tous également appuyés sur des calculs mathématiques, d'une exécution facile, d'un résultat assuré. On lisait sur une affiche, en lettres colossales :

« UN MILLIARD EN VINGT-QUATRE HEURES ! »

Ces propositions étaient présentées souvent avec sympathie, parfois en termes hautains. Des députations venaient, qui voulaient imposer leurs décisions *au nom du peuple français*. Dans le nombre, sans doute, certaines idées eussent pu être adoptées pour être mûries et appliquées avec calme; mais la plupart tenaient de la contagion générale et du délire des esprits. L'intelligence, entraînée dans l'impossible, dépouillée de toute notion de l'équité, ne savait plus discerner le praticable de l'impraticable, le juste de l'injuste. De là une critique virulente contre ceux qui cherchaient dans la fermeté, dans la droiture, dans le bon sens, à se préserver de la rêverie universelle.

Sous leurs mille formes, avec leurs nuances infinies, tous ces projets peuvent être ainsi résumés :

Confiscation et vente des biens de la famille d'Orléans,

Rappel du milliard distribué aux émigrés,

Emprunt, volontaire ou forcé,

Papier-monnaie,

Banque d'État,

Vente des forêts de l'État,

Anticipation des recettes futures,

Banqueroute,

Impôt, sur le revenu ou sur le capital, proportionnel ou progressif,

Augmentation de l'impôt, indirect ou direct.

Passons en revue tous ces fantômes de l'impuissance, de la fantaisie, de l'impossibilité, de l'iniquité.

XXVII

Confiscation et vente des biens de la famille d'Orléans. — Nous avons déduit les raisons qui déterminèrent le rejet de cet expédient.

XXVIII

Rappel du milliard distribué aux émigrés. — Des incitations, des sommations, pour l'adoption de ce procédé, que les uns appelaient restitution et les autres nécessité politique, couvraient les murailles et surgissaient des clubs : « Les Bourbons, ramenés par l'étranger, avaient forcé la France d'indemniser des gens justement condamnés, d'après les lois et coutumes de l'ancienne monarchie, pour avoir pris les armes contre la patrie. Un milliard, octroyé par le bon plaisir de la royauté, voté par un parti, par une majorité de pairs et de députés la plupart intéressés dans la question, malgré l'énergique opposition de tout le pays, avait été imposé de force. C'était une spoliation, un partage des dépouilles publiques. Ce que la force avait fait, le droit commandait de le défaire. La loi, fausse d'origine, stigmatisée comme une rançon de la France à la noblesse, devait être rapportée, et le milliard restitué par les copartageants. Tous ceux qui avaient protesté devaient, pour être conséquents, trouver logique et juste qu'on reprît un argent indûment payé. La monarchie de Juillet avait annulé les fractions non distribuées de ce milliard : la République devait faire plus, et exercer son droit absolu de révision, d'annulation, de restitution. Ce milliard arracherait la France à ses misères, à ses douleurs. Le Gouvernement provisoire serait coupable s'il ne saisissait ce moyen de salut public. »

Cette reprise était assurément un moyen de contenter les masses, de gagner les habitants des campagnes et les ouvriers des villes par des institutions largement dotées, de rallier à la République bien des intérêts en ne pesant que sur l'ancienne noblesse, de créer des banques de crédit foncier, d'entreprendre des travaux publics, d'achever les canaux et les chemins de fer, de donner une forte impulsion à l'industrie, au commerce, à l'agriculture. Mais c'était subordonner le véritable intérêt de l'État, l'intérêt moral, à l'intérêt matériel; réveiller les anciennes divisions, les haines éteintes, les vengeances assoupies; ressusciter le spectre sanglant du passé, avec toutes ses angoisses et toutes ses terreurs; couper de nouveau le territoire en deux : les biens domaniaux et les biens nationaux; jeter l'inquiétude sur les droits de la propriété, sur l'origine de ces droits; c'était sanctionner et léguer à l'avenir de la France la loi du vainqueur, *væ victis!* — Et la nation où la propriété ne reposerait plus que sur le caprice et la volonté du parti vainqueur ne serait-elle pas la plus affaiblie et la dernière des nations?

Ce milliard, d'ailleurs, à qui le réclamer? Depuis vingt-cinq ans n'avait-il point passé dans les mains des créanciers, dans celles des enfants et des petits-enfants des indemnisés, dont certain nombre avaient dépensé leurs parts? Comment remonter, sur le grand-livre, à l'origine de ces rentes, qui avaient passé de mains en mains? S'adresser aux premiers inscrits: qu'étaient-ils devenus? S'adresser aux possesseurs actuels, qui les avaient loyalement achetées: cela serait inique. Et les héritages! et les contrats de mariage! et les donations! et les cessions! et la transmission des fortunes! et la perte des héritages! et toutes les transactions! et toutes les modifications qui interviennent incessamment dans l'état des personnes et des choses! Il fallait donc aller fouiller jusqu'au plus profond des familles, vérifier les contrats, discuter les créances, inquiéter les tiers intéressés, soulever des difficultés sans nombre et insolubles, pour aboutir presque partout à l'arbitraire, aux abus, à l'impossible.

XXIX

Emprunt volontaire.—Comment y songer au moment où l'emprunt de 250 millions, en cours d'exécution, était abandonné par les souscripteurs?

Les possesseurs de capitaux cachaient leurs fonds ou les envoyaient à l'étranger.

Les banquiers, culbutés ou ébranlés, imploraient eux-mêmes le crédit de l'État.

Vendre à la Bourse les rentes de la Caisse des dépôts et consignations ou celles de la Caisse d'amortissement, c'était provoquer une baisse sans limite, enlever le marché à ceux qui en avaient une indispensable nécessité, et faire beaucoup de mal sans réaliser une somme importante..

Un emprunt national fut ouvert. Il y avait tant d'enthousiasme partout! On encourageait si ardemment le ministre à exiger beaucoup! Chacun, les yeux fixés sur son voisin, proclamait si haut la nécessité des sacrifices!... Cet appel au patriotisme ne fut pas entendu. Quelques intelligentes opérations d'honorables capitalistes! quelques traits de dévouement! et ce fut tout.

XXX

Emprunt forcé. — Il était conseillé par bien des gens sérieux. « Le péril justifiera la mesure, » disaient-ils, sans considérer que cette ressource ne pouvait être immédiate et perdait ainsi toute sa valeur.

Ne fallait-il pas en effet désigner les individus, dresser les listes, supputer la part contributive de chacun, fixer les sommes, distribuer les rôles, faire la perception? Travail énorme, qui exigeait trois mois au moins avant l'entrée au Trésor du premier écu.

A quel chiffre taxer cet emprunt? au pair? Mais la rente étant à 60 fr. et descendant encore, c'était imposer au prêteur une perte de 40 fr., de 50 fr. bientôt; ce n'était plus un emprunt, mais un impôt déguisé, forcé! N'était-il pas plus net, plus loyal et plus franc d'y recourir sans ambage ni délai?

Et puis l'emprunt forcé ouvrait la voie à la violence: c'était l'inquisition de l'argent, l'emploi de la force contre le refus et la résistance, la razzia, la guerre civile!

Et de plus il eût rendu impraticable l'emprunt que le ministère négociait avec la Banque de France.

XXXI

Papier-monnaie. — Tout le monde en veut et le propose : banquiers, propriétaires, commerçants, hommes à idées spéculatives, inspirés du bien public, gens en liquidation, politiques éminents, anciens députés, accourent, chacun avec son papier, dont il affirme les universelles propriétés, sous toutes les formes, sur tous les tons.

En effet, remplacer le numéraire par du papier, faire une gravure, lui donner à son choix la valeur des chiffres dont on la décore, est chose facile à exécuter, simple à comprendre, et d'une vertu souveraine ! Aveugle et coupable celui qui repousserait un moyen aussi infaillible ! Et les sollicitations, les instances, les pressions, d'assiéger sans répit le ministre des finances.

Le ministre répondait à toutes ces merveilles par l'exemple du passé. Il prouvait que, presque toujours, le papier-monnaie émis pour parer à une crise avait déterminé une banqueroute partielle ou générale ; et, passant en revue toutes les espèces de papiers pratiqués ou non pratiqués, il les repoussait par des arguments irréfutables :

« Le papier-monnaie ne pouvait circuler qu'avec le cours forcé. Libre et d'acceptation volontaire, les rentes et les bons du Trésor perdant 40 à 50 p. 100, il eût été, dès son émission, déprécié d'autant, et il eût, à son tour, déprécié les rentes et les bons; un milliard n'eût pas fourni à l'État 200 millions. Le papier-monnaie était donc une valeur forcée. Par cela seul, n'ayant sa représentation ni en espèces, ni en effets de commerce, ni en marchandises (comme le billet de banque), mais en propriétés de l'État engagées déjà pour les dettes antérieures, il tombait, à mesure des émissions, à des taux de plus en plus bas. Il conservait intact, il est vrai, son chiffre nominal, et le vendeur le recevait pour tel; mais ce vendeur prenait soin préalablement d'augmenter le prix de sa marchandise de toute la dépréciation du papier et de le ramener ainsi à sa juste valeur. Le remède à cette dépréciation était tout trouvé : c'était le *maximum* avec sa suite, la ruine et l'échafaud! Logique impitoyable déduite par l'histoire! »

De cette foule de sauveurs, les uns demandaient pour le papier de l'État une hypothèque spéciale sur tel revenu, sur tel impôt, sur telle propriété, préférant l'hypothèque spéciale à l'hypothèque générale, et négligeant cette évidence que le tout vaut mieux que la partie.

D'autres imaginaient un papier-monnaie garanti par les propriétés particulières, émis par chacun proportionnellement à leur valeur constatée, certifiée, contrôlée par le gouvernement, et portant le sceau du Trésor public; chaque propriétaire libre ainsi de monnayer sa propriété, les émissions eussent monté à plusieurs milliards en peu de jours. Mais la relation de la valeur nominale à la valeur réelle eût baissé avec la même rapidité : 100 fr. de papier eussent en réalité valu 40 fr., 20 fr., 10 fr., et même moins, en espèces.

Quelques-uns, plus ingénieux, raisonnaient ainsi : « La rente ne peut baisser au-dessous de 30 fr, de 25 fr.; donc à ce taux la rente est de l'argent, chaque 25 fr. de rente est un lingot. Émettez des billets sur ces lingots. » N'oubliant qu'une chose, c'est que la rente est une dette, ils aboutissaient à la garantie d'une dette par une dette : idée pour le moins singulière! L'État peut, à la vérité, emprunter à une banque sur dépôt de rentes à lui appartenant, dans une proportion limitée, et avec faculté de vente au cas de non-remboursement à une époque fixe. L'opération n'est alors qu'un crédit ouvert à l'État par cette banque, et se restreint à un certain chiffre. Mais lancer un milliard de billets sur dépôt de rentes serait déprécier tout à la fois les billets et les rentes, et multiplier fantastiquement la dette par la dette; ce serait toujours le papier-monnaie émis par le gouvernement sans limite autre que celle de sa volonté. Encore le cours forcé, le *maximum*, et le reste!

Les débiteurs se seraient libérés à 60, 80 p. 100 de rabais; c'eût été la liquidation violente et spoliatrice de la dette particulière, la banqueroute organisée du débiteur au créancier, le vol légalisé, le vol de plusieurs milliards !

L'esprit démocratique jouait aussi son rôle dans cette fabrication de projets : le papier-monnaie était préconisé comme favorable à la démocratie. —L'erreur était radicale, suivant la saine raison démocratique. Forcé de travailler pour vivre, à la discrétion de celui qui lui donne le travail, soldé par un signe monétaire sans base assurée, l'ouvrier serait de plus obligé de subir la loi du marchand qui lui vend les aliments et les objets nécessaires à la vie. Ainsi placé entre le patron et le marchand, il verrait son salaire diminuer et sa dépense s'élever.

Même résultat pour le travailleur des campagnes et pour le petit propriétaire; plus, les dangers de l'accaparement, s'il refusait d'échanger ses denrées contre un chiffon de papier.

De même encore pour les services, productions et consommations de l'État. Tenu le premier de recevoir cette monnaie à son titre légal, le gouvernement verrait s'anéantir ses recettes! Tenus également de l'accepter, ses employés, marins, soldats, ouvriers des ports, des arsenaux et des travaux publics, ses fonctionnaires, ses fournisseurs, seraient réduits à la misère, et du contre-coup ruineraient la production qu'ils alimentent.

Et les grands établissements publics! et la Banque de France, à qui le ministre réservait la gloire de contribuer au salut de la République! Chaque jour le gouverneur, M. d'Argout, venait et disait au ministre : « Si vous émettez du papier-monnaie, nous sommes perdus, définitivement perdus! » En effet, envahie par ce papier, la Banque voyait son capital détruit; elle tombait; et toutes les industries qu'elle fait vivre et qui font vivre les ouvriers tombaient avec elle. C'était la ruine universelle! — Après le refus de proroger les échéances, après le décret du cours forcé, c'était la troisième fois que la Banque était sauvée par le ministre des finances.

Ainsi, condamné par le raisonnement, par la science, par les intérêts réels du pays, par le salut de tous, le papier-monnaie était encore plus irrémissiblement condamné par la justice et l'humanité, par la démocratie. Que si la première République avait été entraînée aux assignats, à la banqueroute, c'était une raison pour s'en préserver.

XXXII

Banque d'État. — M. Louis Blanc proposa, dans le Conseil du 16, de laisser tomber la Banque de France et d'élever sur ses débris une banque d'État « douée d'une puissance d'expansion incomparable, et capable de fournir à tous les besoins du crédit public et du crédit privé ».

Le ministre, sans examiner le principe et la possibilité de la réalisation en temps normal, ne discuta que l'opportunité : « Laisser périr la Banque de France, maîtresse des habitudes et de la confiance, à la suite de quarante années d'une gestion prudente et sage presque à l'excès, pour implanter en un jour dans les relations une banque d'État, serait violenter ces habitudes et cette confiance ; et la violence n'est-elle pas le plus impuissant des moyens en matière de crédit ? Au moment où les bons du Trésor perdent 40 p. 100, substituer aux billets de la Banque de France les billets d'une banque d'État serait donner à ces nouveaux venus l'apparence et la réalité du papier-monnaie et tuer pour longtemps l'usage du billet de banque. En l'absence du crédit, vouloir créer un établissement de crédit, c'est vouloir construire sur le vide et créer la vie avec la mort! »

La Banque de France fut maintenue.

XXXIII

Vente des forêts de l'État. — Tous les pouvoirs précédents en avaient vendu des quantités plus ou moins considérables. Le ministre requit du Gouvernement provisoire l'autorisation d'aliéner pour cent millions de forêts appartenant au domaine de la Couronne, redevenu domaine de l'État, et pour cent millions de forêts nationales. Mais il n'avait d'autre but que de faire apparaître aux imaginations malades l'immensité des ressources dont la France pouvait disposer *in extremis*, et il avait soin de déclarer qu'elles ne pouvaient être d'une réalisation immédiate. Même au plus fort de la crise, il ne voulut pas vendre, à moitié prix de sa valeur réelle, le plus clair de la fortune de la France.

XXXIV

Anticipation des recettes futures. — Cet expédient fut soumis au Conseil par un membre du Gouvernement. Il s'agissait de faire souscrire aux contribuables des billets représentant le montant de leurs contributions de l'année suivante, 1849, au besoin de 1850, et de négocier ces billets à la Banque.

Ce moyen était long, impraticable et mauvais. Toute anticipation est un désordre, tout désordre est une ruine. L'histoire financière de tous les peuples et de tous les temps le prouve surabondamment. Consommer les revenus de l'avenir pour dégager le présent ; préparer au pays toutes les calamités, tous les sacrifices, pour s'en affranchir momentanément ; reporter sur les pouvoirs successeurs tous les embarras, toutes les souffrances dont il était accablé : voilà ce que le Gouvernement provisoire ne voulut pas !

La dette flottante, qui avait été léguée par la monarchie et qui écrasait la situation, n'était autre chose qu'une anticipation sur les recettes. Imiter une faute que l'on blâmait n'était ni digne ni logique. Le ministre des finances chercha à réduire cette dette et non à l'augmenter.

XXXV

Après avoir rejeté comme insuffisants, inapplicables, dangereux ou immoraux, les systèmes que nous venons d'énumérer, le Gouvernement provisoire se trouvait dans l'alternative de demander à la France de se sauver elle-même par un sublime effort, ou de dresser le bilan de la monarchie et de laisser passer la banqueroute.

XXXVI

Banqueroute. — Au point de vue moral, pas de discussion. Supprimer, par le droit de la force, une dette librement contractée, c'est voler. Que le Gouvernement déchu fût responsable de la banqueroute, que le pouvoir nouveau en fût absous et reconnu innocent, ce n'en était pas moins la France qui méconnaissait ses contrats, qui refusait de payer ses dettes, et qui se déshonorait.

Certaines personnes disaient : « La banqueroute est un moyen de nettoyer la situation financière ; c'est une bonne affaire ! »

Le ministre acceptait, comme discussion, la question ainsi posée, et prouvait la fausseté et l'impuissance de ce système de liquidation.

Défavorable à première vue aux rentiers seuls, la banqueroute serait en réalité défavorable à tout le monde.

En effet, la multitude des petits, rentiers, privée de ses revenus, en proie à la misère, réclamerait des secours. Un refus serait-il possible ? Non. Donc, obligation morale et politique de leur donner du pain payé par le Trésor. Ce qui diminuerait d'autant l'économie obtenue par la banqueroute.

Ce ne serait pas tout : la banqueroute jetterait dans les transactions une perturbation telle que, pendant longtemps, les recettes baisseraient considérablement. Nouveau déficit !

Résultat de cette ruine des rentiers et de cette torpeur des transactions, la diminution du travail réduirait les ouvriers aux extrémités de la faim. Il faudrait les nourrir. Encore une dépense !

Quant au crédit public, perdu pour le présent, il serait dans l'avenir longuement altéré. Et quand l'heure viendrait d'y recourir, pour une question de salut, le taux de l'emprunt, s'il pouvait s'effectuer, baisserait à 40 fr., à 30 fr., à 20 fr., et provoquerait une nouvelle ruine.

Mais en dehors de ce point de vue spéculatif, il fallait sur-le-champ des ressources pécuniaires. Les travaux publics, les ateliers nationaux, l'armée, la garde mobile, les comptoirs d'escompte, les communes, les hospices, les caisses d'épargne, etc., exigeaient au moins 400 millions.

Le crédit public tué, les fournisseurs de l'État ruinés, les transactions annihilées, l'État devait tout payer comptant, en espèces. A qui demander ce numéraire? A la Banque? les 100 millions qui appartenaient à l'État ne seraient qu'un à-compte bien vite englouti. A l'emprunt? plus possible. Au papier-monnaie d'un État en banqueroute? ce serait une honteuse dérision. A l'impôt? la terreur même y renoncerait : qui eût pu payer un État qui ne payait pas?

On frémit d'horreur en creusant les détails de ce hideux problème. Mais c'est là aussi ce qui rassure. La banqueroute eût été non-seulement une honte, mais une mauvaise affaire. L'intérêt bien entendu est, ici comme partout, d'accord avec l'honneur. Il y a profit pour tous les citoyens autant que pour la France à ce que l'État tienne ses engagements. — On peut affirmer que c'est le respect des dettes et des contrats du Trésor, religieusement observé par le Gouvernement provisoire, qui a consolidé et assuré le crédit dont a joui l'État pendant les époques suivantes.

XXXVII

Impôt sur le revenu ou sur le capital, proportionnel ou progressif. — Le Gouvernement provisoire songeait à prélever l'impôt sur le revenu, non sur le travail; sur le superflu, non sur le nécessaire. La résolution première, prise à l'unanimité, fut donc de décréter l'impôt sur le revenu. Appliqué immédiatement, cet impôt, progressif ou proportionnel, eût pu facilement procurer les ressources nécessaires. Mais, après une étude aussi approfondie que rapide, après avoir consulté les hommes spéciaux, le ministre reconnut avec douleur qu'il était au-dessus de la puissance humaine d'établir une perception quelconque sur le revenu avant trois mois, deux mois au moins. Il n'avait que huit jours!

L'impôt sur le capital, le même au fond que l'impôt sur le revenu, avait les mêmes avantages, les mêmes inconvénients, la même insuffisance.

XXXVIII

Augmentation de l'impôt indirect ou direct. — Le Gouvernement de la République pouvait-il songer à surélever l'impôt indirect, qui a pour base la consommation, et qui, pesant spécialement sur le travail, frappe proportionnellement plus sur le pauvre que sur le riche? C'eût été mentir à son origine. Son principe et sa volonté le poussaient au contraire à l'affranchissement du pauvre et du travailleur, ce but moral et humanitaire de la République française.

Bon gré, mal gré, en dépit de tous les systèmes, de tous les efforts, de toutes les volontés, le ministre était rejeté, de position en position, à une seule et dernière issue : l'impôt direct, dont les rôles étaient distribués et dont la perception pouvait avoir lieu le lendemain même. Le lendemain était assuré !

XXXIX

L'opinion publique se prononçait généreusement et provoquait le Gouvernement. Il n'y avait qu'une voix dans la France entière. Capitalistes, banquiers, commerçants, propriétaires, cultivateurs, ouvriers, proclamaient tous la nécessité d'un effort pour sauver le pays. « Nous le savons, » disaient-ils, « un cataclysme social est imminent. Pour le conjurer, il nous faut de grands moyens ! N'hésitez pas. Demandez-nous le quart de nos biens, de nos fortunes. Pourvu que le reste nous soit conservé, nous serons contents ; nous vous remercierons de nous avoir sauvés et d'avoir sauvé le pays avec nous. »

Le Journal des Débats publiait, en les recommandant à l'attention publique, les avis d'un banquier, — homme éclairé, homme pratique, — qui conseillait d'ajourner à un an le payement des bons du Trésor et de la dette flottante, ce qu'il appelait une mesure salutaire. « Augmentez, » ajoutait-il, « l'impôt, toujours pour un an, et seulement à partir d'un certain chiffre, pour procéder ensuite dans vos augmentations par quart, par tiers, par moitié, jusqu'à ce que vous arriviez à doubler les cotes les plus fortes. » Il terminait en proposant de réduire les traitements, d'imposer la rente et les bons du Trésor.

Le Constitutionnel et les autres journaux inséraient « l'offre qui circulait dans les divers arrondissements de Paris, parmi les contribuables, de s'imposer extraordinairement d'un quart en sus de leurs contributions ordinaires ». Offre à laquelle le maire de Paris répondait : « Interprète des sentiments du Gouvernement provisoire envers cette admirable population parisienne, à qui nul sacrifice, nul effort ne semblent jamais rien coûter quand il s'agit de maintenir l'ordre et de sauver la liberté, je viens vous prier, Monsieur le maire, de seconder ce mouvement patriotique, et d'exprimer hautement à tous les citoyens de votre arrondissement la profonde reconnaissance qu'une telle manifestation excite déjà dans le Gouvernement provisoire, et celle aussi qu'elle ne peut manquer d'exciter bientôt dans le pays tout entier..... »

La presse et les contribuables de Paris prenaient l'initiative. Le Trésor était vide, il fallait le remplir; l'État périssait d'inanition, il fallait le secourir. Le devoir et l'intérêt le commandaient. Cette pensée surgissait de tous les esprits; elle se faisait jour, elle éclatait. C'était une pression de tous les dévouements sur le Gouvernement.

XI.

L'archevêque de Paris venait demander au ministre des finances si les nécessités n'exigeaient pas que le clergé fît le sacrifice de son argenterie. « Nous n'en sommes pas réduits à cette extrémité, » répondait le ministre, touché de cette démarche; « mais si le mal empire, je n'hésiterai pas à demander à chacun son dernier écu. »

« Citoyen ministre, » écrivait l'honorable M. Ferrère-Laffitte, « il est maintenant du devoir, il est même de l'intérêt bien entendu de chaque citoyen, d'apporter sa part d'aliment à la grande artère du Trésor public, d'y verser ce dont il peut disposer, en faisant franchement et loyalement son inventaire; voici le mien..... J'ai en ce moment peu d'argent disponible, à moi appartenant; sur ce que j'ai, je fais verser au Trésor public 25 000 francs, que je vous prie de recevoir à titre de don patriotique et sans réserve pour les appels ultérieurs que la République, à qui je suis dévoué corps et biens, pourra faire. »

Les ouvriers de Puteaux offraient une journée de leur salaire au profit des Comptoirs d'escompte du commerce et de l'industrie : « Si cette offre ne suffit pas, elle sera renouvelée. Si le patriotisme nous inspire, les mêmes inspirations éclateront dans tous les corps d'état, dans toutes les classes de la société, dans la France entière. L'offrande de tous, proportionnée à la fortune de chacun, sauvera la patrie! »

Un ouvrier écrivait à un journal : « Le Gouvernement provisoire de la République ayant fait connaître, par un rapport du ministre des finances, le triste état dans lequel le gouvernement qui vient de tomber a laissé la France, je viens vous prier de faire savoir que je tiens à la disposition du Gouvernement une somme de 400 francs que j'ai à la Caisse d'épargne. »

Une autre lettre, sublime d'abnégation, s'adressait au ministre : « Vous allez avoir besoin d'argent. Permettez à un pauvre ouvrier qui, comme le dit Lamartine, est dévoué à la République, tête, cœur et poitrine, de pouvoir ajouter le mot *et biens*. J'ai pour toute fortune 500 francs à la Caisse d'épargne. Soyez assez bon pour m'inscrire le premier pour une somme de 400 francs, que je tiens à votre disposition trois jours après votre demande. Que la patrie me pardonne si je garde 100 francs pour mes besoins, mais depuis six mois je suis sans travail. »

Ce fut là le début d'une contribution volontaire à qui nous donnerons plus loin sa large part dans l'histoire, comme symptôme, comme exemple, et qui fut féconde en traits de grandeur et de désintéressement.

XLI

Mais les hommes de bonne volonté devaient-ils seuls payer pour tous, quand le salut de tous était en jeu? La justice permettait-elle d'admettre cet impôt unique du dévouement? Et devant de telles manifestations de l'opinion publique, le Gouvernement provisoire pouvait-il hésiter?

Non-seulement le patriotisme le pressait, l'implorait, mais les principes vrais de l'économie politique et les antécédents l'autorisaient. « La terre, » lui disait-on, « doit être ménagée dans les temps calmes, afin de pouvoir suffire aux besoins impérieux des grandes crises. Tous les gouvernements y ont recouru dans des circonstances plus ou moins graves que celle où l'on se trouve. Sans remonter plus haut que le 18 brumaire, quelques jours après ce coup d'État, le 27, Bonaparte n'a-t-il pas imposé 25 centimes extraordinaires aux contributions foncière, personnelle, mobilière et somptuaire?

» En 1813, Napoléon, pour subvenir aux préparatifs de la guerre, n'a-t-il pas ajouté 100 centimes aux contributions des patentes, des portes et fenêtres, et 30 centimes aux contributions foncière, personnelle et mobilière?

» En 1814, n'imposait-il pas encore 50 centimes à la contribution foncière, 100 centimes à la contribution personnelle et mobilière, 100 centimes sur les portes et fenêtres?

» Louis XVIII, en 1815, frappait les départements d'une contribution de guerre de 100 millions.

» En 1816, il continuait la contribution extraordinaire de 100 centimes, décrétée en 1814 par Napoléon; et, la paix venue, la tranquillité rétablie, cette contribution se perpétuait, en tout ou en partie, pendant toute la durée de la Restauration, sous le nom de *centimes additionnels sans affectation spéciale.*

» Louis-Philippe, en 1830, arrivait au milieu de circonstances incomparablement favorables. La Restauration ne lui laissait pas les finances en déroute; le crédit privé n'était pas anéanti. Que faisait-il cependant? Loin d'alléger cette charge de l'Empire, il élevait le chiffre des centimes additionnels de 10 à 17; puis il ajoutait 30 centimes extraordinaires au budget de 1831; enfin il prolongeait ce chapitre des *centimes additionnels sans affectation spéciale* jusqu'en 1848, époque à laquelle il le portait à 18 centimes.

XLII

Les précédents, la nécessité, l'évidence, la justice, l'esprit public, le salut de la France, avaient parlé. — Le ministre des finances déclara au Conseil que, pour suppléer à l'impôt sur le revenu, qui ne pouvait être instantanément appliqué, il n'y avait plus qu'à réclamer une ressource extraordinaire sur les quatre contributions directes.

La proposition fut admise en principe, sans contestation et à l'unanimité.

Le gouvernement eût désiré ne frapper que le principal et non les centimes additionnels; mais, là encore, la confection de nouveaux rôles eût ajourné la recette à deux mois.

La quotité fut ensuite débattue : 2 fr., 1 fr. 50, furent proposés et rejetés. La majorité s'arrêta au chiffre de 1 franc. Le ministre des finances objecta qu'ayant lieu de compter sur le concours ultérieur de la Banque, il croyait ne devoir demander au pays que le sacrifice rigoureusement indispensable, et que 45 centimes suffiraient aux besoins actuellement constatés ou prévus. Ce chiffre fut adopté.

M. Ledru-Rollin réclama le bénéfice d'exemption pour les petites cotes. Le ministre fit observer qu'il acceptait le principe, mais que ce terme de *petites cotes* était trop vague; que la limite serait nécessairement arbitraire et vexatoire; que de très-petites cotes et en grand nombre appartenaient souvent à des propriétaires très-riches; qu'ainsi la proposition manquerait, en beaucoup de cas, le but de son auteur; qu'enfin, pour obtenir le résultat désiré, il fallait ou dresser la liste des riches, ou s'adresser à tous les contribuables, et dégrever ensuite ceux qui seraient notoirement dans l'impossibilité de payer. Dresser la liste des riches, c'était retomber dans tous les retards qui avaient fait ajourner l'impôt sur le revenu. Le dégrèvement individuel des malaisés était expéditif, facile, sûr, juste, et non vexatoire.

Ces observations furent approuvées et validées.

XLIII

L'impôt de 45 centimes décrété à l'unanimité, le ministre fit donner (18 mars) aux commissaires du Gouvernement des instructions conformes : « L'intention du Gouvernement provisoire étant que la contribution extraordinaire n'ait rien de trop rigoureux, les contribuables qui seraient notoirement hors d'état de la supporter pourront en être dégrevés dans une équitable mesure. A cet effet, le maire, assisté du percepteur et d'un ou plusieurs répartiteurs, dressera, dans la forme des états irrecouvrables, un état nominatif des contribuables à qui, en tenant un juste compte de leur position et des impérieuses nécessités du Trésor, il serait possible de faire remise d'une partie ou de la totalité de la contribution extraordinaire. »

Ces instructions n'ayant pas été suffisamment répandues ou comprises, le Gouvernement provisoire les transforma, le 5 avril, en un décret complémentaire du premier; et, afin que chacun connût bien son droit et la pensée du Gouvernement, le ministre de l'intérieur fut chargé de faire publier ce second décret à son de trompe dans toutes les communes de la République.

Le 25 avril, le ministre des finances renouvela les mêmes prescriptions dans une circulaire impérative. — Il consacrait à ce dégrèvement 30 millions, sur les 192 millions que devait produire l'impôt.

XLIV

Des 162 millions restants, le Gouvernement provisoire accorda au ministre des finances une somme de 60 millions, affectée à la subvention des comptoirs d'escompte. Toutes les sommes disponibles sur les 45 centimes furent mises immédiatement à la disposition de ces établissements, afin de stimuler le zèle des fondateurs et des souscripteurs. Paris, Lyon, Marseille, Rouen, le Havre, Nantes, Angers, Lille, Poitiers, Saint-Quentin, Mulhouse, Louviers, Elbeuf, Bayonne, et cinquante autres villes, reçurent ainsi le vivifiant secours d'un crédit qu'elles n'espéraient plus.

Rendre la vie aux villes, c'était aussi sauver les campagnes, qui vendent leurs produits aux villes; et d'ailleurs les 45 centimes ne les rachetaient-ils pas du papier-monnaie, qui les eût bouleversées et ruinées pour longues années?

XLV

L'impôt de 45 centimes était donc une mesure de salut, non de fiscalité. C'était la vraie solution, simple, sensée, légère au travailleur et au pauvre.

Aussi, au début, les bons citoyens s'empressèrent d'apporter au Trésor leur part contributive; les recettes sur l'impôt direct ordinaire et extraordinaire rentrèrent avec facilité; la majorité de la presse approuva, engagea les citoyens à faire leurs versements, élevant le bon vouloir à la hauteur d'une vertu publique.

Les Débats (18 mars) disaient : « ..... Ces deux mesures (l'impôt de 45 centimes et l'ajournement des bons du Trésor) ont pour excuse la nécessité, qu'il est impossible de ne pas reconnaître. De tous les expédients qu'il était possible d'imaginer en l'absence du crédit public, c'est encore ce qu'il y a de moins regrettable. La propriété foncière est malheureusement habituée à ce qu'on lui demande des sacrifices extraordinaires dans les temps difficiles. C'est ainsi qu'à la fin de l'Empire les impôts directs furent augmentés. Pareille chose eut lieu en 1831..... Chacun doit, sans murmurer, supporter un surcroît de charges et accepter même des embarras.... »

Le Constitutionnel (20 mars) : « On ne saurait le nier, les décrets relatifs à la Banque de France, aux bons du Trésor, à l'impôt supplémentaire, ont obtenu l'approbation générale de tous les financiers, même de ceux que l'une et l'autre de ces mesures atteignent le plus dans leurs intérêts..... » Il ajoutait, le 21 mars : « Après les mesures énergiques prises par le Gouvernement provisoire, les finances de l'État peuvent être considérées dorénavant comme hors de danger..... De grandes mesures ont été prises pour venir en aide à l'industrie et au commerce..... »

XLVI

En résumé, après un fidèle exposé des finances, et en quelques jours, le Gouvernement, par des moyens hardis, mais indispensables, avait dégagé la situation, repoussé les projets funestes ou insensés, créé de nouvelles institutions de crédit, sauvé la Banque de France et les Banques départementales, secouru le commerce, l'industrie et l'agriculture, rétabli la circulation, fourni le salaire aux Ateliers nationaux, subventionné les grands travaux publics, satisfait aux fournisseurs créanciers de l'État qui employaient et faisaient vivre des milliers d'ouvriers, rendu aux villes et aux communes ces sommes dont elles avaient un besoin urgent, remboursé aux receveurs généraux une partie de leurs avances applicable aux remboursements, ouvert les crédits nécessaires à la réorganisation de l'armée et de la marine, soldé les intérêts dus par l'État, assuré tous les services publics, arraché la France à la ruine et au déshonneur de la banqueroute.

Certes, tout le mal n'était pas détruit; la crise pouvait durer, s'étendre encore; mais les mesures étaient prises pour la dominer.

CHAPITRE DEUXIÈME.

Conséquences fatales des journées des 16 et 17 mars. — Protestations et pétitions contre l'ajournement des élections de l'Assemblée nationale : le cinquième arrondissement de Paris, les ouvriers, *l'Atelier, le National, la Réforme, le Peuple constituant.* — Les Commissaires du Gouvernement signalent les dangers de cet ajournement. — Réunion du Conseil : M. Ledru-Rollin communique la correspondance des Commissaires; il prend parti contre l'ajournement; mais le temps fait défaut; les élections sont remises au 23 avril et la réunion de l'Assemblée constituante au 4 mai. — Proclamation au peuple français. — Facilité pour le Gouvernement provisoire de prolonger la dictature; moyens. — Impressions produites par la prorogation des élections : conservateurs, *les Débats, l'Assemblée nationale, le Constitutionnel, l'Union, l'Univers religieux;* républicains; socialistes.— Dangers et épreuves à subir. — Les fauteurs du 17 mars concentrent leurs projets et leurs forces. — Réunion des clubs : formation d'un club des clubs et d'un comité central des clubs; programme; appel à tous les clubs; but public; but secret; menées à Paris et dans les départements.—La Commune de Paris, centre d'action : ses bureaux, ses rapports avec la préfecture de police; sa garde; ses armes. — Les ouvriers délégués du Luxembourg : le succès du 17 mars les enivre; leurs prétentions; leur plan; leur proclamation; leur règlement; leurs instructions électorales; leur union avec le Club des clubs et la préfecture de police. — Garde nationale mobile : sa composition primitive; son épuration; soins de son commandant, le général Duvivier; esprit révolutionnaire; lutte du général; formation du club de la garde nationale mobile; ses discussions; ses rapports avec le Club des clubs. — *Société des Droits de l'homme :* son but est le combat; son règlement; ses préparatifs; ses relations avec la préfecture de police; son socialisme. — M. Cabet : surexcitation de son amour-propre et de ses prétentions; violence du *Populaire.* — M. Raspail : *le Club des Amis du peuple;* hostilité contre le Gouvernement provisoire. — *Société républicaine centrale :* sa constitution isolée; ses séances; ses principes; M. Blanqui, président : son caractère; ses vues et ses complots; révélations de *la Revue rétrospective.* — Résumé des forces révolutionnaires extrêmes. — Péril du Gouvernement provisoire.

I

Les journées des 16 et 17 mars devaient exercer sur les destinées de la République une influence dont on verra les effets se développer sans cesse et donner aux événements une physionomie nouvelle. Les élections, la presse, les partis, les clubs, les ouvriers, la bourgeoisie, l'industrie, le commerce, la Bourse, la Banque, les départements, le Gouvernement, en subiront des atteintes profondes et fatales.

Les élections, loin d'être faites sous l'inspiration conciliatrice et républicaine des premiers jours, deviendront un sujet de séparation, de discordes et de luttes. La polémique des journaux, adoucie par la grandeur et l'éclat de la révolution, aura des accents plus ardents : les écrivains progressistes se lanceront dans une voie plus exclusive ; les rédacteurs des anciennes feuilles monarchistes s'engageront, à mots couverts, dans la réaction. Les clubs, les chefs socialistes, surtout ceux qui ont rêvé un renversement, nourrissant, malgré leur insuccès, l'espoir d'une tentative plus heureuse, fomenteront des journées qui répondent mieux à leurs desseins. Forts de leur nombre et de leur puissance, croyant qu'ils n'ont qu'à déployer au vent leurs bannières et à marcher cent cinquante mille sur l'Hôtel de ville pour devenir les maîtres de la France, les ouvriers, par une pente bien naturelle au cœur humain, exagéreront ce qui leur est dû, élèveront leurs prétentions et leurs exigences au delà du possible, réclameront de plus forts salaires et moins de travail, prolongeront les grèves et se soulèveront au moindre souffle. La bourgeoisie, affaiblie par une démonstration futile et avortée, indécise, cherchera sa place pour équilibrer les aristocraties de naissance et de fortune et la démocratie du travail et de la pauvreté. L'ordre se troublant de plus en plus, l'agitation révolutionnaire s'étendant, l'industrie, inquiète et souffrante malgré les secours du gouvernement, restera inactive devant l'inactivité de la demande. Le commerce sera réduit à la stagnation dans des boutiques et des magasins déserts. La Bourse n'offrira aux capitaux que des réalisations ruineuses. La Banque sera assiégée de demandes de remboursements. Les départements, recevant le contre-coup de Paris, s'interrogeront anxieusement sur des faits qu'ils interpréteront sans les connaître, et ils se tiendront sur la réserve et la défiance. Le Gouvernement enfin, placé entre les journées passées et les journées futures, verra ses efforts s'amortir, les divisions apparaître, les obstacles s'accroître, ses mesures financières comprimées dans leur essor.

Voilà l'horizon que les démonstrations des 16 et 17 mars faisaient entrevoir aux hommes les plus sensés et les plus calmes, au milieu des bouillonnements des idées et du choc des événements.

II

Tout d'abord l'opinion publique réagit contre cette réclamation d'ajournement des élections de l'Assemblée nationale. Les protestations, les pétitions contraires affluèrent de toute la France. Le maintien du jour fixé (9 avril) fut vivement sollicité. De nombreux ouvriers, qui avaient assisté à la manifestation, venaient désavouer ceux qui, sans leur autorisation, avaient parlé pour eux.

« En ajournant les élections », disaient les uns, « on investirait le Gouvernement provisoire d'une dictature qu'il repousse de toute l'énergie de son patriotisme, et que ne justifient pas les circonstances. On paraîtrait se défier de la France. On aurait l'air de dire à l'Europe que la révolution de Février, au lieu d'être l'explosion de l'indignation légitime du peuple, n'a été qu'une surprise. Ce serait calomnier et abaisser la République. Ce serait aussi alarmer les départements, à qui l'on donnerait le droit de croire que deux cent mille hommes, grâce à la position de Paris, veulent retenir pour eux seuls le gouvernement.

» Après la révolution, l'organisation. La République doit être constituée pour le dedans et le dehors. Politique, finances, crédit, travail, tout est ébranlé et demande à reprendre promptement une nouvelle et ferme assiette. L'Assemblée nationale peut seule représenter, pour cette œuvre immense, ce qui existe en France d'expérience et de vigueur. Elle seule peut créer un monde nouveau.

» Le provisoire, quand il se prolonge, même aux mains d'hommes intelligents et de cœur, est inévitablement le désordre. Que le peuple y prenne garde! le provisoire ne fait ni ses affaires ni celles du Gouvernement, car il mène droit à l'anarchie; et de l'anarchie au despotisme.

» La France compte avec anxiété les jours qui la séparent des élections. Chacun a hâte d'arriver au port; et, quand nous y touchons, il y aurait crime ou folie à nous lancer une fois encore vers la région des tempêtes. »

Le Gouvernement provisoire recevait des adresses semblables à celle-ci : « Les citoyens du 5e arrondissement... vous demandent le maintien des élections au 9 avril..., au nom de la République, au nom du travail populaire, de l'industrie et du commerce. — La France s'est sentie républicaine le jour où, par la proclamation de la République, il n'y a eu pour la France, hors la République, que l'anarchie et la guerre civile. Ne laissez pas, par le maintien du provisoire, naître l'incertitude dans les esprits, le découragement dans les cœurs, et l'espoir chez les partisans du passé. Nous avons toute confiance dans votre patriotisme, dans votre sagesse. Vous ne voudrez pas retarder, nous en sommes convaincus, l'affermissement de la République et la création définitive des institutions démocratiques que le peuple attend avec impatience de l'Assemblée nationale. »

Les ouvriers qui se groupaient autour du journal *l'Atelier* répondaient à une demande d'adhésion que lui avait adressée le club présidé par M. Blanqui : « Considérant qu'au lendemain d'une révolution et sous l'influence des sentiments républicains ardents et vivaces, on a tout à espérer des choix inspirés par de tels sentiments et beaucoup à craindre des intrigues qu'un retard ferait naître, la Société républicaine et patriotique de *l'Atelier* repousse, à l'unanimité, l'ajournement indéfini des élections. »

Le National tenait le même langage. *La Réforme*, qui avant le 17 mars eût pu éclairer ses amis, se rangeait un peu tardivement à cette opinion. *Le Peuple constituant*, fondé par Lamennais, émettait les mêmes pensées. Parmi ceux-là mêmes qui avaient le plus chaleureusement sollicité l'éloignement des élections, beaucoup commençaient à regretter que cette question eût été soulevée.

III

Ainsi, presque tous repoussaient l'ajournement : ceux qui subissaient la République, parce qu'ils désiraient la cessation de la dictature et du provisoire ; ceux qui l'acceptaient, parce qu'ils aspiraient à la prompte et définitive réalisation des institutions démocratiques ; ses partisans les plus dévoués, parce qu'ils prévoyaient que chaque jour de retard, éloignant le premier enthousiasme de la révolution, réduirait le nombre des républicains dans l'Assemblée nationale, rendrait plus difficile la fondation et l'organisation de la République, et plus périlleuse la situation de cette Assemblée au milieu du peuple de Paris.

Ceux-là seuls qui tramaient dans l'ombre un audacieux coup de main pour s'emparer de la dictature persistaient dans le désir de prolonger un état de choses qui laissait la porte ouverte à leurs témérités.

IV

Les Commissaires du Gouvernement, consultés par le ministre de l'intérieur sur la prorogation des élections, ne firent pas attendre leurs réponses. A l'exception de trois ou quatre, ces réponses étaient identiques : « L'élan spontané des premiers jours s'affaiblissait. Le concours empressé de ceux que la nécessité ou la crainte poussait autour d'eux disparaissait avec la nécessité et la crainte. La Révolution avait respecté tout, n'avait proscrit personne; elle avait aboli l'échafaud! L'heure de la peur était passée. Ce n'était plus l'offre des dévouements absolus, des biens, de tous les sacrifices. Revenus d'une première alerte, beaucoup commençaient à réagir contre leur propre effroi; ils se demandaient si la République avait été faite au profit d'un parti de quelques hommes, ou bien au profit de tous; s'ils ne devaient pas user de leurs droits de citoyens comme bon leur semblait; s'il ne leur était pas loisible de se mêler aux affaires publiques, et de prendre leur large part de souveraineté là où le peuple était souverain. Dans de telles dispositions, la circulaire de M. Ledru-Rollin, saisie avec avidité comme motif de transition, devenait une occasion de séparation. Les hommes importants des anciens partis échangeaient un mot d'ordre, et songeaient à leurs candidatures. Le temps seul leur manquait pour agir. »

Ce mouvement était si nettement dessiné, que les Commissaires ne mirent aucune hésitation à le décrire. Ils firent connaître au ministre les démarches commencées pour éveiller la défiance, effrayer les timides, capter les indécis, provoquer les hostiles, et retirer aux républicains les suffrages qui leur avaient été primitivement offerts. Ils signalèrent le danger d'un retard qui enlèverait à l'Assemblée constituante l'homogénéité essentielle. Ils représentèrent comme une erreur funeste cet espoir qu'une éducation faite après coup serait plus favorable à la République que l'inspiration du premier moment. Ils démontrèrent l'urgence de promptes élections. Ils insistèrent pour que le jour fixé fût maintenu.

V

Le ministre de l'intérieur vint, le 26 mars, jour désigné pour son rapport, communiquer au Conseil le résumé de cette correspondance des Commissaires. Il avoua sincèrement que ceux qui avaient réclamé l'ajournement s'étaient trompés, et que lui-même, enclin d'abord à cette idée, était désormais éclairé sur la question.

A l'exception de MM. Louis Blanc et Albert, retenus au Luxembourg, qui conseillaient la dictature pour une année, mais qui avaient promis leur adhésion au vœu de la majorité, tous les membres du Conseil étaient présents. On était d'accord; il n'y eut pas de discussion.

Une seule objection mit en doute la suffisance du délai. M. Ledru-Rollin répondit que les élections de la garde nationale commençant le 5 et devant durer une semaine, il y aurait là un obstacle réel pour Paris : « Il craignait, pour les départements, que les instructions adressées aux maires ne fussent pas parvenues assez à temps pour être comprises et appliquées sur-le-champ, et que le suffrage universel, pratiqué pour la première fois, jetât les fonctionnaires dans les lenteurs et les embarras de l'inconnu; il ne pourrait dès lors garantir l'inscription de tous les électeurs. Quelques jours supplémentaires permettraient plus d'exactitude dans l'exécution des décrets et plus de régularité dans les votes, sans nuire au résultat général. »

Ces observations étaient concluantes : la volonté de maintenir le jour fixé dut céder. On proposa le dimanche suivant (l'on voulait, à l'unanimité, que le vote eût lieu un jour férié). Une seule semaine paraissant insuffisante, M. Crémieux demanda la remise au dimanche 23 avril. Quelqu'un fit observer que c'était le jour de Pâques. « Jour de régénération sociale ! » répliqua un autre membre du Conseil. Et le 23 avril fut adopté. Le 4 mai fut fixé pour la réunion de l'Assemblée.

VI

Une proclamation au peuple français précéda le décret. Après avoir constaté la presque unanimité des réponses des Commissaires, l'accord des pétitions et le sentiment qui dominait la grande majorité de la population parisienne, elle disait : « Le Gouvernement provisoire se croirait coupable s'il gardait dans ses mains, sans la plus impérieuse nécessité, le pouvoir exceptionnel et temporaire que cette nécessité même a fait légitime...... C'est à vous, citoyens, d'achever l'œuvre généreuse que vous avez entreprise...... Grâce à votre concours, le Gouvernement provisoire a pu porter jusqu'à ce jour le fardeau des affaires publiques. Il ne veut pas, il ne pourrait pas retarder d'une heure le moment où il déposera le pouvoir dans les mains de l'autorité souveraine, seule capable de répondre à tous les vœux de la France, seule assez forte pour diriger les destinées de la République dans ces voies où l'impulsion magnanime du peuple les a lancées. — Ne perdez donc pas de temps, citoyens, pour discuter les idées et les hommes : que ceux-ci soient par leurs principes, par leur vertu, par leurs lumières, par leur pureté, par leur amour de la patrie, *les vrais représentants du peuple*, et l'Europe saluera l'assemblée nouvelle avec le même enthousiasme qui accueille partout la révolution que le peuple a faite, et qui engendre la plus puissante des propagandes : celle qui est inspirée par l'admiration. »

VII

Asservi par l'inexorable loi du temps, contraint de refuser satisfaction à son impatient désir d'abdiquer l'autorité, le Gouvernement provisoire avait, du moins, posé de nouvelles limites à sa dictature.

Ce spectacle d'un pouvoir armé de toutes les forces vives d'une nation, qui n'aspire qu'à se dépouiller de sa puissance après le devoir accompli, n'est pas chose si commune qu'il ne soit pas permis de s'y arrêter un moment et d'exposer quelques considérations nouvelles.

Il n'est pas douteux qu'après les journées des 16 et 17 mars le Gouvernement provisoire pouvait prolonger la dictature, en saisissant l'occasion qu'il n'avait ni provoquée, ni sollicitée. La crainte de passer sous le joug communiste eût rassemblé autour de lui tous ceux qui redoutaient un naufrage général. Unique garantie de l'ordre contre l'anarchie pour ceux qui possédaient, il eût été soutenu par eux comme une nécessité. Les plus pauvres eussent été faciles à séduire par des secours habilement distribués, les ouvriers par de grands travaux publics, les gens de campagne par l'abandon de quelques taxes. La part faite à tous, il eût été aisé de battre monnaie avec les biens de l'État, des hospices, des communes et de la famille royale. On pouvait se rallier les banquiers, les hommes d'affaires, les spéculateurs, les agioteurs mêmes, par des bénéfices sur des entreprises, par des rachats et des reventes de chemins de fer, par des ventes de canaux, par des monopoles, par des concessions de toutes sortes; les commerçants et les industriels, par des primes à la sortie; les propriétaires, par la faculté de se libérer de leurs hypothèques avec du papier créé sur leurs propriétés et reconnu par l'État; certaines individualités, par des positions élevées et fortement rétribuées; les chefs des clubs, par des missions ou des emplois pourvus de larges indemnités. On pouvait capter les soldats par des augmentations de solde, les officiers par des grades, les généraux par des commandements. On pouvait s'emparer du clergé, disposé à se laisser faire, par une protection efficace, par des prévenances et des faveurs. Au besoin, si quelques rebelles à la servitude eussent tenté de s'affranchir, on eût déporté les uns, exilé les autres, rempli les prisons, et maîtrisé le reste avec une forte police et l'armée.

Cette domination, combien eût-elle duré? combien de jours ces proconsuls eussent-ils fait vivre une telle république? Un pouvoir qui se joue des hommes et des choses, qui ne respecte ni foi ni loi, qui n'a nul souci des moyens, ne peut-il pas se traîner ainsi plusieurs années? Parvenir au premier rang — effet du hasard, œuvre de la Providence ou usurpation criminelle — est un fait rare et difficile. Mais lorsqu'on tient en main la dictature et qu'à tout prix on la veut conserver, on ne peut la perdre que par une révolution; et les révolutions exigent l'espace, le temps et certaines conditions de moralité et d'énergie.

VIII

La déclaration noble et précise du Gouvernement provisoire, loin de concilier les sympathies ou l'approbation du parti conservateur, ne souleva que ses critiques. A ce gouvernement d'ambition si désintéressée, il marchanda les quinze jours de ce délai indispensable, qui devait être si favorable aux candidatures secrètement hostiles à la République.

La France monarchiste garda le silence sur le fond de l'acte pour se livrer à des réflexions acerbes sur le point secondaire. *Les Débats* seuls reconnurent, avec convenance, que le délai était aussi court que possible; mais ils regrettaient « que le Gouvernement ait donné une sorte de caractère officiel à d'injustes défiances en paraissant redouter des intrigues et des tentatives insensées qui seraient dirigées contre la République ». *L'Assemblée nationale* déclarait « éprouver un sentiment pénible à la lecture des considérants de ce nouvel abus de pouvoir ». ..... « Le jour de Pâques était malheureusement choisi, » et elle demandait qu'au moins ces quinze jours fussent employés à rétablir dans Paris l'ordre et l'autorité. *Le Constitutionnel* disait : « Le nouveau délai de quinze jours donné au provisoire, à l'arbitraire local, aux chances du hasard si redoutables lorsque le pouvoir est faible, a causé dans Paris une inquiétude presque universelle. » *L'Union* affirmait « qu'un tel ajournement était affligeant au plus haut degré, mais qu'on ne pouvait vouloir que le possible. » *L'Univers religieux* témoignait son extrême surprise; il voyait « le secret de cette nécessité de délai dans la circulaire de M. Ledru-Rollin. On prenait du temps pour se préparer de bons choix. C'était une ruse jointe à l'intimidation. En fixant le jour de Pâques on comptait sur l'absence d'un grand nombre d'électeurs. Erreur! les devoirs envers Dieu ne nuiraient pas aux devoirs envers la France. »

De tels commentaires adressés à des hommes qui se démettaient de l'autorité dictatoriale étaient bien la justification de ceux qui voulaient la leur imposer.

Les journaux républicains ne virent dans ce retard qu'une insurmontable nécessité, et approuvèrent le décret.

Quelques feuilles socialistes persistèrent à soutenir l'utilité de l'ajournement des élections, convaincues qu'il n'était possible qu'à la dictature de sauver la Révolution

Le choix du jour de Pâques, que les journaux catholiques et légitimistes imputaient à perfidie, fut, avec juste raison, tenu pour malheureux par les républicains de l'Ouest et du Midi. Ce jour leur paraissait prêter au clergé une trop grande influence sur les fidèles tout pénétrés des exhortations de la Semaine sainte.

IX

Ce délai de quinze jours, court en apparence, était long en réalité. Court, à ne considérer que l'importance et la nouveauté de l'acte de souveraineté qui allait s'accomplir, il était long pour l'urgence des conjonctures.

C'était prolonger et accroître encore la fièvre qui dévorait le cœur de la France. En effet, si aux temps réguliers les élections occasionnent la suspension des affaires et la recrudescence de la vie politique, ne devaient-elles pas féconder jusqu'au dernier germe d'agitation, dans un milieu révolutionnaire où elles se compliquaient des élections de la garde nationale, où se débattait l'organisation constitutive du pays, où le peuple entier était armé?

Mais de cette fièvre, de cette ardeur, du feu des passions, du frissonnement convulsif des idées, de cette lutte acharnée des partis, de cette soif insatiable de théories nouvelles, de cette émanation incessante de systèmes improvisés, de cette ébullition d'une nation en travail, s'il surgit plus tard une société plus active, plus forte, plus grande, plus énergique, ayant puisé dans ses douleurs, dans ses souffrances, une séve plus régénératrice; si de toutes ces crises, de tous ces périls, sortent plus de sentiments moraux, plus de richesses matérielles, plus de bien-être; si une époque critique enfante une époque organisatrice; si de la destruction des vieux éléments d'un peuple usé naît un peuple rajeuni; si enfin, tirée du chaos, apparaît et brille la création : il n'en est pas moins vrai que dans le temps où s'opère cette sublime et utile métamorphose, l'humanité subit tous les désespoirs, toutes les tortures, toutes les convulsions de la mort avant la résurrection. Telle était la déplorable transition par laquelle devaient passer et s'accomplir les destinées de la France.

X

Immédiatement après les conciliabules où les chefs des clubs, les ouvriers du Luxembourg et les amis du délégué à la préfecture de police, avaient ourdi la tentative du 17 mars, d'autres réunions eurent lieu pour transformer leur organisation provisoire en une organisation définitive et permanente.

Appeler et mettre sur pied, à l'heure dite, une armée d'ouvriers, était une puissance trop grande pour ne pas exciter en ceux qui s'en étaient servis une fois le désir de la conserver. Aussi songèrent-ils à s'en assurer les moyens. Considérant tout d'abord l'affaiblissement de leurs forces si elles demeuraient éparpillées dans la multitude de leurs clubs et de leurs chefs, envisageant l'anéantissement de leur projet dans les mille plans qui chaque jour s'entre-heurtaient, ils résolurent de donner à tout, hommes et idées, l'unité de l'impulsion et de la direction. Et, sans retard, ils se mirent à l'œuvre.

XI

Le Comité révolutionnaire, composé d'anciens détenus politiques et d'amis de M. Caussidière, qui se réunit chez M. Sobrier et dont *la Commune de Paris* est l'organe, prend l'initiative. Le soir même du 17 mars, il rédige, insère dans le numéro du lendemain, et affiche sur les murs une proclamation qui convoque les adhérents pour le 18, dans une salle du passage Molière. « Tous nos efforts, » est-il dit, « doivent tendre à nommer représentants du peuple des républicains décidés à faire triompher la cause de l'égalité. — Nous n'avons que le nom de République : il nous faut la chose. — La réforme politique n'est que l'instrument de la réforme sociale. — La République devra satisfaire les travailleurs et abolir le prolétariat. »

Dans cette première réunion, l'on décide la formation d'un club des clubs et d'un comité central des clubs.

Le club a pour but de concentrer les efforts « de tous ceux qui, durant le dernier règne, ont représenté, dans la presse, dans les associations politiques d'abord publiques et plus tard secrètes, dans les conspirations et dans les mouvements insurrectionnels, la grande tradition révolutionnaire, presque tous ceux que la Révolution a tirés des prisons de la monarchie et rappelés de leur exil ou de leur ban ». Parmi eux sont des hommes de conviction ardente, mais dont l'honorabilité et la sincérité sont incontestées. Ce club est appelé le *Club de la Révolution ;* M. Barbès en est acclamé le président; *la Commune de Paris* en est le journal.

La première séance a lieu le 21 mars. Un membre reçoit mission de développer les principes et les tendances du club. Il déclare vouloir prêter un concours loyal et vigoureux au Gouvernement provisoire de la République, mais non sans restriction : « Tous les hommes, pris individuellement, ne nous inspirent ni la même confiance ni la même sympathie; il en est que nous entourons plus que d'autres de nos affections révolutionnaires, parce qu'ils nous paraissent représenter plus complétement l'esprit de la Révolution et ses tendances égalitaires; mais nous croyons devoir, quant à présent, les étayer collectivement de notre appui..... Nous défendrons les élus de l'insurrection..... Nous les défendrons contre l'esprit de réaction d'une part, et de l'autre contre l'imprudence et l'exagération de certaines impatiences, de certaines témérités. Nous défendrons surtout, dans le cas où l'accord viendrait à se rompre, ceux qui ont le mieux accusé et accentué le sentiment et la tradition révolutionnaires qui vivent en nous..... Notre appui ne sera pas aveugle. Tant que la dictature marchera dans le mouvement que l'insurrection lui a imprimé, nous serons avec elle, nous serons pour elle..... Mais nous la tiendrons à l'œil, si je puis ainsi parler; et si l'Hôtel de ville violait les conditions de son investiture, nous reprendrons aussitôt l'allure que nous avons toujours gardée contre ceux qui oublient leur devoir et la sainteté de leur mission. »

Ce programme, accueilli avec applaudissements, manifeste clairement les dispositions des fondateurs du club.

La constitution du club central de tous les clubs est également arrêtée; et tous les clubs de Paris et de la banlieue sont invités à envoyer des adhésions et des délégués. Le Club de la Révolution donne l'exemple. Il transporte ensuite le lieu de ses réunions au Palais-National, dans la galerie des batailles, et charge des délégués de se rendre auprès du ministre de l'intérieur afin de lui conseiller quelques modifications dans le personnel des Commissaires des départements, qui passent pour trop modérés.

XII

La formation du Comité directeur et central des clubs, poursuivie sans relâche, fut rapidement atteinte. Après huit jours de soins et de démarches, un dernier avis convoqua les affiliés et les affidés, le dimanche 26 mars, dans une salle du Palais-National, pour procéder à une organisation définitive.

Le succès fut complet : soixante et onze clubs députèrent leurs délégués. A une seconde séance ce nombre se grossit encore; il dépassa bientôt le chiffre cent. A M. Longepied, qui avait présidé les premières délibérations, succéda un bureau régulièrement élu le 2 avril, composé de MM. Huber, président, Desplanques, vice-président, Gadon, Delaire, N. Lebon, Longepied, Sobrier, Cahaigne et Laugier.

La centralisation des clubs réalisée, le comité formé, restait à indiquer un but ostensible, à marcher vers le but caché.

But avoué, les élections générales, accompagnées d'un programme, furent livrées aux discussions publiques. L'on adopta le mandat impératif; l'on vota, à l'unanimité moins deux ou trois voix, la Déclaration des droits de l'homme et du citoyen, rédigée par Maximilien Robespierre, déclaration qui fut répandue dans Paris à profusion.

Le but caché était de s'emparer de la Révolution, de la diriger, de la gouverner. Un comité secret, pris parmi les chefs de clubs les plus influents, se rassembla presque tous les jours. Donner le mot d'ordre, étendre ses menées, accumuler les moyens d'action, miner ce que l'on voulait détruire, exalter ce que l'on voulait élever, préparer l'ouragan populaire, fut l'œuvre à laquelle il se voua sans repos.

XIII

Tandis que le *Comité révolutionnaire*, afin de ne pas ralentir ses mouvements, refusait de se mettre en relation avec le *Comité central des élections générales*, formé par les républicains plus modérés, il resserrait ses rapports avec les ouvriers du Luxembourg, appelait à lui les délégués de la garde mobile, cherchait des adhérents dans l'armée, redoublait d'efforts pour faire élire officiers de la garde nationale sédentaire les membres du Club des clubs, s'appuyait sur M. Caussidière, et prenait *la Commune de Paris* comme point de réunion et centre d'action.

XIV

L'ambition grandissant et se trouvant à l'étroit dans la capitale, les chefs aspirèrent à absorber dans leur sphère les départements. Ils firent appel à tous les clubs des villes et des campagnes, en provoquèrent la création dans les localités qui en manquaient, suppliant avec instance les démocrates de faire une propagande active. « En beaucoup d'endroits, » dit *la Commune de Paris*, « la vie politique n'existe pas encore; le mouvement intellectuel est presque nul, les préjugés gothiques y conservent encore une certaine puissance, les idiomes du passé laissent subsister la nuit morale; il faut y répandre la lumière. » Enfin, avis était donné d'affilier les clubs ruraux aux clubs des villes, et ceux-ci au *Club central*, de manière à centupler par la concentration leurs forces et leur puissance.

En conséquence, des correspondances suivies furent établies avec les clubs les plus prononcés de Rouen, Lyon, Marseille, Nantes, Limoges, Tours. Et bientôt, les correspondances paraissant un moyen trop lent, on leur envoya des émissaires.

XV

La Commune de Paris avait ses bureaux rue de Rivoli, n° 16, dans un appartement loué, le 20 mars, par M. Sobrier, à la Liste civile.

Située à l'angle de la rue des Pyramides, en face des

Tuileries, la maison acquit, par les événements qui s'y passèrent, une certaine célébrité. Du premier jour, rendez-vous général des hommes le plus lancés dans le mouvement, elle devint le foyer de toutes les trames. Un poste de vingt montagnards[1] revêtus de leur uniforme (blouse bleue, ceinture rouge) et montant faction à la porte, lui donnait un aspect étrange, et la fit regarder comme une succursale de la préfecture de police. Une espèce de sombre mystère l'enveloppa. Un vague effroi se propagea dans le voisinage et redoubla lorsque le bruit courut qu'elle renfermait un dépôt d'armes et de munitions.

MM. Caussidière et Sobrier argüaient de la nécessité d'installer dans ce quartier un poste révolutionnaire, chargé de surveiller les complots de la réaction, qu'ils disaient avoir découverts dans la manifestation du 16 mars.

XVI

Les délégués du Luxembourg, émerveillés de leur influence sur leurs camarades dans la journée du 17 mars, attirés ainsi hors de leur mission, songèrent à user d'une organisation qu'ils avaient si victorieusement éprouvée. M. Louis Blanc lui-même, sentant dans ses mains une force colossale, se laissa éblouir par la possibilité de l'utiliser. Son langage se modifia. Si le membre du Gouvernement provisoire continua à préparer des décrets, le professeur à émettre des doctrines, l'homme politique, par une pente naturelle au

[1] C'était le nom des soldats de M. Caussidière.

cœur humain, éleva insensiblement ses vues plus haut. Les proportions grandissent. Ainsi, la *Commission de Gouvernement du Luxembourg* devient « les *États généraux du peuple* » ; les délégués des ouvriers deviennent les *vrais représentants* du peuple ; le chef de secte se fait chef de parti, et le membre du gouvernement, présidant une commission, le *Président de l'Assemblée du peuple*.

Le décret qui fixe le jour des élections ayant été publié le 27 mars, le lendemain les délégués sont convoqués. Ils ne s'occupent, dans cette séance, que de la politique à l'ordre du jour : l'organisation des ouvriers et les élections.

M. Louis Blanc expose un plan de campagne dont il garantit le succès :

« Le bureau des délégués choisira quatorze noms parmi les républicains qui ont fait leurs preuves, et vingt noms parmi les ouvriers. Il les soumettra à la réunion générale des délégués, qui éliminera ou admettra les candidats. La liste arrêtée sera imprimée et tirée à cent soixante mille exemplaires, remise à toutes les corporations, qui l'accepteront, la distribueront à tous les ouvriers, et la feront voter par le peuple entier de Paris. »

On demande à M. Louis Blanc de dresser lui-même cette liste. Il s'y refuse ; mais il offre « de mettre par écrit le plan qu'il vient de soumettre, de l'envoyer au bureau et de le signer ; car, bien convaincu qu'il renferme le salut du peuple, il en accepte la responsabilité »..... Il autorise les délégués à dire partout qu'il en est l'auteur.

Cependant M. Louis Blanc ne publia pas son discours. Il eût soulevé au sein du Conseil d'irritantes discussions; il eût été une cause sérieuse de division, et même de séparation. Le Gouvernement provisoire ne pouvait, sans abdiquer, accepter une aussi directe et personnelle intervention de l'un de ses membres dans les élections de Paris.

XVII

Dès lors, tendant à un double but, M. Louis Blanc et les délégués formèrent, à côté du bureau de la commission, un comité central à qui ressortissait la politique active.

Bientôt on put lire sur les murs de Paris une proclamation des délégués (ouvriers) du Luxembourg à leurs commettants, le règlement constitutif du *Comité central des ouvriers du département de la Seine*, et les instructions relatives à la liste des candidats à l'Assemblée nationale. — Voici la proclamation :

« Citoyens,

» La jouissance des libertés attribuées exclusivement à la bourgeoisie sous le régime déchu nous avait permis à peine d'ébaucher dans l'ombre quelques essais d'organisation. La Révolution nous a pris au dépourvu...

» Vos délégués envoyés par vous pour traiter au Luxembourg, de concert avec le Gouvernement, l'importante question de l'organisation du travail, se sont réunis en assemblée extraordinaire pour aviser aux moyens de constituer un comité dirigeant, et de donner une centralisation à toutes les forces populaires livrées jusqu'à ce jour à l'isolement.

» La bourgeoisie qui jouit, depuis cinquante ans, du monopole de la presse et de la tribune, du droit exclusif de réunion et d'association, quoique faible aujourd'hui, pourrait néanmoins parvenir à nous dominer en agissant d'ensemble et en concentrant ses votes sur quelques noms, au jour des élections générales.

» Nous aimons à croire que la réaction renonce à tout projet liberticide; mais le plus sûr moyen de déjouer ses complots et d'assurer le triomphe de la Révolution, c'est de nous donner d'urgence une *organisation unitaire.* »

Nous donnons ce curieux document parce qu'il est la peinture fidèle de l'époque. On trouve dans cette proclamation un langage différent de celui qui se faisait entendre au Luxembourg avant le 17 mars. L'union, la conciliation entre patrons et ouvriers étaient alors enseignées; désormais c'est la séparation entre la bourgeoisie et les travailleurs.

Le règlement invitait à nommer leurs délégués les professions qui n'en avaient pas encore, fixait le nombre de ces délégués à trois par industrie, engageait chaque corps d'état à former un comité particulier en communication permanente avec le comité central. — Le comité central avait pour mission de veiller au maintien de la République populaire, en donnant une centralisation et une direction unique aux ouvriers; d'assurer le triomphe de la démocratie aux prochaines élections.....; de préparer l'organisation du travail, notamment par l'étude des procédés techniques de chaque profession, et par une classification des industries indispensables les unes aux autres pour la confection complète d'un produit. — Le comité devait adresser des circulaires aux ouvriers des départements pour solliciter des organisations semblables.

Ici encore le but est l'unité des forces populaires révolutionnaires. Le comité des ouvriers se met en rapports suivis avec le Club des clubs et avec la préfecture de police. M. Albert, lié avec M. Caussidière par les nœuds du passé, marche avec lui au rang où le hasard des révolutions les a élevés.

XVIII

La garde mobile, provisoirement casernée à l'École militaire, sous le commandement du général Duvivier, présentait, à son origine, le spectacle le plus étrange. C'était un mélange imprévu d'ouvriers jeunes, honnêtes, capables, entraînés par l'ardeur de l'âge et le dévouement au pays, et de gens sans aveu, rôdeurs de barrières, alléchés par la solde de 1 fr. 50 c. et par un refuge assuré; les uns et les autres vêtus de leurs costumes, blouses, vestes, haillons, ne se connaissant pas, sans frein, sans règle, sans officiers (ils étaient appelés à les élire); foule volcanisée, prête à tout embrasement, à toute éruption.

Peu à peu la main vigoureuse du général en avait épuré les rangs, discipliné la masse. D'eux-mêmes, les ouvriers avaient expulsé les indignes. La classification se faisait. Les bataillons, les compagnies se délimitaient et prenaient possession des diverses casernes de Paris. Les élections avaient lieu avec soin, avec ordre. A côté d'ouvriers et de commis, des fils de famille, des militaires autorisés par décret du Gouvernement provisoire, briguaient les suffrages de leurs camarades, pour obtenir l'épaulette d'argent. Le général, installé (5 mars) au Palais-Royal, prélevait sur un premier crédit de 4 500 000 fr., les frais d'habillement et d'équipement, poussait énergiquement l'instruction militaire, et, après quelques semaines d'exercice, voyait avec une vive satisfaction ces enfants de Paris, nés soldats, manœuvrer comme de vieilles troupes.

Mais l'élément de la garde mobile était essentiellement révolutionnaire. Sortie des barricades, elle portait l'empreinte de son origine ; elle avait l'intrépidité, mais aussi la turbulence et la mobilité du peuple. Indifférente au courant dans cet océan de passions, elle était prédisposée à toutes les impulsions, à toutes les désertions. Non encore revêtue de l'uniforme, elle n'avait pas l'esprit de corps qui maîtrise le soldat; elle n'avait pas davantage l'habitude qui enchaîne la volonté individuelle à une volonté supérieure. Elle vivait encore de la vie de tous, de la vie du moment, de cette vie fiévreuse, délirante, qui convulsionnait les esprits et bouleversait les têtes. Aussi subissait-elle, tour à tour et sans résistance, les impressions que l'habileté des chefs de clubs tentait de produire sur elle, et celle que son général leur opposait dans des exhortations réitérées. Les 9e, 10e, 11e et 19e bataillons, casernés à l'École militaire, étaient plus que les autres en proie à une surexcitation incessante. « Jeunes volontaires, » leur disait le général (ordre du jour du 26 mars) à la suite de troubles commis à l'hôtel des Invalides, « gardez-vous bien! Devinez qui vous tente. Le carlisme vous entoure de ses meneurs. Défiez-vous! ces hommes se diront plus républicains que les défenseurs des barricades; et ces hommes intérieurement se riraient de vous. Si quelqu'un vous pousse, vous excite au désordre, rejetez-le ignominieusement! Répondez-lui : Nous sommes dans Paris les soldats de la paix, de la confiance publique. Dehors, nous serons l'avant-garde de l'armée parisienne. Arrière! vous nous forceriez de vous livrer aux magistrats. » Mais ces paroles étaient emportées par le tourbillon du jour.

Les bataillons de l'École militaire formaient un club, *le Club de la garde nationale mobile*, instituaient un bureau et envoyaient (3 avril) des délégués demander au Club des clubs concours et assistance pour l'organisation de clubs dans toutes les casernes de la garde nationale mobile.

Le Club dissertait (5 avril) sur les droits de l'homme et sur la devise « *Liberté! Égalité! Fraternité!* » Il posait ces deux questions : « Quel sera *le devoir* des citoyens si l'Assemblée nationale vient à marcher dans des errements stationnaires, et n'extirpe pas d'une manière radicale tous les abus; en un mot, si elle n'est pas républicaine dans la plus large acception du mot? —Quel est le devoir du gouvernement de la République française dans l'état actuel de la Pologne? Doit-il intervenir immédiatement ou attendre les événements? » Et l'unanimité disait à l'une : « L'insurrection, dans ce cas, est le plus sacré des devoirs ; » à l'autre : « L'intervention doit être immédiate. »

Des questions spéciales à la garde mobile étaient également discutées. L'unanimité répondait oui à cette demande : « Si nous entrions en campagne, serait-il urgent que les volontaires fussent armés de fusils à percussion ? »

Le Club des clubs était prié de tenir le club de la garde nationale mobile au courant de tous les faits à l'ordre du jour.

XIX

Aux forces actives que nous venons d'énumérer, il faut ajouter la *Société des Droits de l'Homme,* dont le développement devenait formidable. Elle était présidée par M. Villain, ouvrier élevé, de ses propres efforts, au rang d'ingénieur mécanicien. Dès le début, MM. Villain et N. Lebon lui donnèrent une direction ouvertement différente de celle des autres clubs : ils s'organisèrent pour le combat. Ce ne furent pas de simples adhérents à une doctrine qu'ils recrutèrent, ce furent des soldats ! Pour les autres clubs, la lutte était l'incident ; pour la *Société des Droits de l'Homme,* c'était le but.

« L'organisation de la Société est militaire », disait l'article 1er du règlement. Elle se divisait par sections, arrondissements stratégiques, quartiers et centuries. Une médaille était remise à chaque membre à l'effet de se faire reconnaître et de se prêter au besoin aide et assistance. Le devoir des chefs de section, des sous-chefs, des décurions, des centurions, avait des règles rigoureuses. Un comité central, de onze membres, était élu et renouvelé par tiers tous les trois mois. On nommait des surveillants par arrondissement et par quartier. La partie disciplinaire punissait sévèrement les absents. Les affiliations dans les départements étaient recommandées. On exigeait pour l'affiliation : 1° abnégation absolue de l'individualité; en échange, la Société s'engageait à se mettre tout entière sur pied, s'il en était temps, pour défendre l'affilié, et, s'il n'en était plus temps, pour le venger; 2° obéissance toutes les fois que le comité central aurait décidé une permanence, sans pouvoir argüer, en cas d'absence, ni des liens de famille ni des affaires personnelles; 3° adhésion, sans restriction aucune, au règlement de la Société et à la déclaration des droits de l'homme et du citoyen.

Les cartes stratégiques de chaque arrondissement furent dressées, les affiliés armés, les munitions préparées. Le nombre des sociétaires s'éleva rapidement à six mille. Des succursales se constituèrent dans divers quartiers, surtout dans les plus populeux.

M. Villain était en rapports journaliers avec M. Caussidière. Le 16 avril, il rendait compte d'une démarche qu'il venait de faire auprès de lui, relative aux gardiens de Paris : « Ils seront placés sous la direction de Caussidière, et commandés par des républicains éprouvés. » En conséquence, les citoyens du club étaient invités à se faire inscrire à la préfecture de police.

Tout en se croyant assez forte pour marcher seule et

en dehors de l'influence des autres directions, la Société n'en était pas moins représentée au Club des clubs par M. Napoléon Lebon, qui servait d'intermédiaire pour les décisions communes et les mots d'ordre.

La doctrine de la Société des droits de l'homme était un socialisme voisin du communisme.

XX

M. Cabet, chef des Icariens, président de la *Société fraternelle centrale*, commençait à regretter son rôle pacifique du 17 mars. Des entrevues avec MM. Lamartine et Garnier-Pagès, avec lesquels il avait des relations amicales de vieille date, n'avaient abouti qu'à surexciter son amour-propre et ses prétentions. Plein de foi en ses doctrines, dictateur dans leur application, s'exaltant lui-même à la vue de la foule croissante de ses auditeurs, convaincu de sa puissance sur l'esprit des ouvriers de Paris, il s'imaginait qu'il allait être presque le maître de la situation le jour où il voudrait agir. Il le disait avec une bonhomie vaniteuse et une confiance absolue. Retenu par la douceur d'un caractère plus morose que sévère, il était poussé par le fanatisme. Aussi son langage devenait-il de plus en plus hostile au Gouvernement provisoire.

Le 23 mars, il écrivait dans *le Populaire* : « Nous n'avons voulu que vous éclairer et vous encourager. Mais vous continuez à tout compromettre... Dans quelques jours nous serons sur le radeau de *la Méduse!*... et c'est vous qui nous y aurez conduits..... quelle responsabilité pour vous!... »

Le 26, ses paroles étaient plus acerbes encore : « Vous vous êtes rabaissés et rapetissés pour vous traîner terre à terre... vous êtes restés comme immobiles... Vous avez laissé le mal s'élever de tous côtés autour de vous. »

XXI

Le *Club des amis du peuple* avait été fondé par M. Raspail. Une feuille portant le même titre paraissait à jours indéterminés. Le club, c'était lui! le journal, c'était lui! Dans le club, il professait; dans le journal, il parlait de sa personne. Condamné politique, il avait acquis une popularité justifiée par ses souffrances. Savant, et observateur intelligent, son nom s'était répandu à l'aide d'un système médical par le camphre. A une certaine époque, vendu par quelques agents secrets affublés du manteau des conspirateurs, il s'était cru depuis lors entouré de traîtres et de mouchards, et il s'était retiré de la vie politique.

Il reparut après les journées de Février, désireux de se remettre en avant. Son ambition ne l'entraînait pas jusqu'à prendre l'initiative d'un complot contre le Gouvernement provisoire, mais il était disposé à s'y mêler et à en profiter. Son langage était habile, réservé ou exalté, adapté aux circonstances. Socialiste avancé, il se défendait de communisme, et soutenait avec énergie Cabet, Blanqui, les communistes purs. Il ménageait ses relations avec les chefs les plus influents des clubs. Aussi son nom, drapeau pour un certain nombre, figurait sur toutes les listes de comités de salut public, en prévision du renversement du Gouvernement provisoire. D'ailleurs, par son passé, par son influence, par ses partisans, il pouvait apporter un appoint important aux forces insurrectionnelles.

XXII

De tous les clubs, celui de la *Société républicaine centrale* attirait le plus l'attention publique, et piquait la curiosité. De tous les chefs, le plus entreprenant, le plus dangereux, était M. A. Blanqui, président de cette Société, qui ne cessait de poursuivre avec acharnement ses attaques publiques et ses conspirations secrètes contre le Gouvernement.

Le club de la *Société républicaine centrale* avait une vie à part, agissait isolément, tout en étendant partout ses relations et ses ramifications. Il tenait séance dans la salle du Conservatoire, aux Menus-Plaisirs. Cette salle, disposée en théâtre, permettait aux nombreux visiteurs que l'excentricité des discussions y attirait chaque soir d'assister de leurs loges aux scènes émouvantes qui se succédaient à tout instant. Rien de plus passionné, de plus pittoresque que le spectacle de ces hommes de toute position sociale, de tout âge, de tout costume, s'applaudissant à outrance, se sifflant avec fureur, le poignard sous l'habit ou sous la blouse, le pistolet dans la poche, se précipitant à la tribune, se heurtant, s'arrachant la parole, se menaçant, la main sur l'arme cachée. Si le calme se faisait un moment, l'ouragan se déchaînait bien vite avec plus de violence.

Le personnel des grands jours était un composé de tous les éléments. On y voyait, à côté de communistes et de montagnards, des conservateurs et des légitimistes, qui n'étaient pas les moins assidus aux réunions. On en comptait même parmi les affiliés. Espéraient-ils y trouver protection contre certaines éventualités ? Venaient-ils entendre ou proférer des outrages contre un gouvernement qu'ils supportaient, mais qu'ils n'aimaient point ? Cherchaient-ils, dans ces exagérations effrayantes, des motifs à une réaction prochaine et justifiée ?

La déclaration obligatoire des affiliés était ainsi conçue : « La République, comme la monarchie, peut ombrager la servitude sous son drapeau. Sparte, Rome, Venise, étaient des oligarchies corrompues... La formule : *Liberté, égalité, fraternité*, pourrait devenir un mensonge aussi célèbre que celui de la Charte : *Tous les Français sont égaux devant la loi.* La tyrannie du capital est plus impitoyable que celles du sabre et de l'encensoir. La révolution de Février a eu pour but de la briser. Ce but est aussi celui de la Société républicaine. »

XXIII

M. A. Blanqui était dans la vigueur de l'âge (quarante-deux ans). De petite taille, la figure maigre et fatiguée, le regard indécis, il portait sur sa physionomie l'empreinte d'une vie d'inquiétudes, d'efforts perdus, de souffrances morales et physiques. Sobre de besoins, souple d'esprit, il avait passé sa vie dans les conspirations ou dans les prisons. L'un des promoteurs les plus ardents des Sociétés secrètes sous Louis-Philippe, il avait organisé la Société des familles, et plus tard celle des Saisons, avec MM. Raisan, Lamieussens, Martin-Bernard et Barbès. Le 12 mai 1839, il avait eu, avec eux, l'audace d'entreprendre, à la tête de six cent cinquante hommes de leur association, le renversement de la monarchie, tentative où ses amis ne lui reconnurent pas un courage égal à son audace. Condamné par la Chambre des pairs, incarcéré au Mont-Saint-Michel, épuisé par la maladie, transporté à l'hôpital de Tours, guéri, puis gracié, il vivait dans la retraite lorsque survint la révolution de Février. Au lendemain, il reparut sur la brèche, brûlant d'une activité fébrile, de passions longtemps comprimées, de souvenirs de complots, d'ambition inassouvie et maladive, et d'une résolution bien nette d'oser tout pour arriver à tout. Il se fit le chef d'un certain nombre d'hommes hardis, déterminés, qu'il recrutait dans tous les coins de Paris et dont il se créait une phalange de séides.

Il justifiait ses trames : « ..... La nation n'était nulle part; elle n'avait pas nommé régulièrement son gouvernement. Ce gouvernement était né spontanément d'une révolution populaire... il n'était pas régulièrement constitué... Les manifestations qui avaient pour but de le modifier d'une manière quelconque ne rentraient pas sous le coup de la loi... La France n'avait pas exprimé sa volonté... on avait le droit d'émettre tous les principes, de faire prévaloir toutes les idées possibles. »

La logique de ce raisonnement exigeait la prompte substitution d'un gouvernement de droit à ce gouvernement de fait ; et cependant c'était M. Blanqui qui le premier demandait l'ajournement indéfini des élections, « parce que, » disait-il, « on ne pouvait pas fixer l'époque où la nation serait suffisamment édifiée ». C'est qu'il avait besoin de perpétuer une situation qui l'autorisait, suivant lui, à chercher des adhérents et des complices pour un bouleversement.

Le colonel Rey, dont les opinions avancées étaient bien connues, et M. Caussidière l'ont accusé d'avoir ourdi des complots pour s'emparer de l'Hôtel de ville et de la préfecture de police.

M. A. Blanqui avait aussi rêvé la centralisation des clubs, afin d'en disposer à sa guise. D'accord avec quelques autres meneurs, il les avait convoqués pour le 26 mars, dans une proclamation où on lisait : « La République, c'est l'émancipation des ouvriers, c'est la fin du règne de l'exploitation ; c'est l'avénement d'un ordre nouveau, qui affranchira le travail de la tyrannie du capital... L'existence du peuple ne peut rester à la merci des frayeurs et de la malveillance des capitaux. » Cet appel était resté sans résultats; et la *Société centrale républicaine* demeura isolée des autres clubs.

Tel était M. Blanqui, président du club, chef d'une armée occulte, insinuant, tenace, courant les ateliers, fouillant les faubourgs, s'introduisant partout, infatigable, éveillant toutes les passions, conspirant toujours et contre tous, lorsqu'une révélation subite, inattendue, vint le surprendre et le frapper.

XXIV

M. Taschereau, ancien député, recueillait, pour les publier, les pièces historiques laissées par le gouvernement déchu. Un fait assez curieux vint lui fournir de nouveaux et nombreux matériaux. Le 9 mars, sur une confidence faite au ministre des finances, le procureur général de la République, M. A. Portalis, prévenu par M. Charles Royer, chef du cabinet du ministre, se transporta avec lui aux Tuileries pour saisir deux portefeuilles de Louis-Philippe remplis de papiers et cachés. Ces portefeuilles furent remis au Conseil et compulsés avec soin : ils ne renfermaient aucun secret d'État, mais des documents fort intéressants. Après leur dépôt au ministère de l'intérieur, M. Taschereau en obtint communication de M. Ledru-Rollin. Il allait commencer ses publications sous le titre de *Revue rétrospective,* lorsque, parmi des papiers trouvés au ministère des affaires étrangères, on découvrit un récit exact de tout ce qui s'était passé de plus secret dans les Sociétés secrètes. M. Taschereau s'empressa de le faire paraître dans sa première livraison.

Ce récit, qui donnait la clef de tous les incidents antérieurs à la prise d'armes du 12 mai 1839, était, à n'en pas douter, l'œuvre de l'un des chefs. Tout y était : l'origine et la formation des Sociétés des Familles et des Saisons, les noms des organisateurs, le nombre des adhérents, les dates des résolutions prises, les motifs déterminants, les colloques, les démarches, les armes, les munitions, les causes d'insuccès, la biographie et le caractère des principaux conspirateurs, enfin des détails si vrais, si fidèles, qu'un seul homme semblait pouvoir les avoir tracés. Cet homme se reconnut. M. A. Blanqui réclama, le 1er avril, contre cette pièce, qu'il disait infâme et fabriquée par des ennemis.

Dans leur séance du 3, les partisans de M. Blanqui relevèrent avec énergie ce compte rendu et les attaques contre leur chef. M. Blanqui se réserva de répondre. En effet, après une démarche inutile auprès de M. Taschereau, qui déclara en avoir référé aux tribunaux, il publia (le 15) un écrit justificatif : « La pièce était falsifiée ou fabriquée; elle contenait des erreurs matérielles qu'il n'eût pas commises. Parlant de lui à la troisième personne, ce ne pouvait être lui qui l'eût rédigée. Au surplus, elle n'était pas de son écriture, et il demandait l'original. C'était un complot dirigé contre lui par l'Hôtel de ville. M. Taschereau mentait, et ses adversaires étaient lâches et déloyaux. »

Cette affaire eut aussitôt un retentissement extraordinaire. La presse s'en empara. Les chefs des clubs de l'opinion extrême s'en émurent. Déjà ils connaissaient la trahison de Delahodde. Dans les dossiers de la police ils trouvaient les traces de nombreux agents parmi les anciens membres des Sociétés secrètes. Ils regardèrent autour d'eux avec inquiétude, et s'indignèrent, en voyant les apparences justifier cette accusation si fréquente contre leurs exaltations, de compter au milieu d'eux des révélateurs vendus ou à vendre, des pamphlétaires gagés, des conspirateurs par métier, des provocateurs par calcul. Ils se rassemblèrent pour approfondir et éclairer ce mystérieux incident ; ils nommèrent un jury d'honneur [1].

Cette situation donna une nouvelle irritation au caractère naturellement aigri et violent de M. Blanqui. Il se replongea dans les complots avec plus de ténacité, de colère et de frénésie.

XXV

Nous avons passé en revue les forces, les clubs, les sociétés révolutionnaires extrêmes : montagnards, socialistes, communistes. Nous avons fait connaître leur organisation, leurs rapports, leurs dispositions, leur centralisation, leurs principaux chefs. Le *Club de la Révolution* réunit les plus importants des anciens condamnés politiques. Le *Club des clubs* opère une concentration pour un but identique. Son comité révolutionnaire se met en relation avec les corporations d'ouvriers et la garde mobile, et en correspondance avec les départements. Les bureaux de *la Commune de Paris* deviennent le rendez-vous général. Le Luxembourg donne aux corporations d'ouvriers une organisation politique. La garde mobile hésite entre les conseils du général Duvivier et l'influence du Comité révolutionnaire. La *Société des droits de l'homme* recrute et lève une armée. La *Société icarienne* prend une attitude agressive. Le *Club des amis du peuple* se prépare. La *Société républicaine centrale* conspire.

[1] M. Blanqui, vivement accusé par MM. Barbès et Lamieussens, fut chaleureusement défendu par d'anciens associés.

M. Blanqui refusa de paraître devant ce jury « composé d'ennemis » et ne voulut d'autre juge que l'opinion publique. L'instruction judiciaire mit en lumière les faits énoncés contre lui.

Ce réseau formidable enveloppe, enserre peu à peu le Gouvernement provisoire. Sans armée, sans police, sans garde nationale organisée, comment échappera-t-il à sa perte ? Le moindre souffle ne va-t-il pas l'emporter ?

Et nous avons omis une multitude de clubs, qui du reste venaient se fondre dans ceux que nous avons indiqués ! et nous n'avons pas encore énuméré les réunions qui, avec moins de bruit, mais avec plus de certitude, travaillaient au renversement d'un gouvernement qu'elles paraissaient soutenir !

CHAPITRE TROISIÈME.

Menées des royalistes : clubs *pour la liberté des élections* et *de l'Assemblée nationale;* leur journal; attaques, calomnies; extension des clubs. — Bonapartisme : souvenirs de Napoléon Ier; ses juges, ses fanatiques; conduite de la famille Bonaparte après la révolution de Février; Napoléon-Louis Bonaparte; ses menées à Londres; ses partisans en France; sa renommée de socialisme; son livre « *Extinction du paupérisme* »; analogies avec le Saint-simonisme, le Fouriérisme, le système de M. Louis Blanc; relations de Napoléon-Louis Bonaparte avec l'Opposition; ses articles dans *le Progrès du Pas-de-Calais;* ses caresses à la démocratie; ses agents. — Clubs non hostiles au Gouvernement provisoire : *Société démocratique centrale; Comité central pour les élections générales :* sa composition; noblesse de ses pensées et de ses sentiments; il recommande l'élection d'ouvriers et de cultivateurs.— Le parti républicain tout entier reconnaît qu'il faut donner satisfaction aux intérêts jusque-là sacrifiés; diversité des degrés dans la part à faire à ces intérêts. — Éducation incomplète des masses. — Flatteries au peuple : émulation des conservateurs et des révolutionnaires exaltés; enivrement, égarement du peuple; contre-poison : conseils de sagesse et de justice donnés par *l'Atelier*.— Ateliers nationaux : leur accroissement; influence de leur directeur et des élèves de l'École centrale; précautions du ministre des travaux publics; *Club des ateliers nationaux;* réunions; dangers; influence des délégués du Luxembourg et des délégués des clubs. — Liste des clubs. — La création des clubs, conséquence forcée de la révolution de Février. — Un peuple doit savoir choisir entre la tyrannie et la liberté. — Considérations générales. — Nobles idées, dévouements, grands éclats des clubs.

I

Ce serait une grave erreur et une injustice flagrante d'accuser les républicains sectaires d'avoir seuls abusé du droit de réunion. Tenus à plus de circonspection, les autres partis n'employaient pas avec moins d'activité et d'ardeur les moyens de propagande que la liberté illimitée laissait à la disposition de chaque citoyen.

Les *clubs républicains pour la liberté des élections et de l'Assemblée nationale*, où nous avons vu MM. Viennet, Liadières, Fould, Dugabé, de la Valette, de Fézensac, de Richelieu, d'Anthouard, de Crillon, de Noé, de Vatimesnil, de Noailles, Beugnot, de Chastellux, de la Force, de la Rochejaquelein, Berger, Mahul, Poujoulat, etc., etc., et plusieurs généraux mis à la réforme, entretenaient avec les départements des rapports suivis, et ne négligeaient aucun des moyens mis en œuvre par leurs adversaires pour accroître leur influence et agir sur les élections. Oubliant les querelles passées, indifférents aux divisions futures, ils fusionnaient toutes les opinions royalistes. Un commun sentiment confondait tout : partisans de Henri V, orléanistes, pairs de France des deux branches, députés des deux règnes, noms de la plus haute noblesse et noms roturiers.

II

Les fondateurs du journal *l'Assemblée républicaine nationale*, organe de ces clubs, ne laissaient plus passer une occasion d'attaquer le Gouvernement, qui, ainsi que le titre de républicains qu'ils avaient pris pour égide, les couvrait et protégeait. Se mettant à l'unisson des feuilles socialistes, empruntant leurs expressions, persuadés que déconsidérer les hommes du pouvoir c'était miner la République et hâter le retour de la monarchie, ils déversaient sans mesure sur ces hommes et sur leurs décrets le blâme et le fiel. Au risque de se perdre dans des abîmes inconnus, péril dont les préservait seul le Gouvernement provisoire, ils soulevaient contre lui les passions publiques : « Ses efforts de conciliation ne sont que faiblesse ; ses appels à la concorde, impuissance; ses tolérances, incapacité ! » Libres d'une liberté absolue, respectés, protégés dans leurs personnes, dans leurs fortunes, ils criaient à l'oppression et à la ruine : « Les circulaires du ministre de l'intérieur rappellent les dictatures sanglantes; celles du ministre de l'instruction publique sont un encouragement à l'ignorance; les mesures financières sont funestes. » Approuvé le premier jour, l'impôt des 45 centimes, qui les sauvait de l'impôt forcé, du papier-monnaie, de la restitution du milliard des émigrés, de la confiscation des biens de la famille d'Orléans, « n'est plus qu'un vol; le ministre de la justice se livre à des destitutions et à des suspensions scandaleuses; le ministre de la guerre viole tous les droits des anciens généraux ». Le manifeste du ministre des affaires étrangères ne leur inspirait que ces paroles : « M. *de* Lamartine a en quelque sorte jeté un défi à l'Europe, en déclarant que les traités de 1815 avaient, aux yeux du Gouvernement, cessé d'exister, et en faisant planer la menace d'une intervention, lorsque l'heure d'une nationalité aurait sonné. — Le résultat d'une déclaration de cette nature est d'effrayer les cabinets étrangers, et de leur fournir des armes pour combattre, d'une manière ouverte, une forme de gouvernement qu'ils se seraient bornés à détester en secret. » Ce paragraphe ne révélait-il pas plus de désirs et d'espérances que de regrets ?

Le 10 mars, on lit dans le même journal : « Dans les dix jours de son installation, le Gouvernement provisoire aura, sans consulter le pays, créé une constitution nouvelle, définitive; préparé une guerre presque certaine; ruiné nos colonies; englouti presque toute la fortune mobilière et immobilière de l'État. — En compromettant la richesse publique, il attaque la fortune privée. Par le seul fait des décrets, il frappe d'une dépréciation de moitié tous les biens qu'il veut vendre. Par une mesure impolitique, sur laquelle il sera forcé de revenir, il viole l'économie du travailleur, en lui imposant des conditions contraires à la volonté de son dépôt. »

C'est ainsi que cette feuille ameutait les intérêts, suscitait les haines, et faisait peser sur le Gouvernement provisoire le mal, les souffrances, les dangers que ce Gouvernement s'épuisait à conjurer.

Sous ces influences et dans divers quartiers s'étaient organisés ou s'organisaient : le club républicain, rue Madame, les clubs de la Butte-des-Moulins, chapelle de l'Assomption, le club démocratique de la Porte Montmartre, le club de l'Institut oratoire, rue Duphot, etc., etc. Entraînés par l'apparence et ignorant le but des chefs, des citoyens de bonne foi augmentaient le nombre des affiliés. Là aussi, dans les discours, dans les scènes, abondent l'étrange, le pittoresque, le dramatique, le faux et l'injuste. Ce sont les exagérations des clubs communistes. — Les mêmes passions, les mêmes mobiles, ne doivent-ils pas frapper du même aveuglement et conduire aux mêmes fautes ?

III

Au-dessous, plus impatients ou plus hardis, maîtres ou agents, des meneurs circulaient dans les groupes, sur les boulevards, sur les quais, sur les places publiques, devant le Palais-Royal. Tantôt ils excitaient les ouvriers contre un pouvoir qui ne distribuait pas de quoi vivre à ceux qui avaient faim, tantôt ils semaient des désirs insatiables. Toujours ils soufflaient la discorde, enflammant les masses, distillant le poison, et mettant en pratique la machiavélique tradition : qu'il faut pousser le peuple à tous les excès, le jeter dans tous les troubles, le lancer dans l'anarchie la plus hideuse, pour faire sortir des ruines d'une société expirante un pouvoir absolu. Tuer la liberté par la liberté était leur but impie. Trop souvent leurs manœuvres réussissaient. Quelquefois elles étaient découvertes; alors les haros de la foule forçaient ces émissaires à la fuite, et les poursuivaient. Mais, tout en fuyant, ils laissaient une rumeur, une inquiétude, qui servaient encore leurs projets.

Ces agitateurs, il est vrai, étaient blâmés par les hommes honorables de leur parti, qui subordonnaient leurs propres affections à l'ordre et à la loyauté des moyens; ils étaient désavoués par certains journaux de leur opinion, qui déclaraient nuisibles à leur cause des tentatives aussi indignes, et qui les reniaient avec chaleur, mais les actes et les effets n'en persistaient pas moins.

IV

On voyait aussi apparaître peu à peu dans les clubs quelques rares partisans du bonapartisme. En petit nombre, mais actifs, adroits, dévoués, ils se glissaient de préférence dans les réunions d'ouvriers.

Les désastres de 1814 et de 1815, l'invasion étrangère, la France réduite aux plus étroites limites de l'ancienne monarchie, le territoire ouvert de tous les côtés, les citadelles démantelées, le Trésor grevé d'un milliard pour frais de guerre; tous ces revers, dernier mot d'une ambition sans bornes, étaient devenus, par une de ces erreurs qui s'insinuent souvent dans la tradition des peuples, la cause même de la popularité du nom de Napoléon. Dénoûment de nos malheurs, la Restauration en faisait porter le fardeau aux Bourbons. On les accusait des fautes qu'ils n'avaient pas commises. Ils subissaient la responsabilité de la situation, parce qu'ils en avaient hérité. — C'est ainsi qu'on reprochait à la République et au Gouvernement provisoire une crise qui n'était que le fait de la monarchie, et un impôt qui n'était prélevé que pour payer honorablement les dettes antérieures.

L'esprit public ainsi dévoyé, le nom de Napoléon n'avait conservé qu'un éclat de patriotisme et de gloire. Il vibrait surtout au cœur des vieux soldats retirés dans leurs foyers, qui partout le répandaient et le faisaient retentir au milieu de récits légendaires. Son exil, sa captivité, sa mort sur un rocher, poétisés par la chute et célébrés par Béranger; sa statue replacée sur la colonne Vendôme par un roi peu prévoyant; ses restes triomphalement rapportés en France par un fils de Louis-Philippe, et déposés aux Invalides; les conspirations, et jusqu'aux tentatives de Strasbourg et de Boulogne, avaient sans cesse entretenu l'imagination du peuple. La haute aristocratie, la bourgeoisie éclairée, les ouvriers intelligents et instruits, savaient bien faire la distinction entre le général et l'empereur, entre le héros des champs de bataille et le despote couronné; ils ne pardonnaient à l'ambitieux ni la perte de la liberté, ni les revers de la patrie, ni l'amoindrissement des frontières, ni le sang inutilement versé, ni l'or livré aux courtisans et aux étranges entreprises. Mais les paysans et les ouvriers ignorants ne se rappelaient que la gloire qu'ils avaient illustrée et payée; les membres mutilés de leurs pères ne leur retraçaient que conquêtes et prouesses; leur naïveté ne voyait dans les défaites qu'une communauté d'infortunes, et dans l'homme qui avait attiré l'ennemi, que le dernier défenseur du sol natal.

Cette fibre toute vivace était facile à toucher.

V

Dans les premiers jours qui suivirent la révolution de Février, les membres de la famille Bonaparte, que l'on a vus accourir à l'Hôtel de ville et offrir leurs services au Gouvernement provisoire, ne demandaient qu'un terme à leur exil et leurs droits de citoyens. Ils se montraient pleins de reconnaissance et de dévouement pour la République, qui leur ouvrait les portes de la France. Ils n'aspiraient qu'à prendre une place modeste. Mais peu à peu ils cherchaient à renouer la chaîne du passé avec les hommes politiques du régime déchu.

De Londres, où il n'avait cessé d'agir, Napoléon-Louis Bonaparte ravivait ses anciennes relations. Il appelait les hommes qui, depuis longues années, avaient attaché leur fortune à la sienne; et ils travaillaient ensemble vers le but si longtemps désiré. A la fin de mars, il n'y avait encore aucun plan nettement arrêté. Seulement, ses partisans s'employaient à recruter des prosélytes dans tous les rangs de la nation et dans les opinions les plus diverses. Caressant les passions des masses et se prêtant aux nouvelles idées, ils répandaient le bruit que Napoléon-Louis Bonaparte était un socialiste, et ils invoquaient et citaient un livre écrit pendant sa captivité au château de Ham, intitulé : *Extinction du paupérisme*.

VI

Dans cette œuvre, remarquable sous plus d'un rapport, on trouve un système complet de l'organisation du travail.

Après la critique de l'état fâcheux où se trouvent l'agriculture, l'industrie et le commerce intérieur et extérieur, l'auteur traite la question de l'impôt : « ..... La France est un des pays les plus imposés de l'Europe. Elle serait peut-être le pays le plus riche, si la fortune publique était répartie de la manière la plus équitable..... Si les sommes prélevées chaque année sur la généralité des habitants sont employées à des usages improductifs, comme à créer des places inutiles, à élever des monuments stériles, à entretenir au milieu d'une paix profonde une armée plus dispendieuse que celle qui vainquit à Austerlitz, l'impôt dans ce cas devient un fardeau écrasant; il épuise le pays, il prend sans rendre.... » Grâce à un emploi contraire, il devient « le *meilleur des placements* ».

« C'est donc dans le budget qu'il faut trouver le premier point d'appui de tout système qui a pour but le soulagement de la classe ouvrière. Le chercher ailleurs est une chimère. »

Les Caisses d'épargne lui paraissent utiles, mais insuffisantes : « ..... Vouloir en effet soulager la misère des hommes qui n'ont pas de quoi vivre, en leur proposant de mettre tous les ans de côté *un quelque chose* qu'ils n'ont pas, est une dérision ou une absurdité !..... »

Il entre ici dans l'exposé de son système : « Qu'y a-t-il donc à faire ? Le voici. Notre loi égalitaire de la division des propriétés ruine l'agriculture, il faut remédier à cet inconvénient par une association qui, employant tous les bras inoccupés, recrée la grande propriété et la grande culture sans aucun désavantage pour nos principes politiques.....

» La classe ouvrière ne possède rien, il faut la rendre propriétaire. Elle n'a de richesse que ses bras, il faut donner à ces bras un emploi utile pour tous. Elle est comme un peuple d'Ilotes au milieu d'un peuple de

Sybarites. Il faut lui donner une place dans la société et attacher ses intérêts à ceux du sol. Enfin elle est sans organisation et sans liens, sans droits et sans avenir, il faut lui donner des droits et un avenir et la relever à ses propres yeux par l'association, l'éducation, la discipline. »

Pour l'accomplissement de ce projet, il propose de faire décréter par les Chambres que, sur les 9 millions 190 000 hectares de terres incultes appartenant au Gouvernement, aux communes ou à des particuliers, les 6 127 000 hectares bons à défricher « appartiennent de droit à l'association ouvrière, sauf à payer annuellement aux propriétaires actuels ce que ceux-ci en retirent aujourd'hui.... ». — « Ce travail serait rendu possible par la création de colonies agricoles qui, répandues sur toute la France, formeraient les bases d'une seule et vaste organisation dont tous les ouvriers pauvres seraient membres sans être personnellement propriétaires..... »

L'État avancerait 300 millions payés en quatre ans. « Au bout de dix ans, le Gouvernement pourrait prélever un impôt foncier d'environ huit millions, sans compter l'augmentation naturelle des impôts indirects et de la richesse territoriale de plus d'un milliard. »

L'auteur passe ensuite à l'organisation : « Les masses sans organisation ne sont rien; disciplinées, elles sont tout..... Aujourd'hui, le règne des castes est fini, on ne peut gouverner qu'avec les masses; il faut donc les organiser pour qu'elles puissent formuler leurs volontés, et les discipliner pour qu'elles puissent être dirigées et éclairées sur leurs propres intérêts. — Gouverner, ce n'est plus dominer les peuples par la force et la violence; c'est les conduire vers un meilleur avenir, en faisant appel à leur raison et à leur cœur. »

Pour servir de lien commun et indispensable entre « les masses, qui ont besoin d'être instruites et moralisées », et « l'autorité, qui a besoin d'être contenue et même éclairée sur les intérêts du plus grand nombre », il veut « une classe intermédiaire, jouissant de droits légalement reconnus et élue par la totalité des ouvriers. Cette classe intermédiaire serait le corps des prud'hommes. — Nous voudrions qu'annuellement tous les travailleurs ou prolétaires s'assemblassent dans les communes pour procéder à l'élection de leurs représentants ou prud'hommes, à raison d'un prud'homme pour dix ouvriers. La bonne conduite serait la seule condition d'éligibilité. Tout chef de fabrique ou de ferme, tout entrepreneur quelconque serait obligé par une loi, dès qu'il emploierait plus de dix ouvriers, d'avoir un prud'homme pour les diriger, et de lui donner un salaire double de celui des simples ouvriers. — Ces prud'hommes rempliraient dans la classe ouvrière le même rôle que les sous-officiers remplissent dans l'armée. Ils formeraient le premier degré de la hiérarchie sociale..... La question se trouve simplifiée dans le rapport d'un à dix; en supposant qu'il y ait vingt-cinq millions d'hommes qui vivent au jour le jour de leur travail, on aura deux millions et demi d'intermédiaires..... Ils seraient divisés en deux parties. Les uns resteraient dans l'industrie privée, les autres seraient employés aux établissements agricoles..... »

Colonies agricoles. — Les mesures précédentes adoptées, « les vingt-cinq millions de prolétaires actuels ont des représentants, et le quart de l'étendue du domaine agricole de la France est leur propriété. Dans chaque département, et d'abord là où les terres incultes sont en plus grand nombre, s'élèvent des colonies agricoles offrant du pain, de l'instruction, de la religion, du travail à tous ceux qui en manquent, et Dieu sait si le nombre en est grand en France!.... »

« L'association étant une pour toute la France », le bienfait de la solidarité n'est plus arrêté par cette considération : « *Il n'est point de ma commune* » ; et les familles pauvres d'un département dépourvu de colonies passent sans obstacle dans le département voisin.

Les colonies ont deux buts : nourrir les familles pauvres, et offrir un refuge momentané aux ouvriers en chômage, le tout contre travail et au profit de la communauté. — Ce travail, pour ne pas faire concurrence à l'industrie privée, ne donne que le *strict nécessaire.* — Sur les bénéfices de chaque établissement est prélevée une somme destinée à créer une masse à chaque ouvrier. Les prud'hommes et les maires sont les régulateurs entre les colonies et l'industrie privée. — Les prud'hommes y sont aussi d'un sur dix. — Au-dessus d'eux, il y a des directeurs chargés d'enseigner l'agriculture, élus par les ouvriers et les prud'hommes réunis; encore au-dessus, un gouverneur par chaque colonie, nommé par les prud'hommes et les directeurs réunis. L'administration se compose du gouverneur et d'un comité formé d'un tiers de directeurs et de deux tiers de prud'hommes. — Chaque année, les comptes sont imprimés, communiqués à l'assemblée générale des travailleurs, soumis au conseil général du département; les gouverneurs se rassemblent à Paris, sous la présidence du ministre de l'intérieur, et discutent l'emploi des bénéfices dans l'intérêt de l'association. — La discipline est sévère; la vie, salutaire mais rude. — Logement, solde, nourriture, habillement, sont réglés d'après le tarif de l'armée, car l'organisation militaire est la seule qui assure le bien-être et l'économie. Mais l'armée n'est qu'une *organisation*, et la classe ouvrière forme une *association;* l'armée a pour base une hiérarchie qui part d'en haut; la classe ouvrière, une hiérarchie élue.

Ordinairement les revenus du sol, sans compter la part du fisc, se partagent en trois, ouvriers, fermiers, propriétaire. Dans les fermes modèles, la classe ouvrière a pour elle seule ces trois produits; elle est à la fois travailleur, fermier, propriétaire. Elle les emploie à vivre modestement, à établir les masses individuelles, à bâtir des maisons de bienfaisance, *à acheter de nouvelles terres;* sans ce moyen d'accroissement continuel, le système serait défectueux. Ainsi, si la loi égalitaire divise les propriétés, l'association ouvrière reconstruit la grande propriété et la grande culture; si l'industrie attire la population dans les villes, les colonies la rappellent dans les campagnes.

« ..... Quand il n'y aura plus assez de terre à assez bas prix en France, l'association établira des succursales en Algérie, en Amérique même; elle peut un jour envahir le monde!.... »

Recettes et dépenses. — Après avoir établi le compte des recettes et des dépenses de l'association, soldé au bout de vingt-trois ans par un profit de 816 millions de francs, l'auteur fixe la paye des travailleurs : « Chaque ouvrier recevra la solde du soldat[1] et chaque famille la solde de trois ouvriers..... Les prud'hommes recevront la solde de sous-officiers, les directeurs recevront la soldé d'officiers, le gouverneur la solde de colonel. »

Il conclut par des aperçus sur l'augmentation de produits et de richesses qui sera la conséquence de son système, et il ajoute : « Le travail qui crée l'aisance et l'aisance qui consomme, voilà les véritables bases de la prospérité d'un pays..... Nous ne produisons pas trop, mais nous ne consommons pas assez!.... C'est une honte pour notre civilisation de penser qu'au dix-neuvième siècle, le dixième au moins de la population est en haillons et meurt de faim en présence de millions de produits manufacturés qu'on ne peut vendre, et de millions de produits du sol qu'on ne peut consommer!

» En résumé, le système que nous proposons est la résultante de toutes les idées, de tous les vœux émis par les économistes les plus compétents depuis un demi-siècle.....

» Tous les hommes qui se sentent animés de l'amour de leurs semblables réclament pour qu'on rende enfin justice à la classe ouvrière, qui semble déshéritée de tous les biens que procure la civilisation..... Notre organisation ne tend à rien moins qu'à rendre, au bout de quelques années, la classe la plus pauvre aujourd'hui, l'association la plus riche de toute la France.

» Aujourd'hui la rétribution du travail est abandonnée au hasard ou à la violence. C'est le maître qui

[1] 318 francs 85 centimes par an.

opprime ou l'ouvrier qui se révolte. Par notre système les salaires sont fixés comme les choses humaines doivent être réglées, non par la force, mais par un juste équilibre entre les besoins de ceux qui travaillent et les nécessités de ceux qui font travailler.

» Aujourd'hui tout afflue à Paris, le centre absorbe à lui seul toute l'activité du pays; notre système, sans nuire au centre, reporte la vie vers les extrémités en faisant agir quatre-vingt-six nouvelles individualités travaillant sous la haute direction du gouvernement dans un but continuel de perfectionnement.

» Et que faut-il pour réaliser un semblable projet? une année de solde de l'armée.....

» Dans l'avant-dernier siècle, La Fontaine émettait cette sentence, trop souvent vraie, et cependant si triste, si destructive de toute société, de tout ordre, de toute hiérarchie : *Je vous le dis en bon français, notre ennemi c'est notre maître !* »

» Aujourd'hui le but de tout gouvernement habile doit être de tendre par ses efforts à ce qu'on puisse dire bientôt : *Le triomphe du christianisme a détruit l'esclavage; le triomphe de la Révolution française a détruit le servage; le triomphe des idées démocratiques a détruit le paupérisme.* »

VII

Ce système diffère du Saint-Simonisme en ce que, dans ce dernier, la hiérarchie vient d'en haut, tandis qu'ici elle est le produit de l'élection. Il a de nombreuses analogies avec le Fouriérisme. Il est de tous points identique avec le système de M. Louis Blanc, appliqué plus spécialement à l'agriculture. Dans le système de Napoléon-Louis Bonaparte, comme dans celui de M. Louis Blanc, on trouve l'association générale des travailleurs sous la direction du gouvernement, la solidarité des associés, l'égalité de salaire pour les ouvriers, sinon pour les chefs et les sous-chefs, l'enchaînement à la communauté, l'absorption de l'individu. C'est le même ton; ce sont le même langage, les mêmes critiques du présent, les mêmes sentiments, les mêmes aspirations vers un autre avenir, la même foi dans une prompte réalisation.

« C'est une grande et sainte mission, » dit Napoléon-Louis Bonaparte, « bien digne d'exciter l'ambition des hommes, que celle qui consiste à apaiser les haines, à guérir les blessures, à calmer les souffrances de l'humanité en réunissant les citoyens d'un même pays dans un intérêt commun, et en accélérant un avenir que la civilisation doit amener tôt ou tard. »

VIII

Napoléon-Louis Bonaparte avait des rapports avec un certain nombre de députés de l'Opposition. Il cherchait à se rendre populaire par la publication de pensées et de principes avancés. Il rédigeait des articles radicaux dans le *Progrès du Pas-de-Calais,* publié par un républicain connu et honoré de tous, M. Degeorges. Il caressait la démocratie, à qui ses agents cherchaient à faire agréer son nom.

On comprend comment, après Février, les partisans bonapartistes acceptèrent les principes républicains pour s'avancer dans les clubs et dans les faubourgs. Et cependant, c'est à peine si à la fin de mars on voit apparaître un club franchement bonapartiste. Le seul qui annonçait une tendance napoléonienne se forma Cour des Miracles, sous le titre de « *l'Avenir* ».

IX

Tous les clubs n'étaient pas hostiles au Gouvernement provisoire. Un certain nombre même lui étaient plus ou moins favorables.

La *Société démocratique centrale*, présidée par M. Guinard, chef d'état-major de la garde nationale, qui tenait ses séances dans une salle de l'État-major, acquérait chaque jour plus d'importance et d'influence par l'élection de ses principaux fondateurs aux grades supérieurs de la garde nationale, ou par leur nomination aux fonctions de maires ou d'adjoints. On comptait parmi les affiliés : MM. Dauphin, Yautier, Hingray, Forestier, Hovyn, Poirier, Monduit, Cerceuil, Durand Saint-Amand, Haguette, Desmarest, De Benazé, Victor Masson, Vitçoq, Barral, Gornet, Gobert, Catalan, Schœlcher, David (d'Angers), etc., etc.

Presque tous républicains de longue date, ils avaient pris part à tous les mouvements politiques du règne de Louis-Philippe, et ils avaient puissamment contribué aux démonstrations de la garde nationale qui avaient déterminé les journées de Février. Membres de l'ancien

Comité central des électeurs de Paris, actionnaires du *National* et de *la Réforme*, ils étaient logiquement conduits à soutenir le Gouvernement provisoire, qui, par sa composition mixte, représentait leurs principes, leur passé et leurs vues. Cependant, par habitude d'opposition, la majorité était disposée à pencher vers la partie la plus révolutionnaire de ce Gouvernement. Désireux de conserver dans leurs arrondissements une popularité méritée, craignant de se voir dépasser par des hommes nouveaux et plus exaltés, ils étaient poussés en avant, tout en redoutant les excès et les exagérations ; et ils poussaient le Gouvernement vers les mesures hardies. La plupart faisaient aussi partie du *Comité central pour les élections générales*.

X

Le *Comité central pour les élections générales*, installé au bazar Bonne-Nouvelle, avait invité les clubs à lui envoyer des délégués. Si les plus prononcés (le *Club de la Révolution*, etc.) repoussèrent cette invitation, il n'en réunit pas moins un nombre considérable de délégués et les républicains les plus connus par leurs antécédents, par leur honorabilité, par leurs talents, par leur position. Journalistes, hommes de lettres, ouvriers, commerçants, avocats, artistes, savants, travailleurs de tout labeur, citoyens de toutes les conditions, accoururent se faire inscrire. Et bientôt l'élite des hommes du progrès, qui avaient donné les preuves les plus sincères de patriotisme et de dévouement éclairé à la cause démocratique, se trouva groupée dans un centre d'action plein de vie et d'influence.

M. Recurt, adjoint du maire de Paris, était président; un ouvrier typographe, M. Danguy, vice-président; M. Philippe Lebas, membre de l'Institut, secrétaire; M. Adrien Delaire, ouvrier ébéniste, secrétaire adjoint; M. Foy, archiviste; M. Chevallon, trésorier. Parmi les membres du Comité, on remarquait: MM. Vaulabelle (Achille), l'auteur de l'*Histoire des deux Restaurations;* Audry de Puyraveau, ancien député; Bérard, Launette, Barraud, etc., ouvriers; Charles Thomas, directeur du *National,* homme supérieur, modeste, en mesure d'arriver à tout et refusant tout; Dornès, cœur droit et plein d'abnégation; Clément Thomas, Terrien, Forgues, Gustave Héquet, attachés au *National* par les principes, le talent, la bravoure et la loyauté; Ribeyrolles, rédacteur en chef de *la Réforme;* Savary, ouvrier cordonnier, rédacteur de *la Fraternité;* Lamennais, rédacteur en chef du *Peuple constituant;* Corbon, ouvrier sculpteur sur bois, rédacteur de *l'Atelier,* intelligence rare, esprit juste; Pascal, son ami, ouvrier imprimeur, élu lieutenant-colonel de la 11e légion; Ott, historien, philosophe économiste de l'école de Buchez, rédacteur en chef de *la Revue nationale;* Cantagrel, de *la Démocratie pacifique;* d'Alton-Shée, ex-pair de France; Badin, peintre, directeur des Gobelins; Blaize, historien, réformateur des monts-de-piété; Bocage, grand artiste; Bois-le-Comte, chef d'escadron d'état-major, et Cerise, médecin, tous deux hommes de rare distinction; Buisson, Bourdon, Depouilly, Cerceuil, Favrel, Fourneyron, Ramond de la Croisette,

Thirion, tous élus colonels ou lieutenants-colonels de la garde nationale, et d'autres officiers supérieurs de la garde nationale, nommés plus haut ; Péan, Delestre, Lemot, Martelet, Guillemot, etc., maires ou adjoints; Goudchaux, ex-ministre des finances ; Degousée, ingénieur civil ; Labélonye, adjoint à la mairie du 5e arrondissement ; E. Desmarest, avocat de premier ordre ; Edgar Quinet et Michelet, professeurs; Littré, Laugier, Mauvais, membres de l'Institut ; Gervais (de Caen), Bixio, Boissaye, Detchegoyen, d'Artigues, Fenet, Feugueray, Grisier, O. Gellée, et autres citoyens aussi dévoués et estimés, tels que MM. Lallemand, docteur médecin ; Martin (de Strasbourg), Peauger, Alexandre Rey, Arnold Scheffer, Voillemier, O'Reilly, Paulin, etc., etc.

Ainsi composé, le *Comité central* ne pouvait émettre que de nobles pensées et des sentiments élevés. Qu'on en juge par un extrait de son manifeste : « La France veut fermement, avec la République, le règne sincère de la liberté, de l'égalité, de la fraternité ; mais cette République, la France la veut grande, généreuse, honnête et pure, pure comme le principe d'abnégation et de vertu qui doit constituer son essence. Elle la veut énergiquement résolue, tout en détruisant les abus, à protéger les droits légitimes, constitutifs de la société, les droits sacrés de la famille, comme ceux de la propriété et du travail...... Repoussez des candidatures ces consciences serviles qui ne se rallient à tous les pouvoirs nouveaux que pour les compromettre et pour les trahir. N'accordez vos suffrages qu'à des patriotes dévoués, intelligents, bien pénétrés de la grandeur de leur mission, et dont la vie publique et privée peut supporter sans crainte l'éclat du jour et de la discussion....... Si, dans les temps de crise, les ambitieux et les cupides se ruent impudemment sur la satisfaction de leurs appétits égoïstes, montrez que les vrais patriotes, les hommes d'intelligence et de cœur, courent avant tout se rallier au drapeau du devoir et de l'intérêt commun. »

XI

Le Comité adressa aux départements une circulaire spéciale qui réclamait, pour les listes de candidats à l'Assemblée nationale, « l'inscription d'ouvriers et de cultivateurs, les principaux éléments de la démocratie..... » Il en avait donné l'exemple dans la formation de son bureau. Mais la place qui leur était faite était relative et non absolue ; sur la liste des ouvriers du Luxembourg, cette place était plus large, suivant d'autres tendances.

Quoi qu'il en fût, chaque fraction du parti républicain avait le sentiment de la satisfaction à donner aux intérêts qui n'avaient pas encore été représentés. La Révolution de 1848 appelait enfin à la vie politique les ouvriers et les cultivateurs, cette partie la plus nombreuse et la plus productive de la nation ; elle leur révélait un monde nouveau. En 1789, la bourgeoisie avait conquis ses droits sur la vieille aristocratie ; en 1848, la bourgeoisie offrait aux travailleurs des villes et des campagnes leur part de gouvernement.

XII

Mais la concession ou la reconnaissance des droits ne suffit pas pour constituer un citoyen ; il faut que celui qui les possède sache les apprécier et en user. A Paris, dans les grandes villes, les travailleurs étaient en progrès notable ; leur intelligence s'éclairait et s'élevait ; quelques-uns sortaient des rangs, pleins de force et de génie. Dans les campagnes, il n'y avait encore que des besoins et des aspirations sans lumières. Au total, l'éducation des masses était incomplète. Elles avaient l'instinct et non l'idée, le sens et non la raison, le germe et non le fruit.

La Révolution, comme une secousse qui ébranle le sol, avait fait surgir des aspects nouveaux, inconnus ou oubliés. Il fallait diriger vers le bien ces esprits à qui il ne manquait que la culture, ne leur laisser que les nobles passions et extirper les mauvaises. Par malheur, l'envie, l'égoïsme, l'orgueil, fomentés par les flatteries, pénétrèrent le cœur du peuple et obscurcirent son jugement. — Ne blâmons personne ! ce furent des sentiments dont nous retrouvons les traces partout.

XIII

Les hommes riches, les conservateurs absolus, les légitimistes influents, ne furent pas les derniers à prodiguer aux ouvriers les éloges les plus outrés. Ceux-là mêmes qui, plus tard, devaient qualifier la Révolution de *catastrophe,* la portaient alors aux nues et lui prodiguaient les épithètes de *grande, glorieuse, extraordinaire, admirable.* Les expressions semblaient faire défaut à leur enthousiasme. Contentons-nous de rappeler ces mots de M. de Falloux : « Je ne puis terminer sans consigner ici... mon *admiration,* je souligne le mot, pour le peuple de Paris. Sa bravoure a été quelque chose d'héroïque, ses instincts d'une générosité, d'une délicatesse qui surpassent celles de beaucoup de corps politiques qui ont dominé la France depuis soixante ans. On peut dire que les combattants, les armes à la main, dans la double ivresse du danger et du triomphe, ont donné tous les exemples sur lesquels n'ont plus qu'à se régler aujourd'hui les hommes de sang-froid. Ils ont donné à leur victoire un caractère sacré. » Et ces louanges foisonnaient dans les écrits de cette époque ! Nous pourrions en citer à pleines pages.

De leur côté, les révolutionnaires exaltés élevaient l'ouvrier au-dessus de tous dans la hiérarchie sociale : « Créateur de toute production, de toute richesse, l'équité voulait qu'il fût le maître de tout. » Tandis que le Gouvernement s'efforçait de prouver que le peuple était l'ensemble des citoyens de tous les rangs et de toutes les conditions, les exaltés, de même que les anciens nobles, divisaient la nation en classes, séparaient les bourgeois et les prolétaires, les patrons et les ouvriers, les riches et les pauvres ; et, retournant l'échelle sociale, au sommet ils plaçaient les travailleurs.

Résister à ces flatteries, à cette exaltation, au sortir de l'humiliation, eût été un acte de vertu surhumaine.

Les ouvriers se laissèrent égarer. Après l'encourageante expérience de leur puissance, le 17 mars, leurs prétentions s'accrurent. La réduction des heures de travail, la suppression des abus qui, depuis longues années, pesaient sur eux, ne purent les satisfaire. A l'industrie aux abois, ils demandèrent l'impossible. Rebelles à toute conciliation, multipliant les grèves, dévorant le peu d'épargnes qui leur restaient, ils prolongèrent la situation dont nous avons fait le tableau, et coururent en foule se faire inscrire aux Ateliers nationaux. Là, mécontents, s'exagérant à eux-mêmes ce qui leur était dû, troublés par l'enivrement de leurs succès, par les concessions obtenues, ils se crurent supérieurs à tous. Et il advint que les flatteurs qui les avaient aveuglés les accusèrent d'aspirer à l'aristocratie de la blouse.

XIV

Cependant un enseignement leur était dû ; la raison et la justice devaient faire entendre leurs voix. Le club de *l'Atelier*, fondé par les ouvriers rédacteurs du journal de ce nom, remplit ce fraternel devoir.

Nous avons déjà dit comment, sous le règne de Louis-Philippe, ces ouvriers journalistes avaient, les premiers parmi les travailleurs, répandu les principes de l'association libre, solution pacifique du problème du prolétariat. Réunis le dimanche, jour du repos, après les fatigues de la semaine, ils s'essayaient à communiquer les inspirations de leur cœur, à trouver les voies du progrès, à pratiquer la sainte doctrine des devoirs et des droits.

Après Février, ils poursuivirent leur mission avec simplicité, laissant déborder de leur âme des exhortations sympathiques, des paroles de courage, des avertissements sévères. Luttant avec énergie contre les égarements de l'égoïsme et de l'orgueil, ils s'écriaient : « Les ouvriers qui, aujourd'hui encore, refusent le travail qui leur est offert, comprendront-ils enfin qu'ils nuisent à eux-mêmes, à leurs frères, à la France? Continueront-ils d'imiter ces honteux exemples d'égoïsme qui nous ont été donnés, au premier jour de notre victoire, par cette foule de coureurs de places, qui ne voyaient dans la Révolution qu'un moyen d'arriver? Sont-ils bien les fils de ce peuple héroïque qui marchait pieds nus à la frontière, ceux-là qui escomptent le sang de leurs frères pour une augmentation, *impossible aujourd'hui*, de salaires dont ils se contentaient hier encore? Est-ce là du dévouement? est-ce là de l'intelligence?...

» Les travailleurs ont définitivement conquis le grand moyen de la réforme sociale; la réforme politique est sortie pleine et entière des barricades..... Il va donc s'agir de procéder sérieusement à l'amélioration sociale des nôtres, à leur affranchissement réel... Nous serions heureux de voir diminuer les heures du travail manuel, pour pouvoir les consacrer au travail intellectuel..... mais il est des nécessités devant lesquelles les désirs les plus légitimes doivent s'effacer..... La situation est telle, que vouloir exiger en diminution de temps de travail plus qu'il n'a été arrêté par le Gouvernement, c'est agir positivement contre notre propre intérêt. En effet, dans un moment où la peur fait retirer l'argent de la circulation, et où le crédit est presque complétement paralysé, vouloir en un tel moment augmenter le prix de la main-d'œuvre, c'est condamner les chefs d'industrie à fermer leurs ateliers, c'est empêcher le travail, c'est augmenter la crise, c'est créer des misères pires que toutes celles que nous avons subies.

» Il est une erreur que ceux-là partagent encore, et que nous devons combattre dans notre intérêt commun. Ils pensent qu'à défaut des particuliers l'État peut donner du travail à tout le monde, en se faisant lui-même grand entrepreneur, grand manufacturier. « Que l'État, » se dit-on, « ouvre de vastes ateliers nationaux, et qu'avec ses ressources immenses et son pouvoir suprême, il fasse aux ouvriers la part qu'ils réclament! » Cela n'est que facile à dire..... L'État, en effet, n'a pas de baguette de fée pour faire de l'argent; il est épuisé par les gaspillages du règne précédent, et il ne peut pas faire plus qu'il ne fait, c'est-à-dire ouvrir des ateliers de terrassements et de confection passagère. Nous ne devons attendre de l'État que des secours momentanés et insuffisants, comme le sont ceux qu'il s'efforce de donner à une portion des ouvriers inoccupés. »

Ces francs et sains avis étaient écoutés, mais n'étaient pas suivis. La passion parlait plus haut que la raison. Le langage qui ne rappelait aux ouvriers que leurs devoirs leur plaisait moins que les adulations qui préconisaient et caressaient leurs droits.

XV

Le nombre des ouvriers inscrits aux Ateliers nationaux s'élevait, au 31 mars, à 28 350; et chaque jour ce chiffre augmentait rapidement. Un danger lointain apparaissait déjà. Ces Ateliers, organisés en armée pacifique de travail, ne pouvaient-ils devenir, par des suggestions extérieures, une armée militante d'insurrection? Le zèle et les efforts des élèves de l'École centrale et du directeur, M. Émile Thomas, avaient pu les empêcher de prendre part en masse à la journée du 17 mars. Cette influence durerait-elle? Le ministre des travaux publics, qui adressait aux travailleurs de fréquentes exhortations, s'appliquait à préserver les Ateliers nationaux des sourdes menées des agitateurs, et à les maintenir dans le calme. Le 28 mars, il se rendit au bureau central, où s'étaient réunis, pour le recevoir et l'entendre, les délégués des différentes brigades.

« .... Évitez, » leur dit-il, « ces promenades, ces réunions, qui inquiètent le commerce et l'industrie. Les sources du travail en sont profondément altérées. Votre intérêt est compromis, et cela nous touche et nous inquiète... » Après une longue conférence, un délégué demanda la disposition d'un local afin d'y établir un club. Le ministre ne put se défendre de répondre : « Partout où s'assembleront des ouvriers patients, calmes, amis de l'ordre, le Gouvernement sera toujours confiant. »

La revue passée, le ministre s'entretint de cette demande avec le directeur. Déjà, au dehors, des meneurs actifs avaient songé à rassembler en clubs les ouvriers inscrits, et, circonvenant quelques brigadiers, ils étaient parvenus à un commencement d'organisation, sous le titre même de *Club des Ateliers nationaux.* La question se bornait donc à ceci : fallait-il laisser à d'autres l'initiative et l'inspiration de ces clubs, ou fallait-il s'en emparer? Le Luxembourg émettait des doctrines que M. Émile Thomas trouvait pernicieuses, et il croyait bon de les contre-balancer. Il composerait l'assemblée non-seulement de délégués; mais encore des élèves de l'École centrale, des inspecteurs, des chefs de service et de compagnies; il se réserverait la présidence ; les saines exhortations détourneraient les ouvriers des mauvais conseils et les soustrairaient à des manifestations dangereuses. Le ministre se laissa convaincre ; et l'autorisation fut donnée.

Le commissaire directeur, dans une proclamation signée de lui et des principaux chefs de service, invita aussitôt les ouvriers à élire des délégués pour assister à une assemblée, fondée sous le titre de *Réunion centrale des Ateliers nationaux,* dont le but serait de veiller aux intérêts de l'ouvrier sans travail. Au jour désigné (dimanche 2 avril), rue de Valois-Monceaux, M. Émile Thomas prit la présidence de la réunion ; et sa parole fut écoutée. Il fit valoir les sacrifices du Trésor ; il parla de la reconnaissance due à l'État qui secourait l'ouvrier par le travail ; il exposa les projets pour soulager les souffrances ; il énuméra tout ce qui concernait le règlement des ateliers.

Telle fut l'origine du club des Ateliers nationaux. Le nombre de ses membres ne fut d'abord que de quatre cents, chefs et délégués centraux choisis par les délégués nommés par les ouvriers. Mais ces derniers ayant réclamé leur admission, le chiffre s'éleva bientôt à mille, à deux mille même. Les jours de réunion, les délégués recevaient, au delà de leur paye de travail actif, une somme de 25 à 50 centimes.

Les intentions de M. Émile Thomas, en fondant ce club, étaient bonnes; il allait souvent réclamer des conseils à son ministre et aux hommes de l'Hôtel de ville. Mais ne présumait-il pas trop de ses forces et de son influence? Ne serait-il pas facile à des gens malintentionnés de se glisser dans les Ateliers nationaux et dans la réunion, d'y créer un noyau d'opposants, de déplacer le but à atteindre, et d'introduire, sous le drapeau même de l'administration, les doctrines hostiles? Il était absorbé par le moment présent. — Il tenta, avec plus de bon vouloir que de succès, de contre-balancer la puissance incessamment croissante des délégués du Luxembourg et des chefs de clubs.

XVI

Cette énumération des clubs serait trop longue, si nous voulions la donner complète; c'est assez d'avoir fait connaître les principaux. Au 31 mars, le nombre s'en élevait à cent cinquante; bientôt il dépassa trois cents. Partout s'ouvraient des clubs spéciaux, constitués pour un but déterminé, des réunions par arrondissement, par quartier, par compagnie de garde nationale. Nous avons déjà mentionné ces assemblées, espèce de foyers domestiques de l'arrondissement, où ces modestes ambitieux de l'utilité et du bien publics venaient échanger leurs pensées et leurs projets sur les nécessités de la mairie, sur les besoins des pauvres, sur la bienfaisance, sur les élections intimes, jaloux, pour toute récompense, de leur propre satisfaction.

Tantôt les marchands, les boutiquiers voisins ou de même commerce, se retrouvaient dans une salle commune, le soir, après les affaires ; tantôt les ouvriers de la même rue se rassemblaient pour étudier et débattre les questions à l'ordre du jour. Chaque profession, chaque métier voulait avoir son club, pour rechercher les abus du métier, de la profession, et pour adresser au Gouvernement des réclamations fondées et justifiées.

Il y avait le *Club des décorés et des blessés de Juillet*, glorieux soldats de la liberté qui mettaient au service de la patrie aimée leur vieille énergie et leur dévouement sans limites ; l'*Association républicaine pour l'enseignement national*, appliquée au développement de l'instruction publique, où l'on voyait figurer, auprès de MM. Ch. Lebas, A. Jacques, Catalan, etc., MM. Saint-Marc Girardin, Leverrier, Sainte-Beuve, etc. Quelques officiers généraux essayaient de former le *Club républicain des officiers réunis*, dont le général de Girardin était président, et le général Lebreton vice-président. Des collègues, des confrères, se réunissaient et fondaient le *Club de l'union des clercs*, le *Club typographique*, le *Club de la bureaucratie*.

Resserrant les nœuds du pays natal, les compatriotes de même province, Parisiens depuis longues années, se plaisaient à faire revivre leur communauté d'origine dans un club; les plus nombreux étaient ceux des *Provençaux* et des *Auvergnats*. Les avocats constituaient le *Club du barreau de Paris*, où brillaient des hommes de cœur et de talent. Le *Club des amis des noirs* comptait parmi ses membres tous les hommes de couleur, de séjour dans la capitale. Les *protestants* avaient un club présidé par M. Coquerel, pasteur vénéré. L'abbé Bouix présidait le *Club de la fraternité universelle*, fréquenté par des prêtres catholiques. L'*Union polytechnique* s'était recrutée des anciens élèves de l'École. L'engouement, la mode, furent poussés si loin, que l'on put assister au spectacle attrayant d'un club fondé par quelques femmes auteurs, sous le titre de *Club de l'émancipation des femmes*, et du *Club des Vésuviennes*, organisées en une sorte de milice. Nous trouvons jusqu'à la *Société centrale républicaine des sourds et muets de France*.

XVII

Historien d'un peuple, nous devons le peindre sous tous ses aspects, là particulièrement où l'on peut le mieux saisir sa physionomie, ses passions, ses mœurs, ses vices, ses vertus. La description des clubs explique l'époque, et donne la clef des événements inintelligibles. C'est que leur création n'a pas été l'œuvre d'un parti, mais la conséquence naturelle d'une révolution provoquée et faite au nom du droit de réunion, et que toutes les opinions y ont pris leur part; c'est que cette passion du jour a subjugué tous les esprits, et qu'il est peu de personnes qui, malgré leurs vives critiques et leurs attaques ultérieures, n'y aient couru, et n'y aient figuré comme spectateurs, promoteurs, adhérents ou même orateurs. Nous devons ajouter que cette passion ne s'était point renfermée dans Paris, mais qu'elle s'étendit dans toute la France, d'une extrémité à l'autre, dans les villes les plus importantes comme dans les villages les plus obscurs. Rien ne lui échappa.

Ne permettons pas aux temps calmes de juger les temps de révolution d'une manière absolue, sans que la pensée se reporte et vive dans le milieu où les actes s'accomplissaient. Telle direction, telle résolution soudaine, tel acte spontané, salutaire à une crise, seraient funestes au repos, tandis que telle mesure bien prudente, telle législation bien prévoyante, applicable aux loisirs du repos, laisseraient, en temps de crise, périr la société. Il n'y a d'absolu que Dieu et la matière. Tout le reste est relatif, imparfait, incomplet. Ainsi chaque chose a sa raison d'être et son germe de faiblesse; pour l'apprécier sainement et justement, il faut tenir compte de toutes ses conditions de vitalité, peser ses avantages, ses inconvénients, établir le pour et le contre.

XVIII

Un peuple doit savoir choisir entre la tyrannie et la liberté. S'il préfère subir le joug du despotisme, l'unité du commandement lui procure plus de tranquillité somnolente. L'ordre paraît plus profond, parce que la moindre résistance, la moindre protestation, la moindre plainte, est à l'instant même étouffée et punie comme un crime. Un citoyen est-il soupçonné de vouloir, de pouvoir troubler l'autorité par un acte, par un écrit, par une parole, il est subitement saisi, exilé ou déporté. Il ne peut y avoir d'opposition dans un État ainsi gouverné. Tout se tait. Le silence et l'apaisement du tombeau ne sont pas plus profonds. Chacun végète de sa vie individuelle : un seul a détourné et absorbé la vie politique. Chacun est dégagé des soucis, des embarras de ses droits : un seul les a pris tous. Plus de presse ni de polémique, de tribune ni de discussion : un seul résume et exprime la volonté générale; il parle, et la nation a parlé. Plus d'inquiétudes pour la confection des lois : un seul est la loi vivante et souveraine. Plus de tourments pour négocier, rédiger les traités de commerce, contracter les alliances : c'est lui qui décide. Il va même jusqu'à délivrer le sentiment national de toute susceptibilité, de toute préoccupation d'honneur; seul il prononce et la paix et la guerre. — Voilà les avantages de la servitude !

XIX

Mais alors le citoyen n'est plus qu'un sujet. Il a aliéné sa liberté. Il a passé la parole et l'action à un maître. Ses rapports avec le gouvernement n'ont plus lieu que par l'intermédiaire des complaisants, des courtisans ou des agents. Exposé à l'avidité, à la haine, à la dénonciation d'un ennemi, sa fortune peut être détruite, sa maison de commerce fermée, sa profession perdue. A-t-il la velléité de chercher un refuge auprès de la justice ?

elle sommeille par ordre supérieur. Quant à la nation, si ses finances sont compromises, à qui réclamera-t-elle ? elle sera acculée à la crise, sans avoir pu éviter le précipice. Si les traités de commerce tuent son industrie, elle subira sa ruine et lavera ses plaies. Si l'amour-propre, l'orgueil ou l'ambition du maître veut la guerre, elle lui remettra sa dernière obole avec sa dernière goutte de sang. En pleine paix, elle perd tout sentiment moral. Par la guerre, elle s'épuise... Tout lien de solidarité étant brisé entre les citoyens, un seul sentiment domine : l'égoïsme ! un seul mobile : l'intérêt ! un seul but : l'assouvissement des passions ! Pour parvenir, tout moyen est bon. Il y a foule autour du dispensateur unique de toutes faveurs, de toutes fonctions. Les plus intrigants, les plus cupides envahissent les avenues, remplissent les antichambres et les salons du pouvoir. C'est une curée livrée en pâture aux plus serviles. L'intelligence elle-même courbe le front dans la honte. L'honnêteté lutte contre la misère et repousse de son foyer l'humiliation. On s'arrache les priviléges, les monopoles, qu'on court monnayer à la Bourse. Tout est question de gain ! Des fortunes d'une heure éblouissent le public. Le vertige trouble les esprits les plus sains. L'attraction entraîne les plus purs. La nation entière joue quand elle croit entreprendre. L'expérience des temps passés n'éclaire personne; et chacun se précipite dans la catastrophe.

Peu à peu les grandes pensées disparaissent sous la corruption ou la persécution. Les chants du poëte cessent : il n'est permis de chanter qu'un seul homme. L'inspiration des arts s'éteint : leur essor a besoin de l'air de la liberté. Chez les savants l'émulation s'affaisse. L'ignorance, basse et rampante, s'empare de la direction des lettres et des sciences. La tribune est muette : plus de grands orateurs! Le barreau, sanctuaire de l'éloquence, est cerné, menacé. Plus de ces génies sublimes qui s'appuient et s'élèvent sur la publicité pour planer au-dessus du monde. Soumise, la Grèce perdit ses poëtes, ses philosophes, ses sages, ses hommes illustres. Rome, esclave avilie, tomba dans le Bas-Empire. De la Grèce et de Rome, il ne reste que des ruines. La liberté était l'inépuisable source de leur antique splendeur; la tyrannie fut la cause fatale de leur chute.

XX

Mais un jour vient où, las de torpeur et d'esclavage, le peuple veut revenir à la vie et reconquérir son indépendance. Il faut alors qu'il se résigne à toutes les douleurs de la délivrance, car l'inévitable conséquence d'une révolution, c'est une lutte violente entre les éléments du passé et les éléments de l'avenir. Le ciel est surchargé de tempêtes. L'air comprimé éclate. Le torrent, pour creuser son lit, emporte mille débris sur son passage. Toutes les passions humaines, bonnes et mauvaises, fermentent. Les timides tremblent d'effroi; les prudents observent; les ambitieux s'agitent; les méchants agissent; les hommes de bien se dévouent. Personne ne vit chez soi; la vie publique absorbe tout; toutes les idées se font jour, les plus folles comme les plus sensées. Mille propositions se croisent; mille théories se posent. On discute tous les systèmes; on essaye de tout. Tous s'animent : le plus froid s'échauffe, le plus sage se laisse aller au mouvement général. L'harmonie dans les choses paraît troublée; les rapports entre la production et la consommation sont interrompus. Il y a des besoins, et les bras s'arrêtent. Les privations et les souffrances aiguës s'accroissent. L'ordre s'établit avec peine au milieu de l'effervescence. Le crédit public s'affaisse. Une liquidation générale est inévitable. Tels sont les premiers jours d'une révolution : c'est la crise, ce n'est pas encore la République!

XXI

Mais déjà, au plus intense de la crise, un œil scrutateur et attentif peut entrevoir un travail semblable à celui du laboureur qui bouleverse le sol et retourne la terre au soleil et à l'air pour la rendre fertile. La Révolution de 1789 n'a-t-elle pas enfanté une population plus nombreuse, plus vivace, plus forte, qui a décuplé les richesses du commerce, de l'industrie, de l'agriculture et les découvertes de la science? La Révolution de 1830 n'a-t-elle pas donné un nouvel élan à la nation? La Révolution de 1848 n'a-t-elle pas préparé les années 1849, 1850 et 1851, où les capitaux industriels se sont doublés? N'a-t-elle pas tracé et ensemencé les sillons où le Gouvernement et les entreprises colossales ont puisé des ressources qui, aux époques précédentes, eussent paru des rêves?

XXII

Lorsque la liberté est fondée, la vie est plus agitée. Soit! Mais l'histoire ne démontre-t-elle pas, jusqu'à la dernière évidence, que les peuples les plus libres ont eu la civilisation la plus avancée, et ont rempli le monde de leurs conquêtes, de leur génie, de leur littérature, de leurs beaux-arts et de leurs monuments? Après la vaste influence de la Grèce, ne voyons-nous pas, au moyen âge, Venise, Gênes, Florence, les Républiques italiennes, la Hollande, s'emparer du commerce européen? Dans les temps modernes, la libre Angleterre ne possède-t-elle pas la suprématie sur les mers, tandis que les États-Unis multiplient en quelques années leurs richesses et leur population?

XXIII

Ce n'est pas là un phénomène inexplicable. C'est la logique même qui le veut ainsi; c'est l'ordre naturel des choses d'ici-bas. Lorsque, dans une nation petite ou grande, chaque citoyen est indépendant, lorsqu'il est libre de se déplacer, de créer, de produire, d'entreprendre, sans entraves, sans crainte d'être troublé ni recherché pour ses pensées, pour ses paroles, pour ses opinions, il sait qu'il peut compter sur ses propres forces, il cherche sa place et il la trouve. Il donne l'essor à sa capacité, à son génie. Rien ne le comprime, ne l'arrête, ne l'étouffe! Il parle, propose, discute, tente et parvient. Tout l'excite. C'est une émulation perpétuelle! La vie publique lui appartient comme à tout le monde. Le gouvernement est dans les mains de tous. L'homme supérieur peut soumettre ses idées à tous, les faire accepter et devenir l'un des chefs, le chef même de l'État.

XXIV

La France possède dix millions de citoyens capables d'exprimer leur volonté. Que chaque citoyen passe à l'état actif; éclairé sur ses droits et ses devoirs, qu'il les comprenne et les pratique : tout est possible à la France; elle est la première nation du monde. Mais que chaque citoyen demeure à l'état passif, sans volonté, sans énergie, ne songeant qu'à vivre au jour le jour de la vie matérielle, la France déchoit et tombe insensible à tout sentiment moral, insensible à la honte; qu'on lui donne de quoi se repaître, et qu'on la livre au plus rusé ou au plus fort!

Eh bien, en 1848, après les journées de Février, presque tous les Français étaient devenus citoyens actifs. Le plus indolent était ému, le plus ignorant était pénétré d'un rayon de lumière qui venait éclairer son cerveau, le plus insensible sentait vibrer son âme. Une agitation incessante troublait les esprits; mais ces esprits s'ouvraient à la vie. Si tous ne pouvaient pas expliquer ce qui naissait en eux et autour d'eux, ils avaient du moins la conscience de leur force. « Je ne sais pas ce qui se passe en moi depuis la Révolution de Février, » disait un ouvrier à un membre du Gouvernement provisoire, « je gagne dix sous de moins par jour, et ça m'est égal, car je comprends que de rien je suis devenu quelque chose. » Mots profonds, qui résument une époque.

XXV

Les peuples, comme les rois, doivent savoir se regarder en face dans le miroir de leur passé, pour se purifier dans l'avenir. Aussi nous avons rapporté les hyperboles de langage, les théories absolues, les projets bizarres, les erreurs grossières, les fougues, les passions outrées, les scènes dramatiques, les prédications insensées, les complots ténébreux, les discussions excentriques, les querelles réitérées, les luttes projetées, les frayeurs produites, et le désordre des imaginations. Mais la justice ne veut-elle pas maintenant que l'on examine sans esprit de parti, sans prévention, l'autre côté du tableau, et que l'on s'arrête aussi sur le bien qui s'est fait alors, sur les bonnes pensées et sur les belles actions du peuple ?

Dans les réunions de toutes sortes, que de paroles sensées! que de révélations intéressantes ! que d'enseignements utiles! que d'abus dévoilés! que d'inspirations honnêtes! que de leçons de moralité! que d'exemples de dévouement! Combien de citoyens sont venus épancher en nobles termes les trésors de leur cœur! Combien, à ces tribunes improvisées, ont apporté des idées longuement mûries par l'expérience! Combien ont sondé les plaies qui dévorent chaque état, chaque profession, et en arrêtent le rapide essor! Combien ont indiqué de salutaires remèdes aux maux qui accablent la société ! Que de lumières répandues ! que de honteux mystères mis à jour ! que d'impostures dénoncées ! que de théories vraies ! que d'applications possibles ! que de voies ouvertes à la science, aux arts, aux métiers ! que de progrès sérieux ! que de fois l'amour de l'humanité et l'amour de la patrie ont fait palpiter les cœurs, embrasé l'auditoire, et provoqué les applaudissements même des plus indifférents !

Cette nation, en vivant au grand air, sur la place publique, doublait son activité, accroissait son intelligence, centuplait sa puissance. Souvent on voyait un citoyen des plus humbles et s'ignorant lui-même sortir de la foule, se révéler homme de génie, et répandre autour de lui une éloquence persuasive, entraînante, pleine de verve et de logique. C'est que lorsqu'on remue les fibres humaines, à côté du mal on en tire beaucoup de bien ! Les imaginations s'exaltent, les idées naissent, les cerveaux travaillent, les têtes bouillonnent, les découvertes s'opèrent, l'avenir s'ouvre ; on s'élance dans toutes les carrières, et dans toutes on arrive à un état meilleur et plus prospère !

XXVI

« ..... Les clubs sont nécessaires à la vitalité politique du pays, » disait *la Patrie* dans un article qui eut l'honneur de la lecture et des bravos enthousiastes dans un grand nombre de réunions ; « de leur profondeur même sortiront de ces voix énergiques, de ces voix que l'intérêt public fait retentir, et qui portent dans leurs paroles de salutaires conseils et de nobles inspirations.... La presse quotidienne ne suffit pas seule au besoin de mouvement qui s'est emparé des masses. Après la tempête, l'atmosphère tressaille longtemps dans ses couches lointaines. Après la tourmente politique, le peuple s'agite encore. La foi dans l'avenir est générale dans les premiers transports de la victoire. Toutes les poitrines battent de la même espérance. Tous les cœurs sentent se ranimer leur patriotisme, alourdi par le poison subtil et délétère du despotisme tombé. Toutes les têtes fermentent. Cela se comprend. On s'éveille poursuivi par le fantôme du cauchemar. On se sait libre, appelé à jouir de droits légitimes; on veut que ces droits soient bien réels, et que chaque citoyen les exerce avec l'intelligence nette et positive de leur portée et de leurs limites. — L'organisation des clubs n'a pas d'autre cause que la nécessité où l'on est d'éclairer le peuple sur les droits qu'il vient de conquérir. Les orateurs des clubs n'ont pas d'autre but; et ce qui se passe dans le plus grand nombre nous rassure pour l'avenir du pays. — Comme moyen d'action sur le gouvernement et sur les masses, les clubs sont donc utiles. Nous dirons plus, ils sont indispensables..... Sans doute nous aurons à subir les conséquences inévitables de la liberté accordée à certaines ambitions. Comme toute chose, les clubs ont leurs dangers à côté de leurs avantages. Mais ceux-ci sont immenses comparés à ceux-là; le péril s'efface devant le bienfait... »

XXVII

Si le Gouvernement provisoire, en effet, avait à redouter l'action dissolvante d'un certain nombre de clubs, il ne cessait de recevoir d'une foule de sociétés diverses des témoignages de la plus vive sympathie. « Courage! citoyens gouvernants! » disait une députation des blessés de la barricade Saint-Merry, « courage! les vrais patriotes vous approuvent!... Honneur à vous, Révolutionnaires magnanimes, qui comprenez les instincts du peuple en décrétant l'abolition de la peine de mort en politique! Le peuple, qui sait vaincre et qui sait pardonner, vous bénit d'épargner le sang de ceux mêmes qui le décimèrent par la mitraille. — Nos frères d'Europe qui, à notre exemple, marchent à leur affranchissement, non sans ensanglanter leur chemin, donneront, comme la France, tout le caractère de la clémence à leurs victoires. Nous surtout, les martyrs de Saint-Merry, nous voulons abjurer toute haine, toute réaction, et, les premiers, nous tendrons la main à ceux qui, au 6 juin, furent nos adversaires à la barricade, pour ne plus voir en eux que des frères en la sainte République... »

XXVIII

Le *Club des ouvriers de la fraternité* s'exprimait ainsi : « Citoyens membres du Gouvernement provisoire, au milieu des innombrables députations que la population parisienne envoie, chaque jour et à chaque heure, se presser sur les marches de l'Hôtel de ville, et témoigner au Gouvernement provisoire ses ardentes sympathies, le *Club des ouvriers de la fraternité* s'est montré jaloux de revendiquer sa place et de vous offrir ses chaleureuses protestations de dévouement et de reconnaissance. — Lorsque le Gouvernement proclamait le droit de l'association, nous nous sommes empressés de le mettre en pratique..... Nous nous sommes rassemblés..... au nom de ces immortels principes : Liberté, Égalité, Fraternité. Ces mots sacrés qui brillent sur nos étendards, ils ont toujours vécu dans le cœur du peuple; ils l'ont consolé dans ses douleurs, ils l'ont bercé dans ses espérances, ils le conduisent aujourd'hui dans les voies de la justice et de la régénération. Par eux la France renaît plus grande et plus féconde; c'est leur action salutaire qui assurera le maintien de l'ordre, le respect de la famille et de la propriété, l'amélioration du sort des travailleurs, le libre développement de toutes les forces industrielles et de toutes les propriétés nationales. »

Est-il un langage plus noble, plus élevé ? Les sentiments généreux qui l'inspiraient étaient dignes d'une grande nation, et donnaient au monde un sublime exemple, aux hommes de parti une leçon salutaire de concorde et de modération, au pouvoir, dont chaque pas était un pas vers la liberté, un précieux encouragement.

XXIX

Nous empruntons aux clubs une dernière citation entre mille, prise au *Moniteur* du 9 avril :

Le Club patriote des indépendants au Gouvernement provisoire,

« Au nom de la République née à Paris, au sein des barricades, le 24 février;

» Au nom de la Liberté, de l'Égalité, de la Fraternité, sœurs jumelles, toutes les trois filles du christianisme et de la philosophie;

» Au nom de l'homme rétabli dans les conditions assignées par le Créateur;

» Respect, gloire et merci.

» Vous avez compris la nation française.

» Vous nous avez rendu la République de 92, enrichie de ses soixante années de progrès.

» Vous avez créé l'homogénéité des éléments démocratiques.

» Vous avez dégagé la pensée de ses entraves. Elle jouit du droit naturel de se produire et d'arriver à tous, sous le seul contrôle du bon sens de tous.

» Vous avez doublement assis la Révolution, en l'harmonisant avec les mœurs et les usages de notre temps.

» Vous avez parlé à l'étranger le langage de la France. Une heure du présent a réhabilité trente-quatre années du passé : un simple manifeste relève de la honte de cent protocoles.

» Vous avez fait rebrousser chemin à la banqueroute et posé les jalons du crédit dégagé désormais des mensonges de l'agiotage.

» Vous avez fait accueil à toutes les demandes, enregistré tous les besoins, satisfait à tous les vœux formulés dans les limites de la raison.....

» Vous nous avez donné l'ordre dans la liberté, sans nuire à l'agitation politique, cette condition *sine quâ non* de l'existence des peuples libres.

» Hommes du pouvoir, vous êtes demeurés hommes du peuple. Aucune suggestion n'a pu vous entraîner hors du sentier populaire.

» Vous avez fait tout le bien que vous avez pu faire.

» Continuez, citoyens, ne faiblissez pas; tout pour le peuple et par le peuple. Le Gouvernement provisoire est l'arche de la nouvelle alliance : vous êtes les dépositaires de notre sainte République. Ne faillissez pas au rôle sublime qui vous est échu; et lorsque, jouissant un jour d'un repos si noblement mérité, vous laisserez aux mandataires réguliers du peuple le soin de consolider l'œuvre commune, nous, fraction de ce peuple qui vous aime, nous élèverons de nouveau la voix pour nous écrier :

» Respect à vos personnes!

» Merci à vos actes!

» *Vive la République !* »

CHAPITRE QUATRIÈME.

Offrandes patriotiques : ouvriers; imprimeurs sur étoffes, imprimeurs lithographes, imprimeurs typographes; extrait du *Peuple constituant;* ouvriers de l'Administration des tabacs et ouvriers boulangers; citoyens du faubourg Saint-Antoine; charpentiers : épisode des Madelonnettes; compagnons de tous les devoirs : leur réconciliation; simples particuliers; clergé; Écoles; lycées; Université. — Réception des offrandes et des députations; les membres du Gouvernement provisoire ne peuvent y suffire; MM. Buchez, Recurt, Edm. Adam, Barthélemy Saint-Hilaire; Commission des dons; proclamation du Gouvernement provisoire; efforts de la Commission : premiers succès; arrêt. — Réciprocité de secours entre les ouvriers. — Arbres de la liberté : concours du clergé; Champ de Mars : M. Ledru-Rollin; place de l'Hôtel-de-Ville : souvenirs des quatre sergents de la Rochelle, le curé de Saint-Gervais, M. Buchez, proclamation du maire de Paris, émotion et acclamations générales; Luxembourg : M. Louis Blanc; place de la Révolution : le curé de la Madeleine; place du Carrousel : le curé de Saint-Germain l'Auxerrois, le général Courtais, *Te Deum* à l'église; Établissement des enfants de Saint-Nicolas : le curé de Saint-Sulpice, le ministre de l'instruction publique, M. Buchez; place Cadet : l'abbé Peyre; Batignolles : le curé; barrière du Trône : le clergé de Sainte-Marguerite, l'abbé Hugonnet. — Sincérité du clergé. — Prêtres irlandais mêlés à la manifestation du 17 mars; ils sont acclamés par les ouvriers. — Mandement de l'évêque de Langres. — Lettre du frère Heuglin, abbé de la Trappe, aux rédacteurs de *la République française.* — Considérations sur le christianisme : son esprit démocratique; ses grandeurs; influence du clergé par sa vertu; décadence par ses vices; ses vicissitudes jusqu'en 1848.

I

Le cœur de l'historien se rassérène lorsqu'après avoir peint de sombres tableaux il arrive enfin à la description des actes honorables du peuple au milieu duquel il est né et il vit.

Dès que les travailleurs eurent connaissance de la

pénurie du Trésor et des besoins extrêmes de l'État, ce fut, pendant deux mois, une continuelle procession vers l'Hôtel de ville des citoyens de tous les métiers, de toutes les conditions, qui venaient porter leurs patriotiques offrandes. Concours plus touchant qu'efficace! Contraste frappant opposé aux sentiments étroits de l'égoïsme!

Les employés et les ouvriers de l'éclairage au gaz, les tailleurs de pierre, les maçons, les scieurs de long, les imprimeurs sur étoffes, les porteurs à la vente aux poissons, les porteurs d'eau, les employés et les ouvriers des Messageries nationales, les ouvriers carrossiers, ceux des fabriques de papiers peints, des ateliers des chemins de fer d'Orléans et du Nord, les garçons bouchers, les ouvriers des fabriques de pompes, ceux du Timbre national, les employés de l'octroi, les charbonniers, les corporations d'ouvriers des ports, les employés et les ouvriers de maisons de commerce et de fabrication, les ouvriers des raffineries de sucre, de l'établissement des eaux clarifiées, les égouttiers, les travailleurs des chemins de fer, les ouvriers imprimeurs typographes, lithographes, etc., les ouvriers marbriers, chaudronniers, mécaniciens, paveurs, cartonniers, papetiers, les employés et les ouvriers de l'Administration des tabacs, les marchands et colporteurs de journaux, les ouvriers des fabriques de coton, les gardes du génie, les marins, les sapeurs-pompiers, les tambours de la garde nationale, les ouvriers pâtissiers, les cochers, les garçons de chantiers de bois, les ouvriers boutonniers, les facteurs aux lettres, les ouvriers des messageries Caillard, la Société des sauveteurs de la Seine, les courtiers camionneurs et employés des maisons de roulage, les employés du commerce des huiles, les ouvriers bonnetiers, bitumiers, bijoutiers, épurateurs d'huile, brasseurs de Paris et de la banlieue, les commis vendeurs à la Vallée, les garçons de bureau de la Ville, les ouvriers salpêtriers, les marchands aux halles, les maréchaux ferrants, les ouvriers carriers, verriers, s'empressèrent d'apporter leur tribut. La foule suivit.

II

Ce mouvement fut d'autant plus significatif et méritoire, qu'il fut spontané et nullement sollicité par l'Autorité. Ce fut un élan qui entraîna successivement presque tous les ouvriers et employés du commerce et de l'industrie. On vit les plus malheureux, les plus pauvres, apporter au Gouvernement l'impôt volontaire d'une journée de travail, prélevé sur les besoins de l'existence. Les salons de l'Hôtel de ville furent témoins des scènes les plus émouvantes, les plus pathétiques. Le langage des donateurs était simple, expressif. Il exhalait un ardent amour de la patrie.

« Citoyens! » disaient les ouvriers imprimeurs sur étoffes, « lorsqu'ils croient la patrie en danger, ses enfants viennent lui offrir tête, bras, cœur, biens et courage; car c'est surtout dans les moments difficiles qu'il faut être courageux; c'est dans les circonstances extrêmes qu'il faut trouver des voies de salut. — Ouvriers nous-mêmes, nous vous offrons notre faible concours; nous vous apportons 2 000 francs pour aider à la réussite de votre noble création. Le seul regret que nous ayons est de ne pouvoir centupler notre modique offrande, que nous vous donnons avec bonheur.

» Pour suppléer à notre impuissance, nous engageons tous les citoyens..... à nous imiter, chacun suivant sa fortune, comme nous imitons ceux qui ont eu l'heureuse idée de nous devancer dans cette voie salutaire... — Par ce moyen nous rassurerons ces êtres pusillanimes qui se sauvent..... emportant avec eux les valeurs qui sont nécessaires... Qu'ils se rassurent, tous ceux qui pourraient croire aux scènes sanglantes qui sont tracées dans notre histoire! qu'ils se rassurent! ni la guerre civile, ni la guerre de l'étranger ne viendra déchirer les entrailles de notre belle France!... Prenons patience! ne soyons pas trop exigeants à la fois... demandons graduellement..... souffrons encore un peu pour la liberté!!! Le moment de la récolte n'est pas encore arrivé... »

Les ouvriers imprimeurs lithographes et les employés de la maison Lemercier déposaient 560 francs, « regrettant que la crise financière qui restreint le travail et paralyse leurs bras ne leur permette pas d'augmenter cette somme, offerte de grand cœur et prélevée sur le strict nécessaire aux besoins de leurs familles... »

Ils offraient leur concours et leurs remercîments au Gouvernement provisoire : « car c'est le propre des hommes de cœur de souffrir pour la sainte cause de l'humanité. — Travaillez donc, sans relâche et sans crainte, à déblayer le sol où s'élèvera le nouvel édifice social; les travailleurs ont encore des jours de misère et de souffrance au service de la République [1] ».

[1] Nous avons trouvé la première trace de cette pensée dans *le Peuple*

Les ouvriers imprimeurs de M. Boulé, donnant une preuve touchante de leur dévouement, soumettaient une idée plus patriotique que praticable : *emprunt aux travailleurs*, de 50 millions, par coupons de 20 francs, en bons du Trésor, à six, neuf, douze, quinze et dix-huit mois. — Tirage au sort. — Chaque atelier versant une somme, en une ou plusieurs semaines. — Ils ouvraient la souscription par une somme de 800 francs.

III

Les ouvriers se faisaient souvent accompagner dans les salles de l'Hôtel de ville par leurs femmes et leurs enfants, qu'ils initiaient et associaient à leurs démarches. Les ouvriers de l'Administration des tabacs et les ouvriers boulangers venaient précédés de jeunes filles vêtues de blanc, plaçant ainsi leurs offrandes sous l'emblème de l'innocence et de la pureté. Des citoyens du faubourg Saint-Antoine, au son des tambours, offraient avec leur tribut une statue de la Liberté. D'autres présentaient leurs bannières et leurs drapeaux, qui tapissèrent longtemps les grands salons de l'Hôtel de ville.

Constituant du 10 mars, aux faits divers : « On parlait avec animation dans un groupe d'ouvriers, avant-hier (7 mars), des discussions sur l'organisation du travail, dont M. Louis Blanc porte le poids au Luxembourg. Quelques-uns disaient : « Il faut que cela finisse. Les maîtres » ont eu leur tour; à nous à présent! » D'autres répétaient : « C'est cela, » il faut que nous vivions bien! » — « Pas si vite! les autres, » répliqua un homme déguenillé, et arrêtant un élève de l'École polytechnique qui passait : « *Tu peux dire au Gouvernement provisoire que nous avons » encore trois mois de misère au service de la République, pourvu » qu'on s'occupe de nous.* »

Le 19 mars, jour de la fête de saint Joseph, patron des charpentiers, on vit défiler un cortége nombreux d'ouvriers de cette corporation, le chapeau orné de rubans de différentes couleurs, avec l'équerre et le triangle brodés, attributs de la profession. Une musique de la garde nationale marchait en avant, faisant retentir l'air de chants nationaux. Au centre de la colonne on admirait, porté sur les épaules de six jeunes hommes vigoureux, *le chef-d'œuvre,* ouvrage d'architecture en bois, d'un travail admirable. Introduits dans l'Hôtel de ville, ils remirent une pétition qui révéla un acte digne d'être mentionné ici : « ..... Trois des nôtres gémissent encore dans les prisons pour des faits qui se rattachent à la grève de 1845. Quels qu'aient pu être les torts de ces hommes dans un moment d'effervescence, la longue détention subie doit les leur avoir fait expier. Tous les compagnons charpentiers n'hésitent pas à se porter garants de la bonne conduite dans l'avenir des trois camarades auxquels ils vous supplient de rendre la liberté.

» Citoyens, le 25 février, le lendemain de la victoire du peuple, une centaine des nôtres se rendirent à la prison des Madelonnettes. Ils étaient armés; toute résistance devenait inutile. Les portes leur furent ouvertes, et bientôt l'un des ouvriers pour lesquels nous intercédons se trouva dans les bras de nos camarades. Cependant ils comprirent qu'il y avait là un désordre condamnable : le prisonnier fut réintégré dans sa prison, et la maison fut confiée à la garde de ceux qui venaient de s'en emparer. »

Récit sublime dans sa simplicité! Ces ouvriers

n'avaient-ils pas la conscience profonde de l'ordre, de la loi, du devoir, du droit, de la chose jugée? En peut-on pousser plus loin le respect?

Un décret, aussitôt rédigé, rendit à la liberté des hommes qui savaient si bien la mériter.

IV

Le lendemain, une scène non moins touchante causa une vive sensation dans Paris. Depuis des siècles, l'histoire du compagnonnage n'avait pas eu à enregistrer un acte plus remarquable. Vers dix heures du matin, huit ou dix mille compagnons de tous les *Devoirs*, revêtus de leurs brillants insignes, se rassemblent, font abjuration de leurs haines et de leurs rivalités traditionnelles, se réconcilient, se serrent les mains, se prodiguent tous les témoignages de la fraternité, et partent de la place des Vosges (place Royale) pour aller à l'Hôtel de ville faire hommage de leur union, de leur concorde et de leur dévouement à la République et au Gouvernement. Reçus, félicités par MM. Buchez et Pagnerre, ces compagnons de tous les *Devoirs* avaient compris « qu'ils ne devaient plus former de familles séparées, puisque tous étaient membres d'une même famille, de la famille des travailleurs, et avant tout de la grande famille nationale ».

V

Toutes les nobles aspirations du cœur humain se font jour. Abnégation, désintéressement, amour du bien, oubli des injures, clémence, générosité, toutes les vertus publiques apparaissent éclatantes. — De pauvres ouvriers viennent offrir leurs montres; d'autres, les bijoux de leurs femmes et de leurs enfants. De jeunes filles donnent leur collier et leurs boucles d'oreilles. Un décoré de Juillet dépose sa médaille; un vieux soldat, sa croix. Une institutrice communale, madame Debrix, envoie cinq médailles, toutes reçues comme prix d'honneur; des mères de famille, quelques pièces d'argenterie, leur seule fortune!

M. D...., peintre, provoque une souscription, à Neuilly-sur-Marne, par le dépôt de quatre médailles d'argent remportées par lui dans les concours : « Citoyens, plus d'une fois j'ai eu faim auprès de ces médailles, sans pouvoir me résoudre à les vendre, mais aujourd'hui je les donne de grand cœur! oui, de grand cœur!..... »

Un laboureur de Mont-Louis (Vienne), M. Rattier, envoie les médailles d'or et d'argent obtenues pour des améliorations agricoles.

Un citoyen écrit à MM. Béranger et Lamennais : « Mon père, ouvrier pauvre, cœur dévoué, m'a laissé pour tout héritage une timbale d'argent que je dépose en vos mains. »

L'exemple donné par les travailleurs était suivi. — Un rentier, M. Tourqueneff, offre le dixième de ses rentes; des propriétaires, le terme des loyers reçus; des administrateurs, leurs jetons de présence; des officiers ministériels, l'intérêt de leur cautionnement.

Le clergé de Paris portait son tribut. — L'archevêque envoie quelques couverts d'argent, les seuls qui lui appartiennent personnellement; le curé de Saint-Eustache, M. Deguerry, et le clergé de sa paroisse, cinq cents francs; M. Morel, curé de Saint-Roch, même somme; M. Collin, curé de Saint-Sulpice, et le curé de Saint-Étienne du Mont, chacun six couverts d'argent; l'abbé Naudin, curé de campagne, le peu d'argenterie qu'il possède. Le curé de Saint-Laurent, M. Salacroix, dépose un riche calice et une somme de 376 fr. 10 c., produit d'une quête : « Désormais, comme les autres prêtres de mon église, je me servirai pour le saint sacrifice des vases modestes qui appartiennent à la paroisse. La Liberté et la Religion sont deux sœurs que le Christ a léguées au monde. Il est donc tout naturel qu'elles s'affectionnent et qu'elles s'entr'aident..... »

Les élèves des Écoles et des lycées présentaient leurs offrandes et leurs vœux. Les professeurs, les membres de l'Université, n'étaient pas les moins empressés.

VI

Les membres du Gouvernement provisoire ne pouvaient suffire à recevoir les députations. Ils étaient admirablement secondés et représentés, dans cette civique mission, par MM. Buchez, Recurt, Edmond Adam et Barthélemy Saint-Hilaire. Puisant leurs inspirations dans les discours des députations, ces dignes interprètes du pouvoir improvisaient leurs réponses avec un heureux choix d'expressions venues du cœur et allant au cœur ; ils produisaient l'enthousiasme, confirmaient les bonnes pensées, encourageaient au bien, repoussaient le mal, provoquaient le dévouement, exaltaient les âmes, vivifiaient le feu sacré de l'amour de la patrie. Leur langage était un appel à toutes les vertus républicaines et à toutes les nobles passions qu'un peuple ressent surtout aux grandes époques de son émancipation.

La foule accourant sans cesse, le Gouvernement songea à régulariser le mouvement. Il institua, le 29 mars, une commission des dons offerts à la patrie. Le décret fut précédé de cette proclamation :

« Citoyens! les dons patriotiques affluent à l'Hôtel de ville. Chaque jour tous les corps d'état rivalisent d'abnégation et de générosité. Des ouvriers, qui peuvent à peine par de trop rares travaux nourrir leurs familles, savent encore prélever de civiques offrandes sur un salaire insuffisant. La pauvreté même, oubliant ses besoins, se fait un devoir et un bonheur d'une privation nouvelle, quand il s'agit de subvenir aux besoins de la République, notre mère commune.

» Citoyens! vous donnez au monde un sublime exemple! L'Hôtel de ville, ce palais du peuple, en est tous les jours le silencieux témoin ; mais si votre modestie veut cacher ces héroïques vertus, le Gouvernement provisoire doit les révéler à la France et à l'Europe qui vous contemplent! »

Les membres de la Commission étaient MM. Lamennais, président, Béranger, vice-président, Littré, membre de l'Institut, Charles Thomas, secrétaire. Ils s'adjoignirent MM. Louis Viardot, Paul de Musset, Chevallon et Clément Thomas.

Ces hommes éminents, d'un dévouement éprouvé, se mettent aussitôt à l'œuvre avec un zèle infatigable.

Persuadés que si chaque citoyen veut porter son obole à la patrie, de ce sacrifice bien entendu résultera la cessation de la crise, la reprise des affaires, des travaux, du crédit, le soulagement des travailleurs, la fin des misères publiques, ils agissent avec ardeur, se réunissent chaque jour, se concertent, ouvrent des bureaux dans toutes les mairies, s'adressent aux trente-sept mille communes, à l'armée, à la marine, au clergé, aux ministres des cultes réformés, au grand rabbin et aux membres du consistoire israélite, à toutes les gardes nationales de France. Ils invoquent le patriotisme de chacun ; ils multiplient leurs efforts pour propager l'impulsion si bien donnée par les ouvriers de la capitale. Tout d'abord leur voix est entendue, la foule accourt, le succès couronne l'œuvre, partout des scènes émouvantes se succèdent comme à l'Hôtel de ville ; mais peu à peu le premier élan se ralentit, l'enthousiasme s'affaisse, le dévouement s'épuise, l'égoïsme souffle et étouffe les sentiments généreux sous l'esprit de parti.

VII

Un grand nombre d'ouvriers ne bornèrent pas aux dons volontaires les preuves de leur intelligent patriotisme. En regard de ceux qui ne songeaient qu'à des augmentations de salaire, nous citerons ceux qui offraient à leurs patrons embarrassés un travail à moitié prix. Les uns proposaient à leurs chefs le crédit d'une partie de la main-d'œuvre, d'autres alternaient avec leurs camarades sans ouvrage. On en vit partager ce qu'ils avaient péniblement gagné. Beaucoup s'entr'aidaient, se secouraient, se soulageaient dans la détresse commune. Lorsqu'elle peut contempler de telles actions, l'âme éprouve une jouissance profonde et se remet des angoisses des luttes civiles; la foi dans l'avenir réservé à l'humanité se rassure et se sent revivifiée.

VIII

Dans la vie tout extérieure où le peuple recherchait avec avidité les émotions de la place publique, où toute démonstration était pour lui une fête, il devait concevoir et pratiquer avec un rapide empressement l'idée de planter des arbres de la liberté. N'était-ce pas une nouvelle occasion d'épancher ses sentiments, d'échanger ses pensées?

Mais ce qui causa le plus d'impression, ce qui devait prendre date dans les annales de nos révolutions, ce qui ne s'était pas vu depuis la Fronde, ce fut l'association complète du clergé avec la liberté, son adhésion et son concours à toutes les cérémonies qui eurent lieu sur tous les points de Paris et par suite dans toute la France.

Le 22 mars, au Champ de Mars, drapeaux en tête, des légions de travailleurs accourent. Ils viennent, par toutes les avenues et d'heure en heure, saluer un arbre de la liberté qu'ils ont planté la veille, et que le clergé du Gros-Caillou a bénit. Le ministre de l'intérieur, invité, est reçu par le colonel Allard, qui le complimente et le remercie au nom des ouvriers. Le ministre préside à la fête et les félicite d'avoir renouvelé un grand souvenir, celui de la Fédération de 1790 : « Ce Champ de Mars, théâtre de la Fédération, rappelle un glorieux passé : la France divisée en castes, en aristocraties, en provinces, venant, à l'appel du peuple de Paris, abjurer sur l'autel de la patrie les vieilles haines et les ressentiments séculaires, pour ne faire qu'un peuple, le peuple français. » (Applaudissements énergiques.)

M. Ledru-Rollin répond à un officier qui lui parle de l'armée : « ..... Je proteste de toutes mes forces contre des sentiments de méfiance indignes de la générosité française.

» Il n'est pas possible de scinder ainsi le peuple et l'armée !

» Le peuple c'est l'armée ! l'armée c'est le peuple ! l'armée n'est-elle pas le sang de notre sang ?... Donc, gloire à l'armée !... car elle s'est rappelé en Février qu'elle était peuple, et elle n'a pas voulu tirer sur le peuple..... Fraternité entière entre nous..... » (Acclamations.)

IX

Le 24, le clergé s'associe plus solennellement à une cérémonie plus significative. Suivi d'un grand nombre de citoyens et introduit auprès du Gouvernement provisoire, le curé de Saint-Gervais s'exprime en ces termes : « Une députation d'ouvriers est venue nous demander de bénir l'arbre de la liberté qui va être planté sur la place de l'Hôtel de ville, au lieu même où ont péri sur l'échafaud les sergents de la Rochelle. Nous nous sommes associés avec bonheur à cette œuvre populaire, et nous profitons de cette occasion pour exposer aux membres du Gouvernement provisoire les sentiments patriotiques dont est animé le clergé de Paris, et en particulier le clergé de la paroisse Saint-Gervais. » M. Buchez réplique : « ..... Ce sera toujours avec bonheur que nous verrons le clergé s'associer, se mêler à nos fêtes publiques. »

Alors on descend sur la place, on s'avance vers le lieu où fut dressé l'échafaud. La garde nationale escorte le cortége, les tambours battent aux champs. Un frémissement circule dans la foule des citoyens qui se pressent. Aux cris de *Vive la République!* succède le silence; et devant l'arbre de la liberté, planté là où furent guillotinés les quatre sergents, le curé de Saint-Gervais dit avec émotion : « .... Honneur à cette multitude assemblée, qui a voulu que cette cérémonie fût consacrée par la religion sous l'étendard du signe auguste de la croix. Jésus-Christ, citoyens, le premier, du haut de cette croix, a fait retentir dans l'univers entier ces magnifiques paroles, qui sortent à chaque instant de votre bouche, et que nous voyons inscrites aussi bien sur le frontispice de nos temples que dans vos cœurs : Liberté, Égalité, Fraternité.

» Liberté! a dit Jésus-Christ, et liberté pour tous! Égalité pour toutes les conditions, pour toutes les classes de la société. Fraternité! c'était le cri de son Évangile...

» Citoyens, j'aperçois à mes pieds une tombe entr'-ouverte. C'est celle de ces magnanimes soldats qui ont péri glorieusement pour la conquête de la liberté.

» Je bénirai donc tout à la fois et l'arbre de la liberté que vous allez planter, et la terre qui leur est sans doute devenue légère. Conservons leur souvenir, et répétons, nous tous qui sommes ici, car nous sommes animés des mêmes sentiments : Vive la République ! » (Cris enthousiastes de *Vive la République!*)

M. Buchez : « Il y a vingt-cinq ans que le sang de quatre hommes généreux a coulé ici. Ces hommes travaillaient à l'œuvre que nous avons accomplie... Ces hommes ont été nos premiers martyrs... Nous sommes heureux, pour consacrer cette tombe après la victoire, de pouvoir dire que la République, qui a tant perdu de ses enfants, par un de ses premiers actes a aboli la peine de mort..... »

Une immense acclamation accueille ses paroles, ainsi que cette proclamation de la mairie de Paris : « L'arbre de la liberté ne peut trouver nulle part un sol plus nourricier que sur cette terre arrosée, le 22 septembre 1822, du sang de Bories, Pommier, Raoulx et Goubin, dont l'histoire a enregistré le martyre patriotique, sous le nom des *sergents de la Rochelle.* »

Le clergé donne la bénédiction. Les tambours battent aux champs. La foule émue ouvre ses rangs au cortége, qui rentre à l'Hôtel de ville.

X

Le 25, le clergé s'unit à MM. Louis Blanc et Albert pour inaugurer un arbre de la liberté dans le jardin du Luxembourg. « .... Une terrible parole a été prononcée il y a plus de cinquante ans, » dit M. Louis Blanc, c'est que l'arbre de la liberté ne pouvait croître qu'arrosé par le sang des rois; aujourd'hui nous plantons l'arbre de la liberté, mais nous ne voulons pas, nous, qu'il soit arrosé de sang..... »

XI

Le 28, le curé de la Madeleine, M. Beuzelin, escorté par des ouvriers et des soldats de la marine, bénit un arbre de la liberté sur la place de la Révolution; on l'écoute au milieu d'un recueillement profond : « Citoyens, en plantant cet arbre de la liberté, en nous le faisant bénir, vous voulez élever un monument qui atteste à jamais les sentiments qui vous animent, sentiments aussi religieux qu'ils sont patriotiques. Vous serez fidèles à ce noble symbole, à la glorieuse devise de vos drapeaux, en affermissant l'ordre par l'exercice de la liberté, en consacrant la liberté devant la loi par le respect et la fermeté, en demeurant unis par la fraternité. Pour nous, en échange des bénédictions que vous nous demandez, nous ne réclamons d'autre privilége que d'être toujours les pères de nos frères. Vive la République! » (Bravos.)

XII

Entouré (30 mars) des élèves de Saint-Cyr, d'Alfort, de l'École centrale et de gardes nationaux, qui sont allés le chercher pour bénir un arbre de la liberté sur la place du Carrousel, M. Demerson, curé de Saint-

Germain l'Auxerrois, donne sa bénédiction, après que son clergé et le peuple, unis, ont entonné trois fois le chant du *Domine, salvam fac Rempublicam*. Puis, à la multitude attentive, il adresse ce solennel et remarquable discours :

« Chers concitoyens !

» C'est avec bonheur que la religion, appelée par vous, vient de bénir cet arbre de la liberté. Cette liberté, le plus bel attribut de l'homme, avait été gravée par Dieu lui-même, dès le commencement, dans le cœur de sa créature. En vain, avec le temps, on voudrait l'étouffer au fond de ce cœur; les racines indestructibles que Dieu y a plantées lui feront toujours produire des fruits... La liberté, pour être vraie, doit être ce que Dieu l'a faite pour l'homme, c'est-à-dire sainte, pure, respectueuse pour les droits de tous, et ne faisant de tous les enfants de Dieu qu'une seule et même famille constituée dans l'égalité et dans la fraternité, base solide que Jésus-Christ, Fils de Dieu, est venu développer, compléter parmi les hommes, et sanctionner au prix de son sang répandu sur la croix pour le salut de tous. Vivent donc au milieu de nous et la liberté, et l'égalité, et la fraternité, selon l'Évangile de Dieu ! Vive la République, qui les aura consacrées au milieu de nous pour toujours ! »

Le général Courtais, accompagné de M. Guinard, et suivi de tout l'état-major de la garde nationale, s'avance et dit : « .... C'est avec un grand bonheur que nous voyons le clergé français à toutes nos démonstrations de liberté. Il est à la hauteur des devoirs qui lui sont imposés, ce clergé qui n'a pas craint, dans les journées de Février, de se montrer dans les rues, et de venir remplir là sa sainte mission, cette mission qu'il tient de l'Évangile, de l'Évangile, ce code de tous les républicains. L'Évangile, dans toute sa pureté, n'est pas le code d'un peuple, il est celui de toutes les nations. Avec l'Évangile, il y a liberté, égalité, fraternité! Honneur, citoyens! gloire au clergé français, qui comprend si bien sa mission, la mission qui lui a été confiée par le Rédempteur du monde. (Vive le clergé! Vive la religion! Vive la République! Vive le général Courtais!) »

M. le curé de Saint-Germain l'Auxerrois réplique ; « .... Concitoyens, ce que nous venons d'accomplir au nom de la religion n'est pas une simple cérémonie extérieure et de complaisance, nous la prenons au sérieux. C'est de tout notre cœur que nous demandons à Dieu de bénir la liberté..... Je sais bien qu'au milieu des commotions et des divisions politiques, le clergé a pu se méprendre sur l'expression extérieure de cette liberté; mais ses sentiments restaient cachés dans un sanctuaire, à peu près comme chez l'ancien peuple où le feu caché sous la cendre par ses lévites vivait d'une manière inextinguible, quoique ne se produisant pas au dehors; mais au retour de la captivité, quand Dieu fut rendu à la liberté de son peuple, cette cendre, remuée et bénite par la main des lévites, retrouvait toute son énergie et projetait de magnifiques gerbes de feu. (Bravo! bravo! Applaudissements redoublés.) Mes paroles vous révèlent une grande émotion, presque un désordre de paroles, mais c'est la noble trahison des sentiments qui m'agitent. Vive donc la liberté qui nous est enfin rendue à tous! que Dieu la protége toujours au milieu de nous et la rende féconde pour le bonheur de tous! » (Applaudissements redoublés.)

Le général Courtais prie le curé de se rendre avec le peuple à l'église pour chanter un *Te Deum*. M. Demerson s'empresse d'obtempérer à cette demande: « ...... Convaincu que le vénérable chef du diocèse approuvera..... Convaincu aussi que cet immortel pontife qui préside en ce moment aux destinées de l'Église universelle, s'il nous voyait et s'il entendait toutes ces acclamations, nous pousserait lui-même dans le temple, pour remercier Dieu de ce que la religion, au milieu du peuple français qu'il aime, vient de proclamer la liberté sainte et chrétienne à laquelle il a lui-même imprimé l'impulsion! Concitoyens, Vive la République! Vive Pie IX! Vive cet immortel pontife! » La foule répète ces acclamations avec enthousiasme.

Le cortége se rend à l'église, la croix et le drapeau tricolore en tête; le peuple entre avec ordre et remplit le sanctuaire. MM. Courtais, Guinard, l'état-major, les élèves des Écoles occupent les stalles du chœur. Le *Te Deum*, entonné par le curé, est chanté par le clergé et par le peuple.

XIII

Dans l'établissement des jeunes enfants de Saint-Nicolas, fondé par l'abbé de Bervenger, le ministre de l'instruction publique, M. Carnot, M. Buchez, le maire du dixième arrondissement, M. Roger, le curé de Saint-

Sulpice et son clergé, les frères, les chefs d'atelier, les bienfaiteurs de l'œuvre, les parents des élèves, les gardes nationaux des postes voisins, assistent à la plantation d'un arbre de la liberté. Après la bénédiction par le curé, le ministre adresse aux écoliers une allocution paternelle qui provoque des applaudissements; et M. Buchez développe cette pensée sublime, que le travail et le sacrifice sont les lois du progrès et les devoirs des hommes :

« ...... Les hommes qui, hier, sont morts noblement sur les barricades, se sacrifiaient pour obtenir cette République dont ils ne jouiront pas; tous ceux qui ont pris les armes avec eux allaient courir les mêmes dangers. S'ils avaient pensé à eux, s'ils avaient pensé à une récompense actuelle, ils se fussent abstenus, car ils allaient au-devant de ce danger de mort qui ne permet point ces récompenses que distribue la main des hommes. (Sensation prolongée.) Aujourd'hui même que nous possédons cette République, notre vieille espérance, notre but; aujourd'hui ne sommes-nous pas condamnés à de pénibles efforts, à d'immenses fatigues pour la fonder, pour l'établir, non pas pour nous, mais pour nos enfants? (Vifs applaudissements.)

» Ce seront nos enfants qui cueilleront le fruit de l'arbre que nous arroserons de nos sueurs!

» Vous-mêmes, ouvriers qui m'écoutez, pourquoi les pénibles et rudes travaux auxquels vous vous livrez?... C'est pour vos enfants. c'est pour vos familles! (Vifs applaudissements.) Nous-mêmes, magistrats que le peuple a tirés de son sein pour les mettre momentanément à sa tête, nous-mêmes, que faisons-nous, que devons-nous faire pour être dignes de la confiance publique, dignes de l'honneur qu'on nous a fait? Nous devons nous oublier complétement, absolument, donner notre vie, tout, à la République. (Nouveaux applaudissements.) Nous devons être contents d'une seule chose, c'est d'accomplir notre devoir. (Bravos.) Le devoir est la loi, la règle, le principe du bien en ce monde. Quand le devoir commande, il ne faut pas regarder derrière soi, ni à droite ni à gauche; il faut marcher droit devant soi, là où il vous appelle! (Applaudissememts.)

» Or le devoir ne s'accomplit jamais qu'à une condition, c'est que l'on ne pense jamais à une récompense. La récompense du devoir accompli, jeunes élèves et ouvriers qui m'écoutez, est ailleurs que sur cette terre; c'est Dieu qui s'en est chargé. » (Longs et unanimes applaudissements.)

Un ecclésiastique, enthousiasmé par cette morale élevée, dominant de sa voix toutes les voix qui acclament, s'écrie : « Oui, mes enfants, Vive la République, qui appelle de tels hommes au pouvoir! »

XIV

Sur la demande du peuple et de la garde nationale, le 29, à sept heures du soir, l'abbé Peyre bénit un arbre de la liberté sur la place Cadet; il dit : « ..... Le prêtre est naturellement ami du peuple. Nous sommes les ministres d'un Dieu mort pour le peuple. Ceux qui sont venus après lui ont été animés du même esprit. Ce sont eux qui ont porté d'un bout du monde à l'autre, jusqu'au fond de l'Inde et de la Chine, les principes de liberté, d'égalité, de fraternité, que vous venez de proclamer....... La cause du prêtre est inséparable de celle du peuple! »

Au milieu de la population de Batignolles, le curé de cette commune (28 mars) soulève des acclamations unanimes : « .... Vous avez eu une grande et belle pensée, en plaçant sous la protection de la croix l'arbre symbole de l'affranchissement du monde. De la croix sont tombées ces sublimes paroles : Foi, espérance, amour. De l'arbre de la liberté descendent sur nous ces mots non moins sublimes : Liberté, égalité, fraternité. Honneur à ce peuple magnanime qui a conquis la liberté! Il nous l'a donnée à nous-mêmes. Comme le peuple, nous étions des parias; aujourd'hui, nous sommes citoyens. Vous nous avez vus près des cercueils des héros de la liberté, demandant à Dieu pour eux la palme des martyrs après le combat. Vous nous retrouvez près de l'arbre de la liberté pour qu'il le féconde. »

Le même jour, à la barrière du Trône, le clergé de Sainte-Marguerite vient, en grande cérémonie, avec toutes les pompes de l'Église, bénir l'arbre de la liberté. L'abbé Hugonnet s'adresse aux assistants : « Citoyens, mes frères, tout en regrettant l'absence du premier pasteur de cette paroisse, dont le cœur est rempli de sympathie et d'amour pour chacun de vous, et dont le dévouement vous est connu, je suis heureux et fier du rôle que je viens remplir au milieu de vous, en devenant l'interprète de mes dignes confrères les prêtres de Sainte-Marguerite. La solennité qui nous réunit en ce jour n'a pas commencé d'hier seulement; il y a dix-huit siècles que le premier arbre de la liberté fut planté sur le sommet du Calvaire. Cet arbre, arrosé du sang d'un Dieu-homme, a poussé de profondes racines. Ses branches se sont étendues sur le monde; et tous les peuples de la terre demandent maintenant à se reposer à l'ombre de son vigoureux feuillage. Ministres d'un Dieu qui mourut pour la liberté du monde, dont le sang brisa les chaînes de l'esclavage, et dont le dernier soupir refoula dans l'abîme l'esprit de servitude; dépositaires d'une doctrine qui proclame l'égalité en effaçant la ligne de démarcation qui séparait l'esclave de l'homme libre, pour ne faire de tous les hommes qu'un peuple de frères, membres de la grande famille humaine dont Dieu est le père, nous voulons la liberté, mais une liberté grande, généreuse, une sainte liberté; nous la voulons pour vous tous, citoyens, dont le sang a coulé pour la conquérir; nous la voulons pour nous, prêtres, afin de continuer librement notre ministère d'amour et de dévouement pour nos semblables; nous voulons l'égalité, égalité de droits, égalité de protection de la part de la loi, égalité de sympathie de la part de nos frères. Nous voulons la fraternité. Certes, depuis dix-huit siècles, c'est là notre enseignement, et selon l'ordre de notre Maître, nous n'avons cessé de crier aux hommes : Vous êtes frères, aimez-vous les uns les autres!

» Croyez-le, citoyens! croyez-le, mes frères! dans ces cœurs de prêtres, vous trouverez toujours amour et dévouement. Ministres d'un Dieu de paix, Dieu nous défend de verser le sang, même le sang ennemi; mais si, ce qu'à Dieu ne plaise, la patrie en danger demandait encore et vos bras et votre sang, soyez sûrs de nous trouver auprès de vous pour attirer sur vos armes la bénédiction du Dieu des armées; nous serons là pour panser vos blessures, consoler vos derniers moments, en vous montrant la couronne que le ciel vous réserve. Nous serons là pour répéter à votre oreille ce refrain qui partait de vos âmes :

« Mourir pour la patrie!
» C'est le sort le plus beau, le plus digne d'envie! »

» Oui, c'est le sort le plus beau! parce que mourir pour la patrie est mourir pour son devoir; c'est mourir comme le Christ, expirant pour sauver ses frères! »

« Ces belles paroles, » dit *l'Union*, qui les rapporte, « excitèrent un vif enthousiasme; et les cris de *Vive le clergé! Vive M. Hugonnet!* retentirent longtemps. »

XV

Lorsqu'on lit ces discours, pris entre mille, on ne peut fermer son cœur à l'admiration, ni se défendre de ce même enthousiasme qui enflammait le peuple en les écoutant. Une éloquence chaleureuse et entraînante, un enseignement de morale pure et d'abnégation sainte, un sentiment profond des divines maximes de l'Évangile, un amour vrai de l'humanité, de vives sympathies pour le peuple, des prières touchantes pour un avenir prospère, un appel à l'ordre, à la concorde, à la charité, voilà ce qui provoquait ces acclamations, ces applaudissements de tous. C'était un spectacle solennel que celui de ces ministres de Dieu, revêtus de leur costume, entourés de toute la pompe du culte, venant sur la place publique revendiquer, au nom d'un Christ sauveur mort sur la croix, ces mots, sublimes lois du monde, que la République inscrivait sur son drapeau : Liberté, Égalité, Fraternité!

En méditant ces inspirations jetées sans apprêt à la foule, en découvrant combien elles sont en harmonie avec la véritable doctrine chrétienne, on doit penser que ceux-là qui les prononçaient exprimaient des convictions sincères. Rien ne décèle la contrainte dans leur langage. Ils épanchent, avec un bonheur avoué, leurs cœurs dans le cœur du peuple. Leurs saintes paraboles descendent du haut de la croix, symbole du sacrifice. Ce ne sont pas des prêtres prêchant pour leur saint, pour leur église, pour leur domination! ce sont des apôtres enseignant la liberté pour tous! Ils ne s'efforcent pas de s'imposer, et ils conquièrent l'influence d'autant plus sûrement qu'ils semblent moins la rechercher. Aussi voit-on le peuple s'empresser autour d'eux, et non-seulement les respecter dans le temple, mais encore les appeler à ses cérémonies. C'est l'entraînement des citoyens de toutes les conditions, de tous les âges, de toutes les opinions. Les chefs provisoires de l'État, les chefs de clubs, s'associent aux chefs du clergé dans ce mouvement de l'opinion publique. N'est-ce pas l'un des faits les plus remarquables de la Révolution de 1848? La bonne foi du clergé apparaît évidente; elle est constatée par tous les documents sans exception. Mettre en doute la sincérité de sa conduite serait une injure gratuite. Ce que son âme comprend dans tous ces grands mouvements, c'est le réveil *du feu caché sous la cendre*. Il se sent replacé à son aise dans la doctrine de l'Évangile. Il y puise tous ses textes. Les citations que nous venons de reproduire, la lettre du nonce aux membres du Gouvernement provisoire, le mandement de l'archevêque de Paris, ceux des autres chefs épiscopaux, n'en sont-ils pas les preuves incontestables? Les journaux nous en fourniraient encore surabondamment.

XVI

Le Constitutionnel du 21 mars se plaît à raconter un incident qui fut remarqué de tout Paris. Des prêtres irlandais, se présentant en députation à l'Hôtel de ville, se trouvèrent mêlés, dans la journée du 17 mars, à la manifestation des ouvriers. Ils furent aussitôt entourés, accueillis par des serrements de mains, par des embrassements et par des cris de *Vive la fraternité! Vivent les braves curés irlandais!*

L'Union (16 mars) publie en entier le mandement de l'évêque de Langres. On y lit : « ..... Le passé n'est plus à nous! Dieu l'a déjà jugé... l'avenir est entre les mains de Dieu... tout dépend du présent. Quels sont donc, pour le présent, nos devoirs de citoyens comme catholiques? En d'autres termes, quels sont les devoirs civiques que la loi de Dieu nous impose en ce moment?

» Le premier de ces devoirs, celui qui pour le moment renferme tous les autres, c'est de nous rallier tous, promptement et franchement, au Gouvernement provisoire; c'est de le reconnaître et de le soutenir par tous les actes de la vie publique et privée.

» Nous connaissons très-bien et nous respectons les inquiétudes diverses qu'inspire cet état de choses si nouveau, si subit. Le nom seul de République fait de prime abord naître des idées de terreur et de sang.

» Qu'il nous suffise de vous dire, N. T. C. F., que ce préjugé, emprunté à nos souvenirs nationaux de la fin du dernier siècle, doit se dissiper devant la réflexion et les faits. S'il y a des républiques désordonnées et sanglantes, il y en a aussi de très-pacifiques, de très-bien établies; et, depuis soixante années, une vaste partie du nouveau monde est régie par un gouvernement républicain, sous une constitution qui donne aux peuples, surtout pour leurs consciences, les plus larges et les plus franches libertés.

» Une république peut être très-inoffensive, car on a dit longtemps la république des lettres, pour signifier la littérature. Une république peut être même très-sainte, et l'on a toujours dit, non pas la monarchie, mais la république chrétienne, pour signifier l'Église. Or, quoi de plus inoffensif en soi que la littérature, et quoi de plus saint que l'Église de Dieu?

» Il s'en faut bien que les trois mots qui forment le programme du nouveau gouvernement nous soient en aucune manière antipathiques. Rien au contraire de plus profondément, que dis-je? de plus exclusivement chrétien que ces trois mots inscrits sur le drapeau national : LIBERTÉ, ÉGALITÉ, FRATERNITÉ!

» Loin de les répudier, ces mots sublimes, le christianisme les revendique comme son ouvrage, comme sa création; c'est lui, lui seul, qui les a introduits, qui les a consacrés, qui les a fait pratiquer dans le monde. On a pu les lui ravir; on a pu les faire tourner contre lui; on a pu même les profaner en son nom; mais jamais on n'a pu ni les profaner ni les méconnaître en suivant ses lois.

» Ce que nous devons demander à Dieu avant toutes choses, N. T. C. F., ce que nous devons lui demander avec instance, c'est que tous aient vraiment l'intelligence et l'amour de cette glorieuse et chrétienne devise : *Liberté, égalité, fraternité!*

» Oh! oui, que tous soient libres pour faire le bien! que tous soient égaux devant la loi! que tous soient frères selon l'Évangile! et la République française sera bénie de l'Église, en même temps qu'elle sera bénie des peuples. »

Le même journal dit, le 26 mars : « Tout le monde en ce moment parle au clergé, et, grâce au ciel, lui parle sans colère, quelquefois avec respect et avec amour... Précédemment le prêtre était suspect; aujourd'hui il est entouré d'honneurs. Est-ce la sagesse du peuple, est-ce la sagesse du prêtre qui a fait ce changement? l'une et l'autre! »

XVII

Nous avons vu jusqu'ici le clergé revendiquer au nom de l'Église, comme nés du christianisme et descendus de la Croix, les principes inscrits sur la bannière républicaine. L'abbé de la Trappe, le frère J. M. Heuglin, dans une lettre datée de la grande Trappe, près Mortagne (Orne), 8 avril, va bien plus loin. Il se dit avancé par la pratique beaucoup plus que les socialistes rédacteurs du journal *la République française*, auxquels il adresse, au nom de la liberté, des réclamations en faveur des associations religieuses :

« Las de gémir avec vous sous le joug d'un despotisme d'autant plus révoltant qu'il prenait le masque de la légalité, nous vous avons quittés pour venir au désert respirer l'air pur de la vraie liberté, qui n'est autre chose que le droit de faire ce qui ne nuit point à autrui. Depuis l'heureux jour de notre entrée à la Trappe, nous avons vécu sous des lois votées par nous; nous avons obéi à un homme choisi par nous, et qui ne trouve dans sa charge d'autre privilége que celui de la responsabilité. Faire la loi et lui obéir volontairement, remarquez-le bien, messieurs, c'est la plus haute expression de la liberté.

» Quant à la liberté, elle n'existe que parmi nous, où, pour faire le niveau, le riche se rend pauvre et le maître serviteur de ses anciens domestiques. L'abolition des titres de noblesse ne date, à Paris, que du mois de février dernier. Mais notre législateur l'avait prononcée dès le seizième siècle, et il ne nous a laissé d'autre nom que celui de frères. Saint Benoît n'a pas écrit la fraternité sur notre bannière, il l'a gravée dans nos cœurs.

» Nous avons trouvé ici une république beaucoup plus avancée que celle que vous voulez fonder en France, puisqu'elle est toute faite. Nous n'avons pas besoin de nous livrer à de nouvelles études sur la meilleure forme de gouvernement à adopter, ni sur l'organisation du travail, ni sur l'association des travailleurs, ni sur l'économie domestique, parce que ces questions sont depuis longtemps réduites ici en pratique, tandis que chez vous elles n'apparaissent que comme des théories et des systèmes.

» Nous sommes donc la vérité qui ne vieillit point, parce qu'elle est toujours ancienne et toujours nouvelle. Ne dites donc plus, monsieur, que nous sommes des arriérés; avouez plutôt que nous avons devancé notre époque, et trouvé depuis longtemps ce que vous cherchez encore aujourd'hui. »

Cette lettre est remarquable sous tous les rapports, mais surtout en ce qu'elle exprime et démontre une vérité incontestable. Le socialisme pratiqué par les Trappistes, depuis des siècles, est un communisme affirmé et posé plus nettement que celui qui est enseigné de nos jours. Le frère Heuglin a raison de donner l'institution dont il fait partie comme un exemple aux nouveaux théoriciens communistes. « Saint Benoît est votre premier maître, » leur dit l'abbé de la Trappe; « appliquez nos règles à la société entière, et vous aurez obtenu la réalisation de vos systèmes. »

XVIII

Étudions maintenant cette impulsion générale qui entraîne le clergé vers la République et la nouvelle situation qu'il cherche à se créer dans la société française.

Quelles que soient les idées que l'on ait sur la doctrine chrétienne, il est impossible de nier que son but ne soit l'amélioration morale et matérielle du sort de tous; que ses maximes ne tendent à relever le pauvre, à soutenir le petit, à éclairer l'ignorant; que ses institutions n'aient été les institutions politiques les plus libérales et les plus largement égalitaires. Le baptême rachète sans exception tous les hommes de la servitude, et les fait frères de la même Église. La communion assoit à la même table, dans le même sanctuaire, devant Dieu, les fortunés et les misérables, les oisifs et les travailleurs, les savants et les faibles d'esprit, les maîtres et les esclaves, les seigneurs et les serfs, les gouvernants et les gouvernés. Le mariage institue la femme l'égale de l'homme, lui reconnaît la même âme, lui donne des droits et des devoirs semblables, et ne permet plus qu'elle soit répudiée ou vendue. La famille est saintement constituée; l'enfant y prend sa place et doit être protégé comme fils de Dieu. L'extrême-onction promet l'égalité devant la mort, et prépare au jugement divin qui doit punir les méchants et récompenser les bons, sans distinction de rangs ni de conditions terrestres. La constitution de l'Église a eu pour première base l'assentiment de tous, ou l'élection. La naissance n'y donne aucun privilége, dans une société où tout droit est héréditaire; et l'on voit les plus humbles parvenir aux fonctions les plus élevées : un pasteur de bêtes immondes est couvert de la tiare, et du haut du trône pontifical il commande aux rois. La vertu seule est le signe du pouvoir; et celui qui en reçoit le dépôt sacré est *le serviteur des serviteurs.*

XIX

Jamais organisation fut-elle plus démocratique, plus républicaine? Aussi, au commencement, la multiplicité et la diversité des races et des castes disparaissent sous l'unité chrétienne. Fils du Dieu qui les a créés, tous les chrétiens sont frères. Jésus naît dans une étable. Ses apôtres sont de simples pêcheurs, des hommes pauvres. Ceux qui veulent enseigner en son nom la foi, l'espérance et la charité, ne doivent « avoir en leur possession ni or ni argent, ni monnaie dans leur ceinture, ni sac pour la route, ni deux tuniques, ni chaussure, ni bâton, car à l'ouvrier est due sa nourriture ». Saint Paul travaille de ses mains pour vivre, lorsqu'il parcourt la terre afin d'apprendre au vieux monde la liberté nouvelle. Le riche doit se dépouiller de ses biens.

Aussi la loi du sacrifice, révélée par le Christ crucifié, est-elle, dans les premiers siècles, pratiquée par les chefs de l'Église, qui fécondent de leurs souffrances et de leur sang le sol chrétien. Les catacombes servent de temple aux premiers fidèles; et la morale sublime qui établit les nouveaux rapports des hommes entre eux et des hommes avec Dieu en sort bientôt pour se répandre dans l'univers. Alors, comme le Christ, les apôtres, les premiers évêques, les premiers prêtres, meurent humbles, pauvres, martyrs. Ils ont bien vécu, jusqu'au dernier soupir, *les serviteurs de tous*.

XX

Mais, peu à peu, les chefs de l'Église oublient la loi du devoir, qu'ils ont mission d'enseigner. Ils sont devenus puissants. Ils ne gouvernent plus par la vertu; ils gouvernent par la contrainte. Ils ne sont plus l'appui du faible; pour l'opprimer, ils s'associent avec les forts. Ils cessent d'être pauvres; ils deviennent cupides, ambitieux; ils entassent des trésors et se partagent les biens de la terre. Ils ne sont plus martyrs; ils sont persécuteurs. Ils ne sont plus brûlés; ils brûlent à leur tour. Ils ne protégent plus le peuple; ils le dominent. Ils ne prêchent plus la liberté; ils l'étouffent. Ils n'interprètent plus l'Évangile comme loi d'amour et de fraternité; ils trouvent un nouveau sens à la parole divine. Ils justifient tous les vieux abus, encensent tous les pouvoirs, servent toutes les tyrannies. Ils approuvent l'inégalité des droits, la différence des castes; ils reconnaissent l'esclavage comme une nécessité. Ils donnent au monde scandalisé le spectacle et l'exemple d'hommes chargés d'enseigner une doctrine qu'ils ne pratiquent plus et qu'ils violent.

La vente des indulgences, le commerce du pardon, engendrent une lutte dans le sein de l'Église. La liberté est prêchée de nouveau; les seigneurs féodaux s'en font une arme pour combattre l'unité. La politique et la religion sont tellement mêlées, l'une est si bien devenue un moyen de l'autre, que le fidèle, agenouillé au pied de l'autel, ne sait plus reconnaître où est la vérité.

Au milieu des guerres civiles qui déchirent la patrie, des incendies qui la dévorent, au milieu des persécutions, des supplices, des tortures qui frappent les enfants de la même cité, le doute se glisse, la foi est ébranlée, la charité s'éteint, l'examen se fait, l'incrédulité arrive. On ne reconnaît plus dans le clergé les vertus des premiers chrétiens : on y trouve tous les vices et toute la corruption des riches. Les cardinaux font des petits vers; les abbés courent les ruelles. Couvert de tous les scandales, un premier ministre abbé achète le chapeau rouge. La simonie ronge l'Église. Où la religion se meurt, la philosophie apparaît et s'empare des esprits; et la discussion emporte les derniers vestiges qui soutiennent le pouvoir du clergé.

XXI

Où donc est le Verbe du Seigneur? Où est le Christ? Où sont la foi, l'espérance et la charité? Où sont encore gravés ces principes sacrés : *Liberté, égalité, fraternité?* Où est la morale qui apprend à mourir pour ses semblables? Où sont la loi du devoir et la conscience du droit? Où est l'amour de l'humanité? Où est le *serviteur des serviteurs?* A Rome, au Vatican? non! dans le château des seigneurs? non! Pour la France, dans le palais de Versailles? non! Où donc? dans le peuple, le peuple composé des travailleurs de la pensée, des travailleurs de la main, des magistrats parlementaires, des professeurs, des marchands, des ouvriers, des cultivateurs, de ces nombreux citoyens qui forment le

Tiers état, de quelques-uns de ces prêtres obscurs qui vivent humblement dans la tradition chrétienne.

Un jour la société s'ébranle jusque dans ses fondements. Tout ce qui était fort devient faible; tout ce qui était puissant est renversé. Le vieux monde se meurt dans un cataclysme immense où tout est confondu. Au nom de la liberté, de l'égalité, de la fraternité, enseignées par le Christ, on ferme les églises. Le clergé s'est constitué le défenseur du passé : il est frappé. Il a voulu sauver du naufrage ses richesses, ses prébendes, ses bénéfices, ses biens fonciers : tout est englouti par la tempête. On ne voit plus trace de ce qu'il a été. La main de Dieu s'est appesantie sur lui. L'expiation est faite.

Une réaction s'opère : la politique de l'empire relève l'Église de France, et le clergé reparaît. Le clergé reconnaissant et soumis sacre le capitaine habile et heureux. Les temples s'ouvrent. La parole des prêtres retentit sous les voûtes longtemps muettes. Mais l'oreille seule des femmes et des enfants écoute; et les hommes saluent à peine le curé à sa rentrée au presbytère. La foi n'est pas revenue avec le culte.

XXII

La Restauration s'accomplit. Le clergé triomphant rêve son ancienne domination. Il s'émeut; il s'agite. Il aspire à reconquérir son influence d'autrefois. La monarchie absolue peut seule lui rendre ses biens, ses terres, ses rentes, ses priviléges, sa position perdue. Il se fait le partisan de cette forme de gouvernement. Il s'unit à l'ancienne noblesse pour chercher à reconstituer le passé. Les persécutions, les malheurs ont épuré l'Église : les ministres de Dieu n'offrent plus le scandale de tous les vices ; et le clergé de France est devenu plus moral que celui de la ville où siége la papauté. Mais l'ambition, l'amour de la possession, l'intolérance, se sont emparées de lui. Un roi éclectique le contient avec peine dans les limites de la Constitution. Ce roi meurt. Charles X monte sur le trône. Le clergé ne met plus de bornes à ses espérances. Il presse ce monarque-prêtre. Avec lui il prétend dominer la nation. Pour posséder la génération nouvelle, il veut s'emparer de l'éducation des enfants; il sape l'édifice universitaire. Il obtient la présentation d'une loi sur le sacrilége, première tentative du rétablissement de l'Inquisition. Il se mêle au mouvement politique. Fort de l'appui du gouvernement, il cherche à étouffer le libéralisme des idées, et il lance le vieux roi vers les chances hasardeuses d'un coup d'État. Le peuple étonné voit reparaître les missions et les prédications sur les calvaires ; il voit se reformer les couvents, se reconstituer les jésuites. L'habitant des villes craint pour ses libertés. L'habitant des campagnes redoute la résurrection de la dîme. La France ne veut pas perdre le fruit des souffrances qu'elle a endurées, ni les conquêtes de 89. Voltaire et Rousseau reparaissent, imprimés sous mille formes. La lutte est engagée de part et d'autre, lutte vigoureuse. Le passé est aux prises avec l'avenir. Le clergé est au premier rang, passionné, intolérant, oppresseur. Le combat se décide. Les ordonnances de

Charles X révoquent la Charte constitutionnelle. Le peuple se lève. Les pavés se remuent; les barricades se dressent. Les canons grondent. Le sang coule. Les places publiques, les carrefours, sont couverts de cadavres. La victoire est au peuple. Une nouvelle révolution s'est accomplie, la Révolution de Juillet 1830!

Avec la monarchie absolue, le clergé est vaincu. Le prêtre se cache. Il n'ose sortir sous le costume qui le ferait reconnaître. Un jour, le bruit court qu'à Saint-Germain l'Auxerrois le drapeau blanc fleurdelisé est apparu dans une cérémonie dont le but est une quête pour les anciens gardes du corps et les employés de l'ex-liste civile. La ville tressaille; le peuple accourt. Rien ne peut retenir sa colère. C'est un torrent qui déborde. La croix qui domine l'église est abattue; on a peine à sauver l'un des édifices les plus précieux de la capitale. L'archevêché est envahi. Tout y est brisé, saccagé, jeté par les fenêtres dans le fleuve; et les vêtements sacerdotaux promenés dans les rues se trouvent mêlés aux masques qui dans le moment, époque du carnaval, circulent à travers Paris. Comme si le sort eût voulu joindre l'ironie aux rudes coups qui frappaient le clergé!

XXIII

Sous le règne de Louis-Philippe, le clergé vit retiré de la politique. Désespérant de faire rétrograder le pays jusqu'au passé, il se soumet au présent. Il ne sort plus des confins de l'Église. Il ne songe qu'au salut des âmes. Il consent à la séparation du temporel et du spirituel. Les velléités qui çà et là se réveillent sont aussitôt étouffées par lui-même. Il commence à comprendre qu'il s'est lancé dans une mauvaise voie. Devenu plus tolérant après la défaite, tout ce qu'il demande c'est le respect. A son tour, il craint d'être opprimé et il redoute les envahissements universitaires. Quelques prêtres, écrivains distingués, orateurs éminents, revendiquent la liberté, la liberté pour tous. Ils se rapprochent de la doctrine des Pères de l'Église. Les philosophes qui expliquent la Révolution par le christianisme sont accueillis avec faveur. Les archevêques font des mandements où l'Évangile est expliqué comme loi du progrès. Pie IX revêt la tiare, proclame l'indépendance de l'Italie, et octroie au peuple romain une constitution libérale.

Alors, que voit-on de toutes parts en France? La foi se raffermit. Longtemps désertes, les églises se remplissent. Les prédicateurs sont écoutés, suivis. Les chants religieux remuent les cœurs. Les temples, monuments gothiques, chefs-d'œuvre des siècles passés, sont compris et restaurés. L'art chrétien renaît et vivifie la pierre. Les premiers peintres de l'époque recouvrent de leur pinceau harmonieux les murailles noircies par le temps. La religion arrive là où la politique et la contrainte disparaissent. Les haines contre le clergé s'éteignent. Le pauvre qui souffre et languit, l'ouvrier qui travaille avec effort, l'homme de bien qui est froissé, élèvent leur âme vers le Ciel et demandent à Dieu les espérances consolatrices. Ceux qui perdent une mère chérie, un enfant adoré, un frère compagnon de jeunesse, adoucissent par la prière l'amertume de leur cœur. Le culte a retrouvé sa splendeur.

XXIV

Une nouvelle révolution éclate. Le pâle soleil de février éclaire une nouvelle lutte du peuple qui redemande ses droits et sa souveraineté. Dans quelle situation va se trouver le clergé? A-t-il, comme en 1830, été vaincu avec le monarque? Comme en 1830, le palais épiscopal sera-t-il envahi, ravagé, détruit? La croix qui couronne le vieil édifice de Saint-Germain l'Auxerrois sera-t-elle encore abattue par une foule irritée? Le prêtre va-t-il être contraint de cacher son costume sous un vêtement d'emprunt? Ah! bien loin de là! le prêtre a su, pendant dix-huit ans, vivre de sa vie de prêtre, en dehors des passions politiques. Ces passions sont poussées au plus haut degré d'effervescence, et elles ne peuvent l'atteindre. Le palais épiscopal est protégé; la croix est vénérée; les églises sont respectées. Le prêtre circule librement; il peut prodiguer son secours aux blessés et adresser pieusement et paisiblement au Seigneur dans le temple ouvert, ses ardentes supplications pour que le sang chrétien cesse de couler.

Mais bientôt le contraste entre les deux époques, 1830 et 1848, devient plus tranché, plus saisissant encore. La Révolution inscrit dans tous les cœurs, sur toutes les murailles, ces mots du Christ : Liberté! Égalité! Fraternité! L'Église les reconnaît comme son dogme, comme sa loi et comme son but. Un moment on a pu les oublier, les effacer, les *retourner contre l'Église,* mais le jour de la vérité est arrivé. La voie ouverte à l'humanité est retrouvée, voie de progrès, voie d'amour. La charité déborde; la foi mutuelle entre le clergé et le peuple se vivifie. L'espérance naît dans les âmes. Des actions de grâces sont rendues au Très-Haut. La République est chantée dans les temples; son drapeau flotte au-dessus des portiques. Les mandements des évêques invoquent la confiance, prêchent la concorde, au nom de la liberté, de la religion et de la patrie; et, pour compléter le tableau, le clergé sort de l'église et vient sur les places publiques appeler les bénédictions du Seigneur sur l'arbre symbole de l'affranchissement du monde. Des paroles saintes sont prononcées par de pieux vicaires. Le peuple se livre à l'enthousiasme et applaudit. L'alliance entre l'Église et la Démocratie est cimentée.

XXV

Alors le clergé s'aperçoit que, lui aussi, il a retrouvé ses droits, et que la Révolution de Février lui a rendu sa part de souveraineté dans l'État. Cette part de souveraineté, ce n'est plus cette puissance secrète, occulte, cherchée dans les ténèbres et obtenue par l'intrigue! Ce n'est plus cette influence gagnée par de lâches, pénibles et flétrissantes concessions à un monarque absolu, à des ministres ou à des courtisans corrompus et corrupteurs! Ce n'est plus cette domination accordée par la tyrannie comme un échange, pour que le manteau de l'Église couvre les injustices, les oppressions et les crimes! Ce n'est plus cette exploitation rusée des masses ignorantes pour en percevoir des produits, des profits, des lucres, des jouissances! Non! non! cette part de souveraineté, c'est son droit, droit sacré, droit du citoyen. Il peut l'exercer au grand jour, sans honte, sans lâcheté, sans bassesse, sans remords. Il n'en doit compte à personne. Il ne relève que de sa conscience. Au Seigneur seul il dira l'usage qu'il en a fait. Son droit ne nuit à aucun de ses semblables. Il n'a à justifier aucun opprobre, à sanctifier aucune infamie. Son encens ne brûlera que pour Dieu. Il n'a plus besoin de mettre la lumière sous le boisseau. Il peut l'élever haut, pour éclairer le peuple qui l'entoure. C'est loyalement, saintement, qu'il peut user de sa part de souveraineté.

La religion n'est plus une arme dont il va se servir à son profit personnel; la prière n'est plus un moyen d'exploitation. Il distingue les devoirs du prêtre et les droits du citoyen. Prêtre dans l'église, revêtu de ses habits sacerdotaux, il conseille, il bénit, il officie, il dirige les âmes vers le Créateur. Citoyen en dehors de l'église, il ira déposer son vote d'électeur, il assistera aux réunions publiques, il y fera entendre sa voix, et, s'il obtient le suffrage de ses concitoyens, il sera le Représentant du peuple, et il viendra dans le sein de l'Assemblée nationale participer à la fondation de la République, à la confection des lois, à la rédaction de la Constitution.

XXVI

Et il l'entend bien ainsi. Spectacle nouveau! Entraînement de la liberté! cardinaux, évêques, simples prêtres, vont solliciter le suffrage de leurs concitoyens. De tous côtés les mandements appellent le clergé à l'exercice de son droit; chaque jour les journaux religieux en insèrent de nouveaux. L'évêque de Nancy écrit : « Nous vous exhortons, nos très-chers frères, à invoquer avec nous le Seigneur et à vous préparer, par l'observation des lois divines et humaines, à accomplir le grand acte de souveraineté nationale où vous êtes conviés..... Ce n'est pas un privilége qui vous est accordé; c'est un droit qui est reconnu et qui va recevoir une nouvelle consécration......; car tout droit impose un devoir..... C'est donc pour vous un devoir de prendre part aux élections générales..... Il ne s'agit rien moins que d'établir un gouvernement vraiment national, qui réalise parmi nous le programme renfermé dans les trois mots évangéliques que la République a pris pour devise : Liberté, égalité, fraternité! »

L'évêque de Digne, Marie-Dominique-Auguste Sibour, demande que le Gouvernement.... « n'invoquant plus contre le clergé, par une dérision amère, toutes les lois d'exception et de servitude des régimes précédents, lui assure la franche participation aux libertés publiques ». Il ajoute : « En réclamant en effet ce fruit de la révolution nouvelle, nous n'aspirons pas à un privilége, que nous repousserions s'il nous était offert, mais au plein exercice du droit commun. Qu'on le sache bien! et que la sincérité et la loyauté de notre langage, qu'on a plus d'une fois méconnues, laissent tomber enfin des préventions injustes. Nous voulons POUR NOUS et POUR TOUS la liberté, mais la liberté franche et entière, la liberté de réunion et d'association, la liberté des cultes, la liberté de conscience et la liberté d'enseignement, inséparable des autres..... » Monseigneur Sibour pratique comme il enseigne. Il va au club assister aux réunions électorales. Il ne craint pas d'y développer sa profession de foi politique et progressive.

Comme beaucoup d'autres curés aimés de leurs paroissiens, qui acceptent la candidature, l'abbé Deguerry, curé de Saint-Eustache, l'abbé Desclais, curé dans le département du Calvados, exposent publiquement leurs principes dans les assemblées préparatoires. L'abbé Lacordaire, l'un des plus célèbres prédicateurs catholiques, se présente au club de *l'Union* à la Sorbonne, revêtu du costume de dominicain, ce qui lui attire les applaudissements à son entrée. Il y fait déclaration « d'un républicanisme qui n'est pas de vieille date, mais que la révolution nouvelle a fait naître dans son âme ». Ainsi que M. Lacordaire, M. de Parisis, évêque de Langres, l'abbé Fayet, évêque d'Orléans, et d'autres membres du clergé, acceptent ou sollicitent la candidature : proclamés les élus du peuple, ils défendront les droits de leurs concitoyens.

XXVII

De cet exposé rapide, la conclusion ressort palpable, évidente, incontestable. Moins le clergé ambitionne de puissance, plus il en obtient. Moins il poursuit l'alliance avec la force matérielle, mieux il conquiert la force morale. Moins il veut s'imposer, plus il a d'influence sur l'opinion publique. Se mêle-t-il aux passions politiques, on le redoute; s'en éloigne-t-il, on le recherche. Prend-il part à la lutte, on le combat ou on le subit; s'en préserve-t-il, on se rapproche de lui et on le respecte. Est-il intolérant, on le repousse; défend-il la liberté, on l'applaudit. S'il flatte la tyrannie, on le hait; s'il s'oppose à l'oppression, on le vénère. S'il partage les jouissances des riches, on le méprise; s'il vit de la vie des pauvres, on le sanctifie. Martyr dans les premiers temps de l'Église, il s'empare du monde; dominateur plus tard, il le soulève contre lui. Corrompu, il tombe; moral, il se relève. Sous Charles X il s'unit à l'absolutisme, et il est vaincu; sous Louis-Philippe il s'abstient, et il devient fort et puissant. Enfin une révolution nouvelle, loin de l'abattre, le grandit.

XXVIII

Le mouvement du clergé français vers la liberté et la République était si prononcé, il apparaissait tellement net, loyal, sincère, ardent, que les chefs de l'Église, à Rome, s'en inquiétèrent sérieusement. Après avoir applaudi à ce retour du peuple vers la religion, à cette réconciliation du peuple et du clergé, ils suivirent soigneusement et surveillèrent avec sollicitude et préoccupation le progrès de cette impulsion. Bientôt ils craignirent que le clergé français se laissât emporter trop loin par l'enthousiasme. Ils s'émurent à la pensée que l'esprit de réforme et de progrès pourrait se répandre et s'étendre dans des proportions qui rétréciraient les droits déjà rétrécis de l'autorité papale en France. Ils redoutèrent que les questions soulevées de l'affranchissement du bas clergé, de la suppression du casuel pour les sacrements, de la séparation même de l'État et de l'Église, vinssent affaiblir le pouvoir de Rome. Aussi, le pape s'empressa-t-il d'adresser, le 18 mars, un bref à l'archevêque de Nicée, nonce apostolique en France, avec injonction de le transmettre immédiatement à tous les archevêques et évêques du pays. Il leur disait :

« Ce n'a pas été pour nous une médiocre consolation d'apprendre par vos lettres au cardinal notre secrétaire d'État que le fidèle peuple de France, dans les événements de la dernière révolution, a généralement donné des témoignages de vénération et de dévouement envers notre très-sainte religion et le clergé..... Il nous a été très-agréable aussi, vénérables frères, d'apprendre, par ces mêmes lettres, avec quelle prudence et quelle sagesse vous avez répondu à ces écrivains qui, voulant défendre le régime nouveau de la France, auraient voulu discuter dans les feuilles publiques de très-graves questions qui appartiennent uniquement à notre suprême autorité et au jugement de ce Siége apostolique..... Du reste, la discipline canonique qui est actuellement en vigueur dans les églises de France, ainsi que l'organisation des choses ecclésiastiques dans ce pays, ne peuvent être changées par quelque personne que ce soit, si ce n'est par le souverain pontife, car nul autre que lui n'a une autorité universelle sur toutes les églises épiscopales et métropolitaines de cette nation française. A nul autre que lui il ne peut être permis de statuer sur les choses qui tiennent à la discipline générale de l'Église, ou de déroger à ce qui a été confirmé par ce Siége apostolique..... Quant à ce qui regarde les revenus destinés au culte divin et aux ministres sacrés, personne n'ignore que cette espèce de dotation n'est qu'une compensation bien faible des immenses biens de l'Église qui furent aliénés dans ce pays au temps malheureux de l'ancienne révolution. Renoncer à cette dotation serait jeter la religion elle-même dans un grand danger; car ce serait enlever au clergé les ressources qui lui sont indispensables pour exister et se nourrir, attendu que dans plusieurs villes et dans la plupart des petites localités de France la pauvreté des populations est telle qu'il leur serait impossible de venir au secours de l'Église et de ses ministres..... Vous continuerez à avertir et à exhorter particulièrement les ecclésiastiques pour qu'ils considèrent sérieusement que l'Église, ainsi que le disait très-sagement notre prédécesseur saint Innocent Ier, ne change pas *selon la mobilité des choses humaines*, et en conséquence qu'ils prennent garde qu'un zèle trop ardent ne les entraîne à des démarches précipitées qui pourraient être un malheur pour l'Église, et pour nous un sujet d'affliction..... Nous ne manquerons pas, selon le temps et l'état des choses, de prendre toutes les mesures que nous reconnaîtrons devant Dieu devoir être les plus utiles à la sûreté de l'Église et au salut spirituel de cette nation..... »

Ce bref, clair, précis, n'a pas besoin de commentaires. Rome, la ville papale, frémissait sous le joug. L'Italie était en feu. Cependant, sur ce volcan prêt à faire éruption, les chefs de l'Église, entourés de périls, ne perdaient pas de vue les vieilles traditions, la conservation du passé; et ils retenaient le clergé français dans son élan vers la liberté.

CHAPITRE CINQUIÈME.

Abus des plantations d'arbres de la liberté. — Banquet sur la place du Châtelet. — Démonstration du 2 avril, au Champ de Mars. — Scène des Invalides. — Agression des journaux monarchistes; réplique des journaux républicains. — *La Presse; la Réforme;* attaque contre les bureaux de *la Presse;* intervention de la garde nationale, du général Courtais, de M. Ledru-Rollin; paroles de M. Lamartine; pacification; craintes de M. Véron; mesures du Gouvernement; liberté entière maintenue aux feuilles hostiles au Gouvernement. — Députations de commerçants et de locataires, réclamant la remise des loyers payés d'avance; le Gouvernement refuse son intervention dans ces contrats particuliers. — Manifestations des locataires contre les propriétaires qui ne veulent pas diminuer les loyers; les menaces cessent. — Organisation d'une force publique : création de la garde civique (plus tard garde républicaine) et des gardiens de Paris. — Conflits entre la mairie de Paris et la préfecture de police : Commission chargée d'y mettre fin; accusations réciproques de la mairie et de la préfecture. — Moyens de surveillance constitués par la mairie. — Extinction de la police politique pratiquée par la monarchie. — Renseignements du préfet et du maire. — Police politique au ministère de l'intérieur : MM. Carteret et Carlier. — Relations de M. Lamartine avec les principaux chefs clubistes et socialistes. — Mesures défensives prises par le ministre et le sous-secrétaire d'État des finances; MM. Maréchal et Rébillot. — Faiblesse des moyens de défense du Gouvernement provisoire; nécessité de recourir à des concessions, à des conciliations. — Relations de M. Ledru-Rollin avec ses anciens amis. — Proposition au Club des clubs d'envoyer des délégués dans les départements et d'adresser une demande au Gouvernement provisoire pour couvrir les dépenses; adoption; députation à M. Ledru-Rollin; M. Ledru-Rollin transmet ces vœux au Conseil et demande un vote favorable; adhésion limitée; instructions précises données à ces délégués; dépenses restreintes et justifiées; succès incomplets. — Le ministre de l'intérieur envoie dans les départements de nouveaux Commissaires munis de pouvoirs plus étendus que ceux des premiers Commissaires qu'ils sont chargés de contrôler. — Considérations sur ces mesures et sur la conduite des conservateurs; l'envoi des Commissaires a causé fort peu de troubles. — Bordeaux : agitation à la nouvelle de l'arrivée d'un nouveau Commissaire; scène à la préfecture; contre-manifestation républicaine; le Gouvernement provisoire envoie M. Clément Thomas. — Périgueux : conflits de pouvoirs; rétablissement du calme. — Valence : envahissement de la préfecture; pacification. — Ain : conflits de pouvoirs. — Tarn : MM. d'Aragon, Joly. — La modération caractérise le plus grand nombre des Commissaires extraordinaires. — Besançon : troubles; M. James Demontry rétablit la puissance de l'autorité centrale. — Beauvais : remplacement de M. Barillon; incertitude dans le choix de ses successeurs; mécontentement de la ville; envahissement de la préfecture; l'ordre est rétabli; démission des sous-commissaires. — Troyes : MM. Lignier, Crevat, Lefebvre; tumulte; lutte; M. Crevat est blessé; les ouvriers viennent au secours de la préfecture; démission de M. Crevat; MM. Étienne Arago et Portalis sont députés par le Gouvernement provisoire; tranquillité. — Dans toutes ces agitations, nulle atteinte n'est portée au caractère officiel des mandataires du Gouvernement provisoire; les personnalités, les craintes de dictature sont seules en jeu. — Les nouvelles mesures du ministre de l'intérieur l'éloignent du but auquel il veut parvenir; cause de son erreur; raison d'être de la dictature; raison d'être de la République. — Commissaires : quelques-uns font des fautes; la très-grande majorité se conduit noblement; difficultés et périls de leur situation; instructions sur la circulaire du 11 mars; approbation de la presse.

I

Les plantations des arbres de la liberté s'étaient multipliées à l'infini. On en voyait sur tous les marchés, places, quais, jardins, carrefours, et jusque dans les cours des monuments publics, à la Préfecture de police, à l'Opéra, etc. Les chants patriotiques, les cérémonies religieuses, les discours, la musique, la garde nationale, les acclamations, les fleurs, les rubans, les décharges des armes à feu, la foule curieuse, formaient un spectacle plein d'animation. Mais bientôt on en fit un déplorable abus; et ces démonstrations de patriotisme dégénérèrent en scandaleuse exploitation. Des spéculateurs de bas étage s'en emparèrent. Précédés de tambours et de drapeaux, ils arrivaient dans les quartiers les plus peuplés, y plantaient un arbre, et, sous prétexte de quêter pour les frais de transport et d'ornement, ils ramassaient une somme qu'ils se partageaient. Les journaux républicains dénoncèrent ce scandale, tandis que le Gouvernement s'occupait d'y mettre fin. M. Arago s'opposa à la plantation d'un arbre de la liberté dans la cour intérieure du ministère de la marine, et M. Louis Blanc dans celle du palais du Luxembourg.

II

Une autre tentative de manifestation publique vint échouer contre le bon sens populaire. Un club, *le Club des incorruptibles,* eut l'idée de renouveler les agapes fraternelles. Il adressa à tous les autres clubs l'invitation d'assister par délégation, le 2 avril, à un banquet dressé sur la place du Châtelet. Au jour indiqué, deux cents personnes seulement prirent place autour de la table; mais la foule accourut. Il n'y eut aucun désordre. Tout se passa avec convenance. Cet exemple ne fut pas suivi.

III

Le même jour, une démonstration bien plus redoutable jetait l'alarme dans les esprits. Des placards, répandus le matin, annonçaient, provoquaient une réunion générale de la population parisienne au Champ de Mars. « On parlait, » dit *le Constitutionnel,* « de forcer les citoyens riches à des sacrifices que la loi n'exigeait pas et que la violence à sa place devait exiger. » Le but était de faire voter par le peuple en masse la demande au Gouvernement provisoire d'un impôt forcé sur les riches. Question brûlante, déjà repoussée, et qui, ainsi présentée et délibérée, eût soulevé les plus vives angoisses. L'intervention du pouvoir, l'intelligent concours de la jeunesse des Écoles, le bon sens des ouvriers, détournèrent le péril et transformèrent l'impôt sollicité en une quête volontaire au profit du Trésor, et la démonstration en une association des élèves et des ouvriers dans de mutuelles sympathies et dans un commun amour de la République.

Réunies, à dix heures du matin, sur la place du Panthéon, les Écoles se transportèrent au Champ de Mars, précédées d'un sapeur du génie, symbole du travail et de l'intelligence; à sa gauche marchait un élève de l'École normale, portant *le Contrat social* couronné d'immortelles; à sa droite, un ouvrier portant une pioche ornée des mêmes fleurs. A leur arrivée, les élèves des Écoles se mêlèrent aux ouvriers, prirent les brouettes et les pelles, et travaillèrent un instant aux terrassements. Puis, les rangs confondus, se serrant les mains, se donnant le bras, tous se rassemblèrent autour de l'arbre de la liberté en chantant *la Marseillaise*. Après les chants et les acclamations, une quête civique commença; elle fut continuée avec ordre dans les Champs-Élysées et sur les boulevards jusqu'à l'Hôtel de ville, où elle fut offerte par une députation des élèves et des ouvriers, comme un témoignage de dévouement à la patrie et comme un emblème d'union.

Cent mille citoyens, toutes les Écoles, depuis l'École polytechnique jusqu'à celle des Sourds-et-muets, toutes les corporations, avaient pris part à cette manifestation, qui avait duré près de huit heures. Dans ce concours innombrable de citoyens, favorisé par un soleil éclatant et par un ciel sans nuages, il n'y eut pas un trouble, pas un cri équivoque, pas une collision; et cette journée, voilée de fâcheux auspices, « se convertit, sous l'influence habile d'une autorité populaire, en une fête pacifique de fraternité ». (*Constitutionnel.*)

IV

Avec quelle facilité ce peuple se mettait en mouvement, se calmait, s'agitait, se pacifiait! La vieillesse même infirme et disciplinée, les Invalides ne purent se soustraire à cette fièvre. Des abus réels dans l'administration avaient donné lieu à des plaintes et à des poursuites judiciaires intentées avant les journées de Février. Les abus ne paraissaient pas avoir été tous détruits. De là un soulèvement!

Les Invalides veulent aller porter leurs réclamations au Gouvernement provisoire. Le général Petit voit dans cette démarche un manquement à la discipline : il veut les arrêter. Son autorité est méconnue. Il se réfugie à l'État-major de la garde nationale. Le lendemain, le ministre de la guerre procède à la réinstallation du brave général devant les Invalides réunis. Ceux-ci, revenus de leur égarement, accueillent le ministre et leur chef par des cris de repentir et d'enthousiasme, les entourent, les pressent, élèvent leurs mains suppliantes, et cherchent à faire oublier la faute par l'éclat de la réparation.

Deux commissions furent nommées, l'une pour punir la révolte, l'autre pour corriger les abus.

V

Le Gouvernement provisoire fut appelé à intervenir dans une circonstance plus importante, plus critique, plus solennelle. Il dut défendre contre une explosion de la colère publique indignée la liberté de la presse, menacée dans la personne d'hommes qui lui jetaient journellement l'outrage à la face.

Nous avons dit que la polémique de quelques-uns des anciens journaux monarchistes devenait chaque jour plus acrimonieuse et plus agressive. Au premier rang se faisait remarquer *la Presse*, rédigée par M. Émile de Girardin :

26 mars. « ..... Tous les partis sont dissous. La seule pensée qu'on ait est une pensée commune, celle de vous aider dans votre tâche, et vous vous plaignez ! En vérité, c'est par trop d'humilité ; vous vous sentiez donc bien faibles, aussi faibles que vous avez été téméraires, en ne prenant pas de repos que vous n'ayez mis la main à tout et sur tout, désorganisé tout avant d'avoir organisé rien..... — Ces fautes, qu'aucune nécessité ne justifiait, coûtent déjà plus de dix milliards à la France..... De la victoire vous avez fait une déroute ; de la liberté vous avez fait l'arbitraire..... »

27 mars. « ..... Peuple ! qu'ont fait pour toi les hommes qui parlent chaque jour en ton nom ? Je vois bien qu'ils te flattent ; je ne vois pas qu'ils te servent....

Je vois bien qu'ils te font acheter cher le droit d'élire tes représentants..... Je vois bien qu'ils se sont hâtés d'aller coucher dans le lit encore chaud des ministres en fuite; je vois bien qu'ils n'ont pas perdu de temps pour s'emparer de somptueux hôtels, où ils sont plus inaccessibles que leurs prédécesseurs..... Je vois bien qu'ils gaspillent ton argent... Je vois bien que par la peur ils ont rétabli la Censure... Je vois bien qu'ils sont ivres d'orgueil..... » L'article se termine par ces mots : « Ce sont des agitateurs, ce ne sont pas des réformateurs ! »

VI

Toutes les feuilles républicaines, sans exception, *la Réforme* comme *le National, le Courrier français* comme *la Commune de Paris,* répliquaient à cette polémique irritante. Ils reprochaient à *la Presse* de tout contrôler, de tout critiquer sans poids ni mesure, d'attaquer tous les actes de tous les ministres sans distinction, de tout ébranler, de tout envenimer, de tout détruire, d'avoir des idées inapplicables sur toutes choses et de trouver les idées des autres pitoyables, d'avoir toléré, soutenu même les abus pendant un long règne et de ne pas accorder un mois pour les extirper, d'avoir défendu les priviléges de la royauté pendant des années et de vouloir en un instant tout réformer dans la République, de dépasser les limites de la discussion, de se livrer à des accusations outrageantes, de distiller le fiel et le venin, de semer l'inquiétude et la peur.

Les attaques violentes de *la Presse* contre M. Ledru-

Rollin et les Commissaires des départements excitaient surtout le courroux de *la Réforme*. Mettons les deux journaux en présence.

La Presse du 28 : « . . . . . . La confiance n'a disparu que lorsque nous avons vu les membres du Gouvernement provisoire..... douter de la raison, des sentiments, de l'adhésion du pays, en donnant mission à des commissaires revêtus de pouvoirs illimités d'aller révolutionner les départements, faire appel à la réaction et à la terreur... gaspiller les heures dont les minutes sont des millions, rétracter le lendemain la déclaration de la veille, et dépasser enfin en trente jours toutes les violences et tous les abus de dix-sept ans de règne..... S'il y a dans mes paroles une seule exagération, qu'on la relève !... »

La Presse du 29 : « ..... M. Lamartine a la même confiance en sa parole que M. Guizot dans la sienne; M. Ledru-Rollin ne diffère de M. Duchâtel que par moins de retenue dans les instructions qu'il donne à ses agents... »

La Réforme : « Depuis deux jours, le tocsin sonne à grande volée dans la rue Montmartre, et le journal *la Presse* dénonce le Gouvernement provisoire à toutes les défiances, à toutes les haines, à tous les mépris publics. » Après avoir cherché à tourner en ridicule le radicalisme, le puritanisme, le républicanisme, le socialisme du principal rédacteur, en termes pleins d'ironie, de sarcasme et d'aigreur, *la Réforme* ajoute : « ..... Un gouvernement tombe dans le sang; institutions et pouvoir, tout s'écroule et disparaît en trois jours. Point de forces organisées, point de lois qui commandent, point d'assemblées respectées; une crise antérieure compliquée d'une révolution, des dettes, des ruines!.....

» Telle était la situation au 24 février, quand des hommes énergiques et dévoués acceptèrent, à l'appel des masses, le terrible fardeau d'une liquidation redoutable et les programmes accumulés d'une Révolution qui porte dans ses flancs une société nouvelle, institutions, codes et gouvernement.

» Or, il est arrivé que ces codes, ces institutions, ce gouvernement, n'ont pas été réglés, édifiés et consolidés en un mois par ces hommes sortis de la lutte, et voilà pourquoi *la Presse,* si patiente sous la monarchie, les dénonce à la République, *son idole*, comme des fainéants et des traîtres.

» Ils n'ont rien fait, dites-vous! ils jouent à la phrase et ils poussent à l'impôt! Mais, insensés, vos chefs de la dernière trahison ont gardé leurs têtes! ils n'ont payé ni de leur bourse ni de leur sang! Mais l'ordre règne autour de vos palais! Mais vos amis, la plupart du moins, ont conservé leurs places, et du haut de leurs siéges ils conspirent tranquillement contre la République.

» Auriez-vous mieux aimé qu'au lieu de faire appel à la clémence du peuple et de lui demander pour vos princes l'aumône de sa miséricorde, ils eussent frappé d'une confiscation de justice les traitants, les agioteurs, les sinécuristes, qui, sous le règne de votre politique, avaient tout épuisé, tout sucé, jusqu'aux haillons des pauvres? C'eût été là peut-être une meilleure conduite à tenir que de décréter l'impôt des 45 centimes! »

VII

Ce combat de plume, poussé jusqu'à l'insulte, exaspérait grand nombre de citoyens, qui, à ce moment, regardaient *la Presse* comme l'interprète le plus audacieux de la réaction dissimulée sous l'apparence de quelques théories socialistes. D'abord des murmures, puis des menaces ! L'orage gronde autour de cette feuille. Sous cette pression, M. Émile de Girardin redouble d'énergie ; loin de fléchir, il semble se complaire à braver le péril, et il multiplie ses attaques avec plus d'aigreur et de violence.

Le 29 mars, à huit heures du soir, des attroupements se forment rue Montmartre, devant la porte de l'imprimerie du journal. La colère est peinte sur les physionomies ; la foule devient de plus en plus compacte, de plus en plus animée, de plus en plus furieuse. Une main trace à la craie ces mots sinistres : « A bas *la Presse !* Mort à Girardin ! » L'exécution commence. La porte, rudement attaquée, va tomber brisée sous des efforts répétés, lorsque des détachements de la garde nationale surviennent et la dégagent sans pouvoir dissiper l'attroupement. Le tumulte augmente. Ce sont des trépignements, des cris confus : « Il faut en finir avec ce journal ! brisons ses presses ! M. de Girardin est coupable de trahison envers la République ! Justice ! justice ! » L'exaspération est à son paroxysme ; la foule va recommencer ses attaques. Le général Courtais arrive, suivi de son état-major et d'un renfort de garde mobile.

Plus que son escorte, ses paroles impressionnent le peuple. Il fait appel à la liberté contre la violence, et il parvient à se faire écouter.

M. É. de Girardin avait la conscience de son droit et attendait avec courage. Une transaction est proposée à la foule. Quelques citoyens, introduits dans les bureaux, ont avec lui une conférence animée. D'autres se détachent et courent chez M. Lamartine réclamer du Gouvernement un terme aux outrages de *la Presse* contre la République et contre ses fondateurs. M. Lamartine réplique : « La République exige l'inviolabilité de la pensée humaine; elle admet la liberté d'être injuste envers son Gouvernement; le Gouvernement ne doit répondre qu'en sauvant la patrie de ses ennemis au dehors et de tout désordre au dedans. »

De son côté, le ministre de l'intérieur accourt sur les lieux, accompagné du procureur de la République, M. Landrin. La conférence des délégués de la foule et de M. de Girardin, d'abord passionnée, s'est terminée par des explications moins hostiles, et la foule est moins irritée. La présence de M. Ledru-Rollin et de M. Landrin achève l'œuvre de pacification.

Le lendemain soir, nouvel attroupement, nouvelles rumeurs. Le ministre de l'intérieur revient pour assurer la sécurité des rédacteurs de *la Presse* et faire respecter leur indépendance. Il ne quitte la place qu'avec la certitude que tout péril est écarté.

Oubliant toute querelle, toute inimitié, pour venir au secours du droit commun et d'un écrivain menacé, les journalistes républicains, qui avaient le plus vivement soutenu la lutte, signèrent une proclamation où ils invoquaient les principes sacrés de la démocratie. Cette proclamation fit sensation et contribua puissamment à calmer les esprits.

Des clameurs proférées dans divers clubs contre *le Constitutionnel* firent craindre une invasion semblable au rédacteur en chef, M. Véron. Il exprima ses appréhensions à l'administration. Des mesures furent prises; et l'on n'eut plus à déplorer de tentative fâcheuse contre la presse.

VIII

En sauvegardant ses adversaires les plus ardents, le Gouvernement avait rempli son devoir; il avait élevé le pouvoir au-dessus des considérations personnelles. Ce n'était point par fausse générosité, c'était par respect du droit, de la République et de la liberté. *La Presse, le Constitutionnel, l'Assemblée nationale*, etc., purent, sans obstacle et sans crainte, continuer leur guerre violente contre le Gouvernement provisoire, qui les défendait.

IX

Le Gouvernement eut à vaincre des difficultés plus tenaces pour protéger la liberté des transactions et faire observer, dans ce délire des esprits et dans ce soulèvement des intérêts, l'inviolabilité des contrats.

Aux époques de crise, tourmenté par ses nécessités, chacun court après des ressources extraordinaires. Aux époques de révolution, chacun, cherchant des améliorations à son sort, croit découvrir des abus, surtout dans les charges lourdes à porter. Sous cette double préoccupation, rien de moins étonnant que de voir les citoyens dépasser le but et élever des prétentions exagérées, chimériques.

Le 13 mars, deux députations de commerçants se présentèrent successivement au Gouvernement provisoire : elles le priaient d'ordonner que les loyers payés d'avance, qu'ils considéraient comme de simples dépôts confiés aux mains des propriétaires, pussent être retirés au moins par moitié, afin de fonder une caisse d'escompte. Le maire de Paris répondit que les Comptoirs d'escompte étaient décrétés, organisés, pour donner satisfaction au commerce. — Le 27, nouvelle députation de propriétaires d'hôtels garnis et de maisons meublées, de logeurs, réclamant que le terme à échoir au 1er avril fût imputé sur le montant des sommes payées d'avance aux propriétaires des immeubles.

Le 3 avril, démarche plus solennelle des commerçants, qui, en nombre considérable et formant cortége, se rendirent au ministère des finances et à l'Hôtel de ville. Ils sollicitaient un décret qui autoriserait tout locataire à rentrer, aux deux termes prochains, en jouissance des sommes versées d'avance, et qui, par contre, obligerait le locataire à payer à l'État deux pour cent sur le prix des loyers. Voici par quel raisonnement les pétitionnaires soutenaient la justice de leurs prétentions : « Les propriétaires devaient aider les marchands, afin que les marchands pussent aider les ouvriers. Les sommes en question, remises seulement comme garantie de payement, appartenaient aux locataires; or, le payement étant garanti déjà par le mobilier et par les marchandises, il était naturel que le propriétaire restituât au locataire ses avances dans une circonstance critique. » Les pétitionnaires évaluaient à 22 millions les sommes réclamées, c'est-à-dire trente mille locations à 750 francs en moyenne, et à un million environ ce qui reviendrait à l'État. Le ministre des finances et le maire de Paris eurent une peine infinie à faire comprendre que le Gouvernement ne pouvait, sans violer toute équité, intervenir dans les conventions, volontairement signées, des particuliers entre eux. Les commerçants persistèrent avec acharnement dans ces singuliers débats. L'obstination de l'instance ne fut vaincue que par la fermeté du refus.

X

Les prétentions des locataires ne devaient malheureusement pas se borner à la question des avances. Des altercations plus graves survinrent à l'échéance du terme d'avril.

Beaucoup de gens timides fuyaient Paris pour se réfugier dans la province. De nombreux congés étaient donnés. D'autre part, les constructions des maisons avaient dépassé les besoins. On vit bientôt à chaque porte des écriteaux annonçant le vide des appartements. Les loyers, surélevés à des prix exorbitants, baissèrent tout à coup d'un tiers; des baux même durent être réduits par conciliation.

Eh bien, la baisse du prix des loyers ne parut pas

donner une satisfaction suffisante. Les ouvriers, les petits employés, les petits marchands, se trouvaient dans la presque impossibilité de payer leur terme. Dans les quartiers populeux, les propriétaires, habitués à des concessions de temps, prévoyaient les délais exigés par les circonstances. Ils y donnèrent un consentement facile. Un certain nombre même, cédant à une inspiration de bienfaisance, s'empressèrent de faire remise complète du terme échu ou à échoir. Ces actes de générosité furent accueillis avec reconnaissance et allégresse. Des bouquets, des drapeaux ornés de rubans, des illuminations à toutes les croisées, des transparents, annonçaient aux passants la munificence des propriétaires, la joie et la gratitude des locataires. Et pour que la fête fût complète, ces heureuses maisons retentissaient d'acclamations et de chants.

Pour les habitants voisins moins bien traités, c'était un contraste navrant. Ils regardaient avec un œil d'envie ce spectacle, qui leur faisait sentir plus rudement leur détresse. Payer ce que d'autres ne payaient pas leur semblait une injustice. Ils adressèrent des suppliques à leurs propriétaires. Quelques réductions, quelques hésitations, et ce fut tout! Les plus exaspérés exigent. L'élan est donné et les emporte plus loin encore : ils se croient en droit de réclamer des quittances acquittées; en cas de refus, un drapeau noir suspendu aux fenêtres dénonce à l'indignation publique le propriétaire récalcitrant. Des scènes déplorables ont lieu. C'est la honteuse exploitation par la peur.

M. Caussidière, préfet de police, publie le 27 mars une première proclamation « pour faire respecter les propriétaires, qui, eux aussi, ont des charges à supporter, et pour annoncer à la population que l'autorité veille à la sûreté de tous et réprimera au besoin les désordres des malintentionnés, espérant que le bon sens public rendra inutile le recours à cette extrémité ». — Ces paroles sont insuffisantes.

Dans le Conseil du 10 avril, le Gouvernement provisoire décide, sur la demande du ministre de l'intérieur, que le maire de Paris adressera sur-le-champ une circulaire sévère à tous les maires des arrondissements, pour avertir les citoyens que la résolution est prise d'agir avec énergie contre tout excès, abus ou violence, et de poursuivre les coupables selon toutes les rigueurs des lois. — M. Landrin, commissaire du Gouvernement près le tribunal de la Seine, commença une instruction judiciaire.

Aussitôt le scandale disparut. Les conciliations entre les propriétaires et les locataires eurent lieu par voie amiable, et le Gouvernement eut la satisfaction de voir cesser ce nouveau sujet d'alarmes.

Les promenades nocturnes, les illuminations forcées étaient intolérables. Le Gouvernement parvint également à les réprimer. La presse en félicita le pouvoir.

XI

Le plus difficile et le plus urgent était la réorganisation de la police, plus que jamais indispensable. M. Caussidière fut appelé au Conseil pour en délibérer. Il peignit en langage pittoresque, expressif, les embarras de sa situation, et il réclama la mise en cadre militaire des citoyens dont il se servait, « braves gens à la tête ardente, qu'il s'était vu parfois obligé de mener le pistolet au poing, car tous n'étaient pas sûrs et fidèles; mais il les épurait peu à peu. Il avait à tenir tête aux complots permanents entretenus contre le Gouvernement. Blanqui, d'après des aveux faits à lui-même, tramait toujours un coup de main. Le Petit-Luxembourg, où le Conseil se réunissait, était, en l'absence complète de force armée, à la merci du premier audacieux. Il avait la certitude qu'un enlèvement avait été prémédité dans certains lieux qu'il surveillait avec soin. » — M. Louis Blanc confirma le danger. — M. Albert offrit provisoirement un poste composé de trente de ses amis; ce qui fut accepté.

Le ministre de l'intérieur proposa l'institution d'une garde civique de 1 500 hommes à pied et de 300 hommes à cheval. M. Albert s'y opposa, alléguant que si le peuple voyait se reconstituer, même sous un autre titre, l'ex-garde municipale, il se croirait trahi. Le préfet insista sur sa demande, disant qu'il choisirait ses hommes parmi les patriotes éprouvés, et qu'il leur donnerait un costume imité de celui de l'ouvrier. « Mais, » s'écria M. Ledru-Rollin, « je ne puis accepter ces distinctions. Pour être du peuple, il faudra donc être en veste? » Cette exclamation n'empêcha pas de satisfaire au désir du préfet, qui espérait populariser ainsi la garde civique. Au surplus, il fut réservé au ministre de l'intérieur de régler l'uniforme. Cette garde prit plus tard le titre de garde républicaine. M. Mercier, beau-frère de M. Caussidière, homme énergique et capable, qui comptait dix années de service comme officier, en reçut le commandement avec le grade de colonel.

La garde républicaine de l'Hôtel de ville, composée des combattants de Février, fut portée à 600 hommes, et maintenue sous le commandement du colonel Rey et du chef de bataillon Beaumont.

On décréta aussi la création, « par les soins du ministre de l'intérieur et du maire de Paris, d'un corps spécial sous le titre de *gardiens de Paris*, avec mission de veiller à la paix publique, à la conservation des établissements nationaux et des propriétés privées, d'exercer une protection bienveillante envers toutes les personnes qui en auraient besoin, leur caractère devant être une sorte de magistrature populaire. Ces gardiens devaient être assez nombreux pour que chacun d'eux pût veiller sur soixante à cent maisons. Une taxe spéciale pour leur entretien serait établie de manière à ne peser que sur les propriétaires et sur les locataires dont le loyer s'élève au-dessus de mille francs. » Quoique essentiellement municipal, ce corps fut placé sous la direction du préfet de police.

XII

L'enrôlement donna lieu à des conflits entre la mairie de Paris et la préfecture de police. Nous avons déjà fait connaître les causes antérieures de division entre les deux administrations, le projet de les réunir sous un même chef, la réalisation accomplie par M. Garnier-Pagès, l'abandon fait par son successeur, les regrets de

M. Marrast, ses efforts pour ressaisir dans les détails l'influence qu'il avait perdue dans l'ensemble. De là des discussions, des tiraillements, envenimés par le souvenir des anciennes querelles de *la Réforme* et du *National*.

Les altercations des bureaux sur des faits insignifiants montaient, en se grossissant, jusqu'au sein du Conseil. Trop souvent des paroles amères étaient échangées entre le maire et le ministre. Pour mettre un terme à cette irritation, une nouvelle commission, composée de MM. Marie, Bethmont et Flocon, fut chargée (3 avril) de reviser et de limiter les attributions, contradictoirement avec les deux parties intéressées. Cette commission, par un rapport déposé le 15 du même mois, les laissa telles qu'elles avaient été définies avant la Révolution.

XIII

Les divergences qui existaient entre la mairie de Paris et la préfecture de police provenaient aussi de motifs supérieurs. Les vues politiques étaient dissemblables. M. Caussidière et ses amis reprochaient à MM. Marrast, Buchez, Recurt et Edmond Adam, de ne pas comprendre les nécessités révolutionnaires, de vouloir amortir le feu qui devait enflammer les vrais républicains, de ne pas s'élever à la hauteur des circonstances, d'encourager la réaction par des faiblesses, de ménager les partis vaincus, de transiger avec les anciens orléanistes, de n'être enfin que les bourgeois de la République.

La mairie de Paris formulait des plaintes aussi vives contre M. Caussidière : « Depuis sa nomination définitive et malgré ses affirmations de dévouement au Gouvernement provisoire, il ne leur paraissait pas plus sûr qu'auparavant. Ses actes démentaient ses protestations. Ses relations étaient continuelles avec les meneurs. Il recrutait ses agents parmi les sectaires de la *Société des droits de l'homme*. Il ne prenait pas d'assez énergiques mesures contre les fauteurs de troubles; et si quelques arrestations étaient faites par la garde nationale, elles étaient annulées par ses montagnards, à l'arrivée des délinquants à la préfecture. Il louvoyait entre le Gouvernement et la conspiration, dérobant sa finesse sous une apparente brusquerie. Enfin, si un mouvement éclatait, chercherait-il à le développer ou à le comprimer? On ne pouvait compter sur lui. »

Sous la préoccupation de tels soupçons, la mairie de Paris ne voulut pas rester inactive et désarmée. L'Hôtel de ville était le siége du Gouvernement! Des ennemis inconnus rôdaient tout à l'entour! Quels étaient-ils? Il fallait le savoir. Il fallait se défendre, pour la sécurité même du pays. La mairie de Paris entreprit de se constituer des moyens de surveillance capables de déjouer les trames ourdies.

XIV

Mais ces moyens de surveillance n'avaient aucune analogie avec la police politique pratiquée par les gouvernements précédents. A la préfecture de police même, il n'y en avait plus trace que dans les cartons soigneusement conservés. La police de sûreté était restée ce qu'elle était; les bureaux de la police administrative avaient été maintenus. Les agents actifs expulsés avaient été remplacés tant bien que mal. Quant à la police politique, individus et traditions avaient disparu avec la monarchie.

C'étaient leurs amis et leurs adhérents qui renseignaient le maire de Paris et le préfet de police sur ce qui se passait en dehors d'eux. Ils n'avaient qu'à raconter ce qu'ils avaient vu, entendu et fait, et comme chacun d'eux jouait un rôle plus ou moins important dans les réunions de toutes sortes, le maire et le préfet étaient suffisamment instruits.

M. Caussidière surtout n'ignorait rien des conférences les plus secrètes des républicains communistes; les principaux meneurs venaient eux-mêmes s'entendre avec lui sur le but à poursuivre, comme cela avait eu lieu pour la journée du 17 mars. Mais il ne connaissait ni les plans ni les manœuvres des autres partis; il ne savait rien de ce que tramaient les bonapartistes et les partisans des Bourbons des deux branches; et vis-à-vis d'eux, il ne procédait que par voie de suppositions, allant sans cesse au delà ou restant en deçà de la réalité.

Les détenus politiques, mécontents des lenteurs de la Commission des récompenses, avaient obtenu de la mairie de Paris l'autorisation de former à l'Hôtel de ville trois bureaux chargés de préparer les documents et les distributions de secours. Ce travail, opéré régulièrement, avait été l'occasion d'un rapprochement entre eux et MM. Marrast, Buchez, Recurt et Edmond Adam, qui, dans leurs rapports journaliers, apprenaient d'eux-mêmes leurs projets et leurs résolutions.

Quelques rares individus, vivant de délation, se livraient à un double espionnage, dénonçant à la mairie ce qu'ils recueillaient à la préfecture, et à la préfecture ce qu'ils connaissaient de la mairie; sachant peu, révélant beaucoup et envenimant encore des relations déjà envenimées.

XV

Le ministre de l'intérieur avait réservé à ses bureaux la haute direction de la police politique.

M. Carteret, avocat, unissant la fermeté à la modération et l'intelligence au dévouement, avait accepté les fonctions de chef de la division à laquelle ressortissaient la préfecture de police et la police des départements. En l'absence du ministre, il recevait les rapports et les visites du préfet, qui venait faire le récit des événements de chaque jour. M. Ledru-Rollin transmettait ces renseignements au Conseil, conformément à la décision qui avait consacré le commencement de chaque séance au double exposé de la situation intérieure et extérieure.

M. Carlier fut nommé par M. Ledru-Rollin chef de la police politique. M. Carlier avait déjà occupé une fonction de ce genre au commencement du règne de Louis-Philippe. Habile, actif, insinuant, sans opinion, ne connaissant que son emploi, rompu aux habitudes de la profession, il était accusé par ses adversaires d'avoir conservé les traditions provocatrices qui poussent aux conspirations pour les dévoiler, aux émeutes pour les réprimer. Ne reculant jamais devant les moyens, il laissait au succès le soin de les justifier. Prêt à défendre tout pouvoir qui saurait récompenser son zèle, il avait du courage sans dévouement. Habitué à tarifer les consciences, il méprisait trop les hommes, ceux même qu'il servait, pour s'attacher à eux. Cependant il était toujours disposé à rendre service. La veille, cruel dans l'exécution d'une mesure, il se montrait, le lendemain, humain et obligeant. Il se plaisait à rédiger des rapports tracés avec une facile rapidité, et il les multipliait. Non content de dénoncer les troubles, il en indiquait et les causes et les remèdes. Il n'hésitait pas à critiquer les actes du Gouvernement, et il donnait des avis avec une certaine prétention de vues plus justes que celles de ses supérieurs. Il improvisa une espèce de police au moyen de quelques anciens agents, grossis de nouvelles recrues. Mais son passé le porta à surveiller la partie révolutionnaire plutôt que la partie réactionnaire. Il fouilla les clubs, épia le Luxembourg, contrôla même la préfecture de police, ne s'occupant que fort peu des intrigues et des complots qui commençaient à saper la République.

XVI

On voit que le Gouvernement provisoire n'était pas mieux armé par ses moyens secrets que par ses forces publiques. M. Lamartine en était vivement préoccupé. La démonstration du 17 mars l'avait impressionné plus que ses collègues : la puissance des masses populaires et l'exploitation que pouvaient en faire quelques chefs hardis avaient été pour lui une révélation. Il résolut de surveiller quelques-uns de ces chefs, de captiver les autres, de préparer ses voies à la fois pour les combattre ou pour s'en servir. Il confia ses intentions à ceux de ses collègues avec lesquels il était en plus étroite conformité de pensées, MM. Marie, Garnier-Pagès, Pagnerre, Carnot, etc. Persuadé, comme tous les hommes de génie sympathique, que, mis en présence, le bien domine le mal, que les rapports personnels effacent les préventions et que des explications loyales rapprochent ceux qui sont séparés; désireux de connaître les adversaires, de sonder leurs dispositions, leurs prétentions, et de lire dans leur âme; espérant exercer sur eux une influence salutaire, et les détourner de tentatives funestes à la République, au pouvoir, à eux-mêmes; obéissant peut-être à un vague besoin de popularité, M. Lamartine eut des entrevues avec les principaux chefs des sectes et des clubs.

Dans des conférences avec MM. Raspail, Barbès, Cabet, Sobrier, Lamieussens, et beaucoup d'autres démocrates et communistes, M. Lamartine, après avoir parlé de la pureté et de la sincérité de son républicanisme, chercha à leur démontrer la nécessité de modérer les impatiences, de rassurer les esprits, de calmer l'agitation, de faire cesser la crise, de féconder la République par des idées grandes et généreuses, de la sauver de la démagogie, d'associer le pouvoir à la liberté, de laisser le peuple manifester sa pensée par l'élection régulière de ses représentants, et de ne pas précipiter la nation dans les hasards d'une dictature sans frein et sans limites.

XVII

M. Lamartine vit aussi M. de Flotte[1], jeune officier de marine, qui, né dans l'aristocratie, s'était livré à des études sérieuses sur les divers systèmes de société, pratiqués ou prêchés depuis l'origine du monde. Son esprit rêveur et profond en était arrivé à la conclusion la plus radicale du socialisme. Doué d'une physionomie heureuse, de manières distinguées, élégantes, il avait cherché celui des novateurs dont la théorie lui paraissait offrir la solution la plus égalitaire, et il avait été amené à s'affilier au club de M. Blanqui.

Après une conversation où les questions de l'avenir de l'humanité avaient été soulevées, M. Lamartine lui exprima le désir d'un entretien avec M. Blanqui.

M. Blanqui s'empressa de se présenter au ministère des affaires étrangères. C'était dans les premiers jours d'avril. Annoncé, il fut introduit aussitôt. D'abord curiosité réciproque, puis discussion sérieuse. Le ministre cherchait à pénétrer dans les replis cachés de l'âme de son interlocuteur. Celui-ci, méfiant, soupçonneux, écoutait et ne se livrait pas. Mais bientôt le charme d'une parole bienveillante, l'expression sincère d'une véritable conviction, détendirent la conversation. M. Blanqui dévoila l'amertume de son cœur, fit le tableau de ses souffrances et de ses aspirations théoriques. L'entrevue fut longue. M. Lamartine en conçut

[1] Parmi les partisans de M. Blanqui, il y avait aussi M. Flotte, cuisinier.

l'espoir de donner aux passions de cet homme une issue autre que celle des conspirations, et de l'utiliser au service du pays. M. Blanqui se demanda ce qu'il pouvait espérer, pour ses desseins, de ses rapports nouveaux. « Ils se séparèrent après un entretien de plusieurs heures, satisfaits en apparence l'un de l'autre, et prêts à se revoir si la circonstance ramenait la nécessité d'autres entrevues. »

M. Lamartine, sachant que M. Blanqui n'était pas aimé des autres chefs de clubs, entrevoyait le jour où il pourrait, grâce à cette rivalité, contre-balancer l'une par l'autre les forces ultra-révolutionnaires et faire servir ces haines mutuelles à l'avortement des tentatives factieuses.

Le ministre ne borna pas ses efforts à des conversations. L'ébranlement de l'Europe lui imposait le devoir de surveiller les projets des puissances étrangères, et d'éclairer les démarches des émigrés qui préparaient leur rentrée dans leurs patries. Aidé de fonds spéciaux et d'un nouveau crédit, il pénétra dans les conseils secrets de certains meneurs et de certains clubs, et il remit, pour le même but, à la mairie de Paris et au ministère des finances, une partie des sommes qui lui étaient allouées.

XVIII

Le ministère des finances pouvait être menacé comme l'Hôtel de ville et comme le ministère des affaires étrangères. Le Conseil s'y réunissait souvent. Il fallait pourvoir à la sûreté de ses délibérations et à la sécurité du Trésor public.

Les anciens gouvernements avaient placé des casernes dans le voisinage. Ces casernes étaient occupées par la garde mobile, tenue par le général Duvivier à la disposition du ministre. Au moindre signe, le général Courtais devait accourir avec ses bataillons. Un double poste de gardes nationaux veillait à l'intérieur et à l'extérieur. Sous les ordres du ministre et du sous-secrétaire d'État, M. Maréchal, jeune officier de Saint-Cyr, d'un grand courage, avait reçu mission de concentrer toutes les forces, et, en cas de besoin pressant, d'armer tous les employés pour une défense énergique. Ces dispositions étaient prises dans le silence et sans apprêts ostensibles. Des milliers de bras invisibles protégeaient le ministère : les membres du Gouvernement, ayant confiance dans les précautions prises et sans les connaître, finirent par y transporter le siége ordinaire de leurs séances.

Une grande responsabilité pesait sur le ministre et sur le sous-secrétaire d'État des finances. Lorsque des rumeurs circulaient, ils avaient à savoir jusqu'à quel point elles étaient fondées. M. Rébillot, colonel de la gendarmerie départementale, connu d'eux personnellement, leur offrit ses services pour éclairer toute tentative séditieuse, tout projet sinistre. Agréé, il s'acquitta de ce devoir avec zèle et intelligence. Ses avis étaient précis, certains. MM. Garnier-Pagès et Duclerc, toujours prévenus à temps, organisèrent leur défense de telle manière, que, dans le cas d'un coup de main réussi contre l'Hôtel de ville, ils pouvaient rallier toutes les forces publiques au ministère des finances, autour du Gouvernement provisoire, et rester les maîtres de la situation.

XIX

Si à ces ressources dont pouvait disposer le Gouvernement provisoire, ressources douteuses, équivoques, insaisissables, l'on compare les puissants moyens de défense des temps calmes et réguliers — armée, garde nationale, garde municipale, sergents de ville, police ouverte, police secrète, agents de toute sorte innombrables et cachés dans l'ombre — il semble qu'au moindre souffle populaire l'édifice va crouler de fond en comble. On comprend les précautions, les démarches, les entrevues, les conférences, les concessions, les conciliations, qui, en toute autre circonstance, futiles, superflues et impolitiques, devenaient pour le moment nécessité impérieuse et habileté. Chacun des membres du Gouvernement cherchait un appui dans son influence, dans ses relations, dans le prestige de son nom, beaucoup plus que dans des forces absentes.

XX

M. Ledru-Rollin était chef de parti. Il ne l'oublia pas. Il comprit l'importance de conserver ses rapports avec ses anciens amis les radicaux exclusifs, persuadé qu'il connaîtrait les projets et les complots bien plus sûrement par les confidences de ses partisans que par les révélations de ses agents. Les attaques persistantes de la presse, les menaces proférées contre lui le 16 mars, lui démontraient combien la bourgeoisie lui était hostile, et combien peu il devait espérer la ramener. Il avait au contraire les sympathies des masses, dirigées par les révolutionnaires ardents. Il devait donc resserrer ses liens avec eux, sans toutefois rompre avec ses collègues. Une occasion se présenta d'entretenir des relations directes, avouées, avec les principaux meneurs et chefs de clubs : il la saisit avidement.

Dans la seconde séance du Club des clubs (29 mars), un représentant du club de Passy, M. Lebreton, proposa l'envoi dans les départements de délégués chargés d'instruire les populations sur les conséquences de la Révolution. Cette proposition, discutée par MM. Altayrac, Robert, Delaire, Luillier, Potier, Barbès, Lambert, Girard, Huber, Bonnet, fut adoptée. Il fut également décidé que, cette mesure ayant pour but l'intérêt de la République, on s'adresserait, pour couvrir les frais, au Gouvernement provisoire, qui ne pourrait refuser le dévouement d'hommes guidés par la seule pensée d'éclairer les citoyens sur leurs droits et sur leurs devoirs. Une commission composée de MM. Longepied, président, Lebreton, Delaire, Gadon, Thièle, Barbès, Sobrier, Huber, Laugier, Danse, Cahaigne, présenta au ministre de l'intérieur la décision et la demande du Club des clubs. M. Ledru-Rollin reçut cette députation avec faveur, et répondit qu'il en référerait au Conseil.

XXI

Le lendemain, le ministre, suivant l'usage, commença par transmettre les renseignements parvenus : « La réaction s'agite dans l'Ouest et dans le Midi. Des émissaires parcourent les campagnes et répandent, sur la République et sur les membres du Gouvernement, des bruits mensongers, des rumeurs grossières. Les Commissaires luttent péniblement contre des influences ennemies qui ne craignent plus de se montrer au grand jour. Des troubles graves en sont la conséquence douloureuse. A Bordeaux, à Périgueux, les délégués du Gouvernement ont été méconnus et outragés sans motifs. La calomnie est versée à flots. Il est temps d'aviser.

» D'autre part, les clubs de Paris tendent de plus en plus à se concentrer, à se grouper autour du Gouvernement provisoire. La population y prend un rôle actif. Les idées s'épurent, les questions morales, politiques, financières, de l'ordre le plus élevé, se discutent et s'élaborent. Il y a progrès réel. Le mouvement général des clubs est excellent. »

Puis le ministre fait part de la démarche du Club des clubs : « Accepter lui paraît être d'une bonne politique à tous les points de vue. Quelques centaines d'hommes dévoués, actifs, choisis parmi les plus intelligents, sans mission autre que celle de détruire les préventions, de répondre aux attaques et aux intrigues ennemies, peuvent faire beaucoup de bien et aucun mal. Ils engageront les habitants des campagnes à se faire inscrire et à voter, non pour servir l'intérêt de telle ou telle candidature, mais pour propager les principes éternels de la justice et de la vérité. Rester inactif et désarmé en présence d'adversaires qui s'agitent, c'est faiblesse ou froideur. Le cas de légitime défense existe. Le devoir et la responsabilité sont engagés. Pas un gouvernement n'hésiterait en pareille occurrence !

» Le Club des clubs, son comité, les chefs les plus influents, offrent au Gouvernement leurs services! faut-il les repousser? Ils demandent de se mettre en contact journalier avec le pouvoir! peut-on refuser? De deux choses l'une : l'on doit ou prendre la direction des clubs, ou subir leur loi. Adhérer à leur proposition, c'est les mettre dans l'impossibilité d'être hostiles; la rejeter, c'est susciter les complots. Donner un but d'activité utile aux esprits entreprenants est plus sage que de les abandonner aux excitations de leurs passions. Agréés ou non par le Gouvernement, les délégués partiront. N'importe-t-il pas à l'ordre et à l'avenir de la République de les avoir pour alliés et non pour ennemis, de connaître leurs démarches par eux-mêmes et non par des espions lancés sur leur piste?

» En résumé, ministre chargé de la sécurité publique, il demande un vote favorable. »

XXII

Le Gouvernement provisoire donna une adhésion limitée, n'accordant et ne reconnaissant aux délégués aucune autorité. Les instructions qui leur furent remises par la commission du Club des clubs disaient : « Le délégué n'est ni agent avoué ni agent secret du Gouvernement; il est revêtu du caractère d'envoyé des clubs et des corporations, caractère officieux; il n'est pas salarié; son caractère de missionnaire officieux ne doit même pas être connu; et il doit au contraire se garder de céder à un semblant d'autorité, car l'assentiment donné par le Gouvernement ne donne aucune fonction; il ne relève que du républicanisme; il est apôtre : or l'apôtre ne commande pas, il persuade !... »

La commission recruta ses délégués dans tous les clubs. Des citoyens de toutes les professions et de tous les métiers se présentèrent. Trois cents environ furent choisis. Il ne leur fut alloué absolument que les frais de voyage, avec recommandation de la plus stricte économie. La dépense ne dépassa pas cent vingt-trois mille francs. Aucune infidélité ne put y être constatée par les nombreuses commissions législatives chargées de la contrôler. Les comptes étaient en effet exactement tenus et soumis à l'approbation du ministre, à qui, chaque soir, la commission faisait un rapport sur les efforts de ces délégués.

Dans le nombre énoncé, une trentaine d'officiers et de sous-officiers, en retraite ou en congé, s'offrirent pour répandre dans l'armée l'amour des nouvelles institutions. Au début, il n'y fut mis aucun obstacle; mais dès que l'on s'aperçut que la discipline allait en souffrir, les autorisations et les congés furent retirés.

Les démarches des délégués furent couronnées de succès dans quelques départements; mais elles eurent un résultat négatif dans le plus grand nombre. Les républicains de la province prétendaient suffire à la propagande à laquelle ils se dévouaient avec enthousiasme, et connaître les moyens de gagner l'opinion publique beaucoup mieux que des personnes étrangères à la contrée ou absentes depuis longtemps. — Cette mission de citoyens sans autorité passa inaperçue et ne souleva ni réclamation ni trouble. L'histoire n'en ferait pas mention, si elle n'avait pas suscité tant de récriminations et d'accusations contre le ministre, quand il fut sorti du pouvoir.

XXIII

Si la mission des délégués des clubs n'eut qu'un éclat et un retentissement posthumes, il n'en fut pas de même de la création et de l'envoi dans les départements de nouveaux commissaires et de commissaires extraordinaires.

Tandis que, sous l'impression de la circulaire ministérielle du 12 mars, les journaux réactionnaires se déchaînaient et fulminaient contre certains Commissaires aux pouvoirs illimités, les journaux démocrates se plaignaient, avec non moins d'énergie, de la modération du plus grand nombre, et réclamaient leur changement. Le ministre de l'intérieur, placé entre les attaques des uns et les plaintes des autres, donna raison à ses partisans. Également entraîné par les sollicitations de quelques intéressés, il crut devoir apporter des modifications aux premiers choix qui avaient été faits de commun accord avec tous les membres du Gouvernement. Au milieu des préoccupations incessantes et absorbantes du moment, une certaine liberté était laissée à chaque ministre, sous sa responsabilité personnelle, pour la nomination de ses agents supérieurs. M. Ledru-Rollin en usa.

Une fois engagé sur cette pente, il ne s'arrêta pas. Il crut indispensable au salut de la République de se prémunir contre les complaisances et les faiblesses des

Commissaires, qui, entourés dès le premier jour par les hommes de toutes les opinions, avaient cédé à des considérations de personnes et de position, et n'avaient peut-être pas su conserver toute l'indépendance et toute la force révolutionnaires. Il résolut de donner aux départements dont il soupçonnait l'esprit une impulsion plus ferme, plus prononcée, en disséminant partout des commissaires extraordinaires chargés d'inspecter et de diriger plusieurs départements à la fois, et munis de pouvoirs nouveaux; et il confia cet important mandat à des hommes pris pour la plupart dans l'opinion la plus avancée.

Ces modifications défavorables aux premiers Commissaires, si favorablement accueillis par les populations, ces nouvelles fonctions mal définies de Commissaires extraordinaires venant gêner la situation de ceux qui avaient triomphé des premières difficultés, devaient susciter des conflits de pouvoirs, soulever des embarras et des répugnances qu'il eût été possible de prévoir et d'éviter.

XXIV

Mais si l'on doit reprocher au ministre de l'intérieur d'avoir compromis l'autorité du Gouvernement par quelques choix fâcheux, par quelques mesures hasardées, ne doit-on pas blâmer plus sévèrement ceux-là qui, les plus aptes par leur fortune et leur position à défendre l'ordre, ne songèrent qu'à satisfaire des préventions et des rancunes, firent appel aux passions et recoururent à ces moyens insurrectionnels dont ils font un éternel reproche à leurs adversaires ?

Toutefois, avant de commencer le récit de faits déplorables et de torts réciproques, il est juste de constater : que les troubles occasionnés par le choix ou l'envoi des Commissaires n'eurent lieu que dans un petit nombre de départements, dix seulement; que ces troubles, bien vite apaisés, ne coûtèrent pas une goutte de sang; que l'esprit de conciliation ouvrit aussitôt une heureuse issue à une situation fausse. Et, comme atténuation, n'est-il pas permis d'ajouter que, pour juger sainement, il faut tenir compte de la fièvre de liberté qui s'était emparée de tous les hommes, sans exception, en France et en Europe?

Dans les soixante-seize autres départements, l'habileté, le dévouement, l'esprit d'ordre et d'union des Commissaires, hommes de cœur et d'honneur, appréciés alors, depuis méconnus et calomniés, l'empressement des citoyens riches et pauvres à se grouper autour du pouvoir nouveau, la grandeur du peuple, sa patience dans les souffrances, l'intervention d'une garde nationale formée de tous les citoyens, les efforts des libéraux, l'enthousiasme inspiré par une révolution sans vengeance, firent heureusement traverser, sans lutte funeste, ces jours de transition, et rendirent plus facile l'autorité et plus douce la soumission à la loi.

XXV

Bordeaux avait reçu avec empressement le Commissaire du Gouvernement provisoire, M. Chevallier, ancien membre du comité de la Société *Aide-toi, le ciel t'aidera*. Cet homme, d'excellent esprit et d'habile modération, avait su faire accepter la République à une population qui regrettait la famille d'Orléans, et qui conservait dans sa mémoire et dans ses annales les souvenirs sanglants de la première révolution.

Le 19 mars, sous l'impression des discussions passionnées de la presse parisienne, un bruit circule : « Muni de pleins pouvoirs, un commissaire extraordinaire est arrivé ; et M. Chevallier se retire devant lui. » Aussitôt, sans examen, sans réflexion, les têtes s'exaltent, les rumeurs se propagent, les murmures éclatent. On s'irrite, on crie au proconsul, comme si la Terreur était aux portes. On se rassemble à la Bourse, et l'on court à la préfecture prier M. Chevallier de ne pas donner sa démission et de protester contre l'envoyé inconnu de M. Ledru-Rollin.

Cet envoyé était M. Latrade, choisi précisément par le ministre parmi ceux qui savaient unir la fermeté des principes à la douceur de la forme, la foi profonde à la tolérance raisonnée. A sa venue inattendue, interprétée comme une marque de suspicion, M. Chevallier, cédant à un premier mouvement de mécontentement, avait parlé d'abandonner ses fonctions, sans prévoir les fâcheuses conséquences de ses paroles. De là les bruits, les colères et le concours de la foule devant la préfecture.

M. Chevallier répond avec émotion aux témoignages de sympathie qu'on lui adresse, mais il déclare nettement que, soumis aux ordres du Gouvernement, il veut et doit obéir. M. Latrade, à son tour, s'avance et tente de se faire entendre. Les clameurs, les huées étouffent sa voix. M. Chevallier réclame le silence. Un instant comprimé, le tumulte recommence. Parmi les mille cris qui s'entre-croisent et se mêlent, domine celui de « A bas le dictateur! » Pendant deux heures l'agitation se prolonge, augmente. La nuit vient couvrir cette scène. Les portes de la préfecture sont forcées. La foule, furieuse, envahit les appartements, cherchant partout le Commissaire extraordinaire, et ne se retire que sur l'assurance réitérée de M. Chevallier et du maire de la ville qu'il s'est éloigné de Bordeaux. En effet, pour éviter un malheur, un crime peut-être, M. Latrade avait cru devoir en référer au Gouvernement et se rendre dans le département de la Dordogne, où sa mission l'appelait également.

XXVI

Ainsi, cédant à une impulsion irréfléchie, à des craintes chimériques, à une panique, sans connaître les faits, sans attendre ni proclamation ni explication, des hommes qui estiment l'ordre plus que la liberté avaient lancé la population contre le représentant du pouvoir; ils avaient donné le contagieux exemple de la révolte et de la violence, plaçant le Gouvernement provisoire dans cette alternative de se faire accuser d'oppression s'il sévissait, de faiblesse et d'impuissance s'il fermait les yeux.

La contre-partie ne se fit pas attendre. Une foule nombreuse, réunie par les clubs républicains, se rendit à la préfecture, en cortége, portant des drapeaux, opposant le contraste du silence au tumulte, pour protester contre une manifestation anarchique et contre toute tendance rétrograde ou fédéraliste.

A Paris, l'opinion publique fut douloureusement affectée. La presse réactionnaire se contenta de citer les faits, sans les approuver. Le Gouvernement provisoire envoya sur-le-champ M. Clément Thomas pour dresser une enquête sévère, faire respecter l'autorité centrale, et concilier le devoir de la répression avec les besoins de l'union indispensable à la fondation de la République. M. Clément Thomas sut dignement et heureusement remplir cette mission difficile et délicate.

XXVII

M. Latrade, repoussé de Bordeaux, était attendu par Périgueux avec une vive impatience. Pour régir le département de la Dordogne, le ministre avait adjoint à M. Dusollier, ex-député de la gauche, deux nouveaux commissaires, MM. Numa Dufraisse et Dulac. De là, division, séparation, protestation du conseil municipal et de la garde nationale, qui ne veulent pas les reconnaître; préparatifs des républicains prononcés, qui veulent procéder de force à leur installation! Lutte imminente!

La présence du Commissaire extraordinaire fit suspendre les hostilités. Des députations furent envoyées à Paris pour présenter les réclamations des deux partis. M. Latrade lui-même vint rendre compte de ce qu'il avait vu. Pour mettre un terme au conflit, et d'un commun accord entre les parties, trois autres commissaires,

MM. Chavoix, Lamarque fils et Montaigu, furent chargés de prendre la direction du département; et le calme se rétablit.

XXVIII

A Valence (Drôme), même cause, mêmes effets. L'adjonction de MM. Boveron-Desplaces et Curnier à M. Fournery, qui avait captivé les sympathies générales, soulève la population. Furieuse, elle se précipite (3 avril) dans la cour de la préfecture et envahit les appartements, malgré les efforts de l'autorité et des officiers de la garde nationale. M. Fournery résiste énergiquement; il défend avec chaleur ses collègues, hommes justement considérés, auxquels il déclare s'associer sans réserve. MM. Curnier et Boveron-Desplaces, qui ont refusé leur démission à l'émeute, l'envoient le lendemain à M. Fournery, qui veut se retirer avec eux et qui en réfère au ministre de l'intérieur. Le ministre délègue deux commissaires. Le commissaire général extraordinaire, M. Froussard, se voit obligé, pour motifs graves, de révoquer l'un d'eux, M. N. Chancel. Celui-ci, le 14 avril, suscite des troubles aussitôt comprimés. M. Froussard le fait arrêter, accepte la démission de son collègue, et laisse M. Fournery seul définitivement chargé de présider à l'administration du département.

XXIX

Cette multiplicité de commissaires et de commissaires extraordinaires fit naître d'autres incidents regrettables, mais peu graves.

Ainsi, dans le département de l'Ain, il y eut quelques émotions populaires, causées par des conflits de pouvoir.

Dans le Tarn, à Alby, M. d'Aragon, jeune député du pays, qui pendant les journées de Février avait montré un courage chevaleresque, était venu prendre la direction de la préfecture. Adoré du riche comme du pauvre, son patriotisme sincère, ses rares qualités, son cœur généreux, son âme ardente au bien, son dévouement sans limites, son libéralisme éclairé, lui avaient conquis les suffrages de tous les partis. Il remplissait dignement la fonction qu'il avait acceptée, lorsque, pour prévenir une collision qui eût affaibli l'autorité, il se retira devant M. Joly, nommé à Toulouse Commissaire général de plusieurs départements circonvoisins. Cette conduite loyale fut justement appréciée par ses concitoyens, qui l'élurent, à la presque unanimité, représentant à l'Assemblée constituante.

Comme M. d'Aragon, quelques autres Commissaires des premiers jours se retirèrent sans bruit et sans éclat. Dans le plus grand nombre des départements, les Commissaires extraordinaires eurent le bon esprit de limiter leur mission à une simple inspection ; dès qu'ils avaient la certitude que leur concours était ou devenait inutile, ils s'éloignaient sans persister dans des pouvoirs qui n'avaient en définitive d'autre but que la fondation et la consolidation de la République.

XXX

Un motif bien autrement futile que la multiplicité des Commissaires fit naître à Besançon des troubles beaucoup plus graves.

Sur une simple demande d'armes, une discussion s'élève entre le maire, M. Convers, ancien député, et le commissaire du Gouvernement, M. C. Faivre. Quelques mots d'une proclamation semblent un blâme indirect adressé au maire; le conseil municipal prend fait et cause pour lui. Le club phalanstérien et une fraction du peuple font une démonstration en faveur du Commissaire, qui révoque le conseil municipal et lui substitue une commission administrative provisoire. Le maire et le conseil protestent et se placent dans les rangs de la garde nationale rassemblée, qui, au nombre de deux mille hommes, débouche par trois rues devant la préfecture et l'entoure. L'escadron d'artillerie enfonce les portes et désarme les quatre hommes de faction. Une députation pénètre de vive force dans les salons. Le général Baraguey d'Hilliers, commandant la division militaire, intervient. Après de longs débats, M. Faivre et M. Tisserandot, Commissaire extraordinaire, annulent l'arrêté préfectoral. Mais les exigences vont plus loin : « M. Faivre doit se retirer de la ville et céder ses pouvoirs à M. Tisserandot. » Au lieu de s'éloigner, M. Faivre court à la citadelle. Repoussé par le général, qui craint une collision entre les troupes et la garde nationale, il quitte Besançon. Il est suivi, le

15.

lendemain, par M. Tisserandot, qui va à Dijon en conférer avec M. James Demontry, Commissaire général de la Côte-d'Or, du Doubs et de la Haute-Saône. Le 7 avril, M. James Demontry va prendre la direction de la préfecture, nomme un conseil politique composé de sept citoyens, fait une enquête sur les événements, maintient la dissolution du conseil municipal, destitue le maire, le colonel et le lieutenant-colonel de la garde nationale, institue une commission administrative, et, d'une main ferme et vigoureuse, rend à l'autorité son prestige et sa puissance.

XXXI

A Beauvais, M. Barillon, ancien député, avait été révoqué de ses fonctions de Commissaire du département de l'Oise. En quelques jours on avait appris que sa mission avait été confiée tour à tour à MM. Desormes et Jacquin, puis à MM. Desormes et Martigny-Desroches, enfin et définitivement à MM. Ch. Place, Dairins, Jouvente et Raoul Legout. Ces tâtonnements avaient mécontenté la population, lorsque, le 10, des destitutions de maires et de juges de paix, l'ajournement de l'élection du colonel de la garde nationale et la suspension du président du tribunal civil, soulevèrent un orage. La population envahit la préfecture, et le commandant du poste de la garde nationale refusa obéissance. Heureusement le tumulte s'évanouit devant un sage esprit de conciliation. L'autorité personnelle de M. Place fut respectée; et, pour consolider le calme revenu, MM. Jouvente et Legout donnèrent leur démission de sous-commissaires.

XXXII

L'orage s'était facilement dissipé. Mais à Troyes, le soulèvement contre les Commissaires eut des conséquences déplorables. MM. Labosse, Crevat et Lignier avaient été nommés Commissaires de l'Aube dès les premiers jours. Trois semaines après, M. Lefebvre, notaire, d'abord désigné par le ministre, crut devoir accepter la place de M. Labosse. M. Lignier représentait dans le conseil préfectoral les républicains modérés, MM. Crevat et Lefevbre une nuance plus prononcée. Ces derniers, repoussés par la bourgeoisie, trouvaient un chaleureux appui auprès des ouvriers. De là une irritation perpétuelle et des divisions. M. Lignier, ne voulant pas supporter plus longtemps la responsabilité d'une lutte toujours prête à éclater, se rendit à Paris près du ministre de l'intérieur. A peine s'était-il éloigné, que le malheur prévu et redouté vint fondre sur la ville.

Le dimanche 9 avril, la suspension des élections aux grades de colonel et de lieutenant-colonel de la garde nationale en fut l'occasion ou le prétexte. D'abord une certaine agitation. On parlemente, on convient que ces élections auront lieu le jour même, à deux heures, mais que le scrutin restera ouvert pendant quarante-huit heures. Tout à coup le bruit se répand que les ouvriers veulent s'emparer des canons de la garde nationale. La garde nationale crie aux armes. Les tambours battent la générale. La garde nationale charge la foule. Les ouvriers lancent des pierres. Les Commissaires veulent intervenir. Soins, efforts inutiles! La lutte est engagée. De part et d'autre quelques blessés. M. Crevat, frappé à la tête, est reconduit par la garde nationale plutôt comme un prisonnier que comme le Commissaire du Gouvernement. Enfin l'intervention de quelques citoyens influents parvient à ramener le calme. A huit heures du soir, tout semble rentré dans l'ordre et le silence.

Le lendemain, le calme se maintient jusqu'à trois heures; mais les rumeurs les plus étranges circulent dans les campagnes environnantes. Le tocsin sonne dans tous les villages. Les paysans saisissent toutes les armes qui tombent sous leurs mains : fusils, sabres, faux, fourches, et ils accourent pour défendre la ville, attaquée, dit-on, par les brigands. Les ouvriers se précipitent vainement pour arrêter ce flot qui les déborde. Une collision s'engage. Les ouvriers sont dispersés et laissent plusieurs blessés. La préfecture est entourée par la garde nationale et par les habitants des campagnes, qui continuent à descendre dans la ville. M. Crevat donne sa démission. Le lendemain matin, M. Lignier revient de Paris muni de pleins pouvoirs, tandis que M. Lefebvre se rend auprès du ministre de l'intérieur pour faire le récit des événements douloureux de ces deux journées.

MM. Étienne Arago et Portalis reçurent du Gouvernement provisoire mission d'aller à Troyes sans retard. A leur arrivée, l'ordre était rétabli. M. Lignier avait été accueilli par une sympathie générale. Sous son influence, les ouvriers et la garde nationale avaient fraternisé. M. É. Arago réunit le conseil municipal, reçut les nombreuses députations venues de toutes parts pour lui déclarer que, dans cette rixe déplorable, il n'y avait des deux côtés que des citoyens innocents de toute malveillance contre la République et contre le Gouvernement provisoire. M. É. Arago, convaincu par ces protestations et par ces regrets, annonça dans une proclamation que, « n'ayant reconnu dans les faits aucun sentiment hostile à la République ni au caractère officiel de ses mandataires, il croyait de son devoir de réintégrer d'abord dans leurs fonctions MM. Crevat et Lefebvre, comme n'ayant jamais cessé de les remplir ». Puis il laissa à M. Lignier seul les pouvoirs de commissaire.

XXXIII

M. Étienne Arago avait dit le mot vrai : nulle part les populations n'avaient eu l'intention de porter atteinte au caractère officiel des mandataires du Gouvernement. C'était contre les personnes seules, auxquelles on reprochait des exagérations de principes ou de conduite, c'était contre des prétentions supposées de dictature non autorisée que l'on se soulevait. Nulle part l'obéissance aux Commissaires du Gouvernement, maintenus ou survenants, ne fut un instant contestée. Nulle part d'autres cris que ceux de *Vive la République!* ne furent proférés. C'était toujours au Gouvernement provisoire que l'on faisait appel.

Nous n'entendons pas justifier des actes que nous avons déjà blâmés comme exemples funestes d'anarchie; nous les expliquons.

XXXIV

Par ces nouvelles mesures, le ministre de l'intérieur était bien loin d'obtenir les résultats qu'il désirait. Il donnait une satisfaction apparente à ses partisans, à ses amis; mais son but réel était éloigné. Que voulait-il? fonder la République sur des bases inébranlables, développer les principes révolutionnaires dans l'intérêt du peuple et de la prospérité future de la France. Eh bien, ses modifications, ses choix nouveaux produisaient le même effet, la même sensation que les expressions dictatoriales de sa circulaire. Plus le ministre manifestait l'intention de contraindre, plus l'opinion publique se froissait. Plus il avançait dans cette voie, plus la réaction se prononçait.

La suite de cette histoire démontrera cette vérité jusqu'à l'évidence; et les élections, faites en sens inverse de la pression exercée, en seront la preuve irréfutable.

XXXV

L'erreur du ministre et des républicains qui pensaient comme lui provenait d'une illusion : après l'abolition de la peine de mort, au milieu des libertés de la presse et du droit de réunion, ils croyaient possible d'imposer la Révolution. Ils ne s'apercevaient point que vouloir tout à la fois la pression et le respect de toutes les libertés, c'était tomber dans la contradiction du but et des moyens.

Que la dictature s'établisse; que, par adresse ou par ruse, elle parvienne à concentrer toutes les forces matérielles dans ses mains; qu'elle dresse l'échafaud; qu'elle fusille sur la place publique; que ses agents emprisonnent; qu'ils déportent dans les pays lointains où la fièvre et la nostalgie déciment les exilés; que, dans les villes, dans les campagnes, les opposants soient traqués et massacrés! le dictateur joue son rôle. La liberté est morte; la terreur règne; les suffrages sont imposés; les listes électorales servent aux listes de proscription; ce n'est plus la souveraineté du peuple, ce n'en est qu'un simulacre sanglant.

Mais que des citoyens qui ont fait une révolution au nom du droit de réunion; qui ont rayé la mort de leurs lois politiques; qui exigent le complet affranchissement de la presse par l'abolition du cautionnement et par le retrait des lois sur le timbre; qui appellent les populations aux discussions des clubs; qui applaudissent à toutes les idées grandes et généreuses; qui veulent le suffrage universel, en affirmant qu'il n'est vrai qu'autant qu'il est loyalement appliqué et garanti par la faculté de parler, d'écrire, d'afficher, d'examiner, de choisir; qui nient l'existence de la souveraineté du peuple là où la force contraint; qui demandent l'éloignement de l'armée le jour où la volonté du pays se manifeste; qui se glorifient de fonder une république avec des prisons vides; qui exaltent la maxime qu'il n'y a pas de droit contre le droit; qui protestent qu'en face de la tyrannie l'insurrection est le plus sacré des devoirs; que ces citoyens aspirent à la dictature et s'imaginent gouverner par la terreur sans terreur! il y a là renversement de logique.

A chaque chose sa raison d'être. Celle de la République, c'est la liberté; sa tendance, l'égalité; son but, la fraternité. Ce ne peut donc être l'oppression, la proscription, le massacre, la mort!

XXXVI

Quelques commissaires se laissèrent aller dans cette fausse voie. Ils se créèrent des obstacles continuels, des difficultés insurmontables. Ils voulurent prendre des mesures compressives, et ils n'aboutirent qu'à l'impuissance. Certains même compromirent l'autorité par des paroles fâcheuses et des démarches inopportunes, que les adversaires de la République retournèrent comme des armes contre tous les Commissaires, se refusant à reconnaître la grandeur et la dignité du plus grand nombre, qui suivait une ligne de conduite entièrement opposée.

C'est ainsi que les fautes de huit ou dix hommes peut-être rejaillirent sur tous. C'est ainsi que purent se propager les accusations et les calomnies contre des citoyens qui avaient donné des preuves de dévouement, d'activité, de sagesse, de prudence, d'intelligence, qui avaient mérité l'éloge de tous les partis. Mais les partis savent-ils rendre justice à leurs adversaires?

Et combien cette mission était ingrate et difficile! A aucune époque de notre histoire, la fonction de gouverneur ou de préfet dans les provinces ne fut aussi lourde, aussi dangereuse, et ne fut couronnée d'autant de succès. Laissons parler les résultats et non les préventions.

XXXVII

Les Commissaires avaient à surmonter les mêmes périls que le Gouvernement provisoire, à satisfaire les mêmes besoins, à soulager les mêmes souffrances, à calmer les mêmes soulèvements, à opérer la même conciliation. Le commerce aux abois ne pouvait payer ses échéances; la Banque ne pouvait restituer ses dépôts; le crédit était mort; l'industrie fermait ses ateliers; le numéraire manquait; les ouvriers, sans travail, affamés, parcouraient les villes et les campagnes, quêtant des salaires et du pain. Il fallait tenir tête à tout. Les ordres du Gouvernement central reçus, il fallait les faire accepter et exécuter; répondre à tous les ministres; organiser les Comptoirs d'escompte; créer les Magasins généraux; consolider les banques; trouver du numéraire; constituer des ateliers nationaux; inventer des travaux utiles; concilier les patrons et les ouvriers; faire respecter les propriétés de l'État; recruter l'armée; dresser les listes électorales; correspondre avec tous les maires et tous les fonctionnaires du département; en changer quelques-uns; veiller à la réntrée des impôts; protéger les octrois attaqués et les bureaux des contributions indirectes menacés; s'entendre avec les généraux pour les besoins des soldats, avec la magistrature pour le maintien de la justice; arrêter les vagabonds; comprimer les émeutes; apaiser les irritations; calmer les esprits; administrer enfin.

Que de peines, de soins, d'efforts! Combien de jours sans repos et de nuits passées dans les veilles! Que d'alertes! de préoccupations! de soucis! Et chaque jour la mission devenait plus pénible. Les élections allaient susciter les concurrences, les partis, les passions extrêmes. Les rivalités commençaient à fomenter les haines; les intrigues se croisaient; les ambitions s'agitaient. Jetés au milieu de cette mêlée, les Commissaires avaient à faire face de tous les côtés. Tolérants, on les accusait de faiblesse; énergiques, de violence. S'ils conciliaient, on leur reprochait leurs transactions; s'ils résistaient, leur exclusivisme. Les uns les dénonçaient à l'indignation républicaine des clubs; les autres les traitaient de partisans et de fauteurs de la démagogie.

XXXVIII

En telle occurrence, parmi tant d'événements si compliqués et de passions si heurtées, dans ce chaos des misères, dans ce dédale des idées et des choses, peut-on s'étonner que des hommes, des hommes enfin! se soient laissé entraîner à des actes bizarres, à des mesures étranges, à quelques fautes, lorsqu'ils étaient entourés, excités en tous sens par des citoyens de tous les partis, qui, eux-mêmes, présentaient des milliers de projets plus singuliers, plus fantasques les uns que les autres ?

Des commerçants réclamaient-ils, comme à Paris, la suspension générale des payements! un Commissaire sollicité, pressé, croyant satisfaire à une nécessité, s'imaginant mettre un terme à la crise en la prolongeant, décrétait l'ajournement des échéances à un mois, à deux mois, à trois mois. Des banquiers venaient-ils se plaindre que les dépôts versés depuis longues années étaient réclamés tous simultanément, et qu'ils ne pouvaient y satisfaire immédiatement! un Commissaire décrétait le non-remboursement provisoire des dépôts. Sur les instances des débiteurs, un autre Commissaire ordonnait aux huissiers de suspendre les poursuites. Celui-ci, sur les prières des banques locales, permettait l'émission de leurs billets au delà du chiffre fixé par le Gouvernement et faisait descendre les coupures jusqu'à 25 francs. Celui-là, cédant aux sollicitations d'une ville, se croyait autorisé à changer provisoirement un chef-lieu d'arrondissement. Ailleurs, un travail complet sur les percepteurs était publié sans en avoir référé au ministre des finances. Quelques magistrats, serviteurs connus de la monarchie, étaient suspendus sans l'assentiment du garde des sceaux. Dans un département de l'Ouest, la durée du service militaire était réduite. Enfin, par suite de résistance à des ordres donnés, un Commissaire suspendait des curés et un évêque.

Ces faits étaient peu nombreux, isolés; mais la

presse hostile s'en emparait avec avidité pour en faire ressortir l'étrangeté et les abus.

Un des actes qui surexcitèrent les attaques fut une mesure de M. Emmanuel Arago, prise dans un intérêt de salut public. Pour satisfaire aux dépenses nécessitées par la détresse des ouvriers, il décréta un impôt départemental d'un franc additionnel, affranchissant les cotes au-dessous de 200 francs et créant un jury de taxation chargé de déclarer la part contributive de chaque capitaliste. Il pensait que, ce secours lui permettant de traverser une crise aussi terrible, les contribuables n'auraient qu'à s'applaudir d'un sacrifice indispensable. Le Gouvernement provisoire régularisa cette mesure, en autorisant le département du Rhône à s'imposer une contribution extraordinaire de 55 centimes, en sus des 45 centimes réclamés à la France par décret antérieur.

XXXIX

Cependant les Commissaires avaient été maintes fois prévenus par des instructions, par des lettres, qui avaient suivi et expliqué la circulaire du 12 mars pour en tempérer les effets.

Le ministre de la guerre transmettait (17 mars) aux généraux de division et de brigade un avis sur la nécessité de maintenir l'unité du commandement, et sur le danger d'éparpiller les troupes. — Le *Moniteur* du 16 mars contenait cette note : « Les ministres de la justice et de l'intérieur ont décidé qu'aucune suspension ne sera prononcée à l'avenir, contre la magistrature assise, par les commissaires des départements; ils devront s'adresser d'abord au ministre de l'intérieur, qui en référera au ministre de la justice. » Pour régulariser les faits accomplis, le Gouvernement, sur la proposition du ministre de la justice, approuva (24 mars) les suspensions provisoires. — Le ministre de l'intérieur écrivait (16 mars) aux Commissaires : « Vous ne devez user des pouvoirs illimités que le Gouvernement vous a confiés qu'avec une extrême réserve. Les mesures intéressant l'administration des finances le réclament par-dessus tout. Il importe, pour éviter de porter atteinte aux règles et aux nécessités pratiques qui pourraient compromettre le service public, de ne prendre aucune mesure financière sans vous en être préalablement concerté avec les agents supérieurs des finances, et, dans le cas de désaccord avec eux, d'en référer immédiatement au ministre des finances. »

Nonobstant ces prescriptions, la crise ayant provoqué de nouveau quelques mesures exceptionnelles dans les départements, le ministre des finances présenta (27 mars) au Conseil un rapport sur l'unité du système administratif, financier et commercial de la France. Le Conseil annula toutes les mesures prises par les Commissaires et prescrivit l'assentiment préalable du pouvoir central.

XL

La presse donna son adhésion à ces ordres et à ce décret : ils mettaient un terme à ces abus d'autorité qui suscitaient plus de plaintes que de mal réel.

Le Constitutionnel, l'Union, l'Assemblée nationale, la Presse, etc., relevaient avec soin chaque faute et persistaient à poursuivre ceux qu'ils appelaient les proconsuls de M. Ledru-Rollin : « La France accepte le Gouvernement provisoire, mais elle ne veut pas se soumettre à une dictature éparpillée. Ils frappent des coups d'autorité, vivent d'arbitraire, bouleversent des cités qui n'aspirent qu'au repos, troublent l'ordre qu'ils sont chargés de rétablir, prolongent la crise, prennent des arrêtés contradictoires, renouvellent les états provinciaux en multipliant les lois pour chaque département. Il faut mettre fin à ces excès, à ces débordements. L'indignation la plus vive se répand contre les choix déplorables et les actes révoltants des commissaires envoyés de Paris. On ne veut plus d'agents sans moralité, sans expérience, sans considération. On ne veut plus d'un despotisme sans gloire, ni d'une terreur sans nécessité [1]. »

De ces attaques virulentes naissaient les irritations, les divisions, les haines, les troubles dont nous avons fait le récit.

[1] Journal *la Presse*.

CHAPITRE SIXIÈME.

Lyon : périls; M. Emmanuel Arago à la Croix-Rousse; émeute des ouvriers; contre-manifestation de Lyon : repentir et soumission des ouvriers. — Scènes contre les travailleurs étrangers : à Lyon, Marseille, le Havre, Valenciennes, Tourcoing, la Grandcombe, Chisy, Château-Thierry, Paris; erreur et injustice de cette agitation; protestations des gouvernements étrangers : Angleterre, Suisse; l'aristocratie anglaise bannit les soieries françaises; *l'Atelier* rappelle les ouvriers à la raison; la Commission du Luxembourg les blâme également; le Gouvernement provisoire leur adresse une proclamation. — Mesures du Gouvernement contre l'envahissement des étrangers qui veulent profiter des Ateliers nationaux. — Exaltation des étrangers résidant à Paris, aux nouvelles des insurrections de leurs patries; leurs réclamations près du Gouvernement provisoire; leurs plaintes; leurs appels aux clubs, à la presse; le Conseil leur accorde un premier crédit; les Polonais préparent une pression sur le Gouvernement provisoire, s'il ne leur accorde pas une intervention déclarée; le Conseil consent à un secours d'argent et refuse des armes; paroles justes et vraies de M. Flocon; colloque de M. Lamartine et d'une députation polonaise au ministère des affaires étrangères; les Polonais à l'Hôtel de ville; leurs demandes; réponse de M. Lamartine; enthousiasme; décisions du Gouvernement provisoire; sa politique vraie et habile. — Formation d'une légion allemande; elle quitte Paris; alarmes en Allemagne; plaintes; note du Gouvernement provisoire; note et proclamation de la légion. — Instances des démocrates belges résidant à Paris pour obtenir l'intervention française en faveur d'une république belge; ils s'organisent en légion; publicité de leurs projets, de leurs préparatifs; MM. Ledru-Rollin, Caussidière, Marrast; paroles de M. Ledru-Rollin à M. Caussidière et aux Français qui doivent accompagner la colonne belge; précautions de M. Delescluze; une partie de la première colonne rétrograde; ceux qui arrivent en Belgique sont repatriés dans leur résidence; quelques-uns sont arrêtés; deuxième colonne; arrivée à Séclin; mesures du Commissaire et du général Négrier; attribution d'armes et de munitions faussée; rapport et avis du général Négrier au ministre de la guerre et à M. Lamartine; dépêche précise du ministre; réponse de M. Lamartine : le Gouvernement est opposé à une intervention armée; ordres conformes du général Négrier; indécision de M. Delescluze; il demande une réponse formelle au ministre de l'intérieur; quiproquo de l'employé du télégraphe; M. Delescluze laisse faire; les Belges quittent Séclin et pénètrent sur le territoire belge; affaire de Risquons-tout; soulèvement de l'opinion publique belge contre la France; le ministre des affaires étrangères ramène le calme; loyauté du Gouvernement provisoire.—Émotion de la Savoie à la Révolution de Février; ses désirs d'annexion à la France; ses manifestations; députation à l'Hôtel de ville; réponse de M. Lamartine; réunion des Savoisiens de Lyon; ils demandent des armes; M. Em. Arago refuse et leur démontre l'inopportunité de leur tentative; ils persistent et partent pour aller proclamer la République dans leur patrie; rumeurs et craintes à Chambéry; fuite des autorités sardes; marche des Savoisiens; entrée pacifique à Chambéry; mesures violentes; réaction et colère des habitants; bataille; défaite des volontaires; réinstallation des autorités sardes; générosité des vainqueurs; le gouvernement sarde s'émeut de cette expédition; il s'adresse au Gouvernement français; explications et entente; amnistie complète; cette tentative a affaibli les sympathies de la Savoie pour la France. — Inquiétudes et attente des gouvernements étrangers : Angleterre : réponse du Gouvernement provisoire à la députation irlandaise; politique loyale; Italie : offre de l'épée de la France contre l'Autriche; refus de Charles-Albert et de Mazzini; la République n'en continue pas moins ses préparatifs d'intervention au premier appel de l'Italie; Russie : mot du czar; ton belliqueux du journal et du langage officiels. — Conseil du 29 mars : exposé présenté par le ministre des affaires étrangères; il conclut au maintien de la politique extérieure; les membres de la Commission de défense sont introduits; M. Lamartine demande l'augmentation de l'armée; difficulté d'y satisfaire; décisions. — Mesures de guerre. — Armée des Alpes; choix des généraux. — Conduite du Gouvernement provisoire envers l'armée; actes d'insubordination; proclamations; punitions; mises à la retraite d'officiers généraux.—Le général Subervie passe du ministère de la guerre à la Chancellerie d'honneur; sa succession est offerte au général Cavaignac; refus; l'intérim est confié à M. François Arago; M. Charras, sous-secrétaire d'État.

I

Si, dans les quelques villes où surgirent des troubles, il n'y eut que des émotions passagères qui disparurent avec leurs causes, à Lyon le feu couvait et l'incendie était près d'éclater. Aussi M. Arago, membre du Gouvernement provisoire, voyant son fils Emmanuel en butte aux périls d'une situation presque désespérée et aux indignes outrages d'une polémique sans réserve, réclamait sans cesse son remplacement, et ne cédait qu'à regret et par dévouement aux instances de ses collègues.

Tant que les caisses de la ville purent fournir l'argent nécessaire à la paye des Ateliers nationaux, à la distribution des secours, au soulagement de la misère, le Commissaire, le maire et les comités divers triomphèrent des obstacles. Mais, dès que les ressources furent épuisées, une conflagration terrible et sanglante parut inévitable. Il faut lire les dépêches adressées, à toute heure, par courriers ordinaires et extraordinaires, par télégraphe, au ministre de l'intérieur, au ministre des finances et au Gouvernement provisoire, pour se faire une idée de cette épouvantable crise. C'étaient des accents de douleur, des cris de détresse poussés par des hommes de cœur, qui voulaient épargner les horreurs de la guerre civile à une ville dont la population perdait dans les souffrances le peu de raison qui lui restait.

Le ministre des finances, persuadé qu'il fallait raviver le travail par le crédit, s'empressa d'envoyer cinq cent mille francs pour la création d'un comptoir d'escompte. Mais ce n'était pas le crédit qui manquait, c'était l'argent! Aussi le Commissaire et les membres des comités se crurent-ils autorisés par l'intérêt public à faire un virement de fonds. C'était contraire aux règlements, salutaire à la ville! La régularisation se fit plus tard.

II

Le 15 mars, les ouvriers avaient abandonné une partie des forts (qu'ils reprirent le 19), sans cesser de conserver à la Croix-Rousse les canons des Bernardines, qui, dirigés sur la ville, tenaient les habitants dans la perplexité et dans l'irritation. Vingt fois des négociations avaient été entamées et rompues. Commerçants, propriétaires, bourgeois, exaltés par cette menace continuellement suspendue sur eux, parlaient de donner l'assaut. Les généraux proposaient d'enlever la position à la baïonnette. M. Emmanuel Arago tenta une nouvelle démarche de conciliation.

Il prévint de sa visite M. Chaney, maire de la Croix-Rousse, afin qu'il convoquât le conseil communal, les commandants des postes et les ouvriers les plus influents, et il se rendit au lieu convenu (25 mars), accompagné seulement de M. Émile Laforest, frère du maire, l'un de ces hommes rares par leur courage, leur mérite et leur patriotisme. Après quatre heures de discussions animées, il avait obtenu que la remise des forts se ferait le dimanche suivant, au milieu d'une grande fête populaire, où la troupe, les ouvriers et la garde nationale fraterniseraient, lorsqu'en se retirant il se trouve entouré d'une foule incandescente et séparé des personnes qui le reconduisaient. Les grilles se ferment, les têtes s'exaltent, les fusils sont dirigés sur lui. M. Em. Arago fait face au péril. Il impose le silence. Ses paroles pénètrent les esprits, portent la conviction.

Les membres de la réunion surviennent et achèvent l'œuvre. Les portes s'ouvrent. — Il ne reste aux ouvriers que le regret de s'être laissé entraîner à une scène de violence contre un homme qu'ils honorent.

Réparation était due aux représentants de l'autorité. Les habitants de Lyon protestèrent par une contre-manifestation. La garde nationale et les troupes se réunirent. Leur défilé dura trois heures. Vers la fin on vit accourir les ouvriers de la Croix-Rousse, qui venaient témoigner leur repentir et faire leur soumission, se promettant de ne plus prêter l'oreille aux faux bruits répandus à dessein par les passions ennemies.

III

Sur cet océan de tempêtes, les protestations de la veille étaient emportées par l'orage du lendemain. La scène du 25 mars était encore palpitante dans les âmes, quand, les 26, 27 et 28, se mirent à circuler dans la ville des bandes de travailleurs, qui se présentaient partout où l'on employait des étrangers, et qui, d'un ton impérieux et menaçant, exigeaient leur expulsion. L'autorité fit un appel à la concorde avec les autres peuples, et réprima ces nouveaux troubles.

IV

Ces manifestations hostiles aux travailleurs étrangers se produisaient presque partout.

Marseille, qui ouvre ses foyers protecteurs aux négociants de toutes les nations, reçoit dans son port, dans ses usines, des matelots et des ouvriers de tous pays. Les ouvriers de la ville, voyant se raréfier le travail, c'est-à-dire le pain de leur famille, s'agitèrent pour obtenir par la force l'éloignement d'une concurrence qui réduisait leur part. Le commissaire du Gouvernement, M. Émile Ollivier, jeune homme d'avenir et de talent, et le maire, M. Barthélemy, qui remplissait sa difficile fonction avec courage et intelligence, unirent leurs efforts pour pacifier ces émeutes du travail en lutte avec la faim.

Au Havre, des collisions fâcheuses obligèrent les ouvriers anglais à s'éloigner.

A Valenciennes, dans les mines et dans les usines de l'arrondissement, les travailleurs français se soulevèrent pour obtenir le renvoi des Belges. — A Tourcoing, il fallut le renfort de deux cents hommes de la ligne pour aider la garde nationale à réprimer les désordres.

Aux mines de la Grandcombe, les Piémontais furent traqués et pourchassés à travers les montagnes par deux mille ouvriers mineurs.

A Chisy, près de Château-Thierry, deux cents ouvriers, armés de pioches et de bâtons, forcèrent les Belges et les Piémontais à quitter les chantiers du chemin de fer. Partout mêmes causes, mêmes luttes, mêmes scènes déplorables !

A Paris, le 2 avril, une démonstration affligeante parcourt les rues et les boulevards. Des colonnes de citoyens font entendre ces cris farouches : « A bas les Savoyards ! qu'on chasse les étrangers ! » Des affiches convoquent le peuple sur la place de la Bourse. Les signataires, porteurs de drapeaux, excitent ces haines et provoquent aux hostilités. Le peuple sait étouffer bien vite ces tentatives; il disperse les agitateurs.

V

Plus préoccupés de leur existence que des lois de l'économie politique, les ouvriers français ne voyaient que leurs souffrances, augmentées par la concurrence du travail, sans penser que la consommation et la production rendent tous les habitants de la terre tributaires les uns des autres, et établissent une véritable communauté d'intérêts, une solidarité réelle entre toutes les nations. Ils ne calculaient pas qu'un nombre égal de Français étaient occupés dans les pays étrangers, et que, si par réciprocité ces pays voulaient les exclure, ces Français rapporteraient une concurrence plus redoutable encore.

Déjà il était question de justes représailles. La Grande-Bretagne s'indignait de l'outrage fait à ses fils, et l'ambassadeur protestait. La reine et l'aristocratie avaient résolu, pour faire justice de ces violences exclusives, de bannir de la mode les soieries françaises. — Une députation suisse vint réclamer l'intervention du Gouvernement provisoire contre ces actes funestes aux bonnes relations des deux peuples.

VI

Des ouvriers se chargèrent de rappeler les ouvriers à la raison et de s'élever contre ces proscriptions insensées. Les rédacteurs de *l'Atelier* adressèrent à leurs camarades ces exhortations remplies de sagesse et de dignité : « Certes, nous souffrons, autant que quiconque, du manque de travail et du trop grand nombre de bras; mais mieux vaut souffrir encore quelque temps que de compromettre notre belle Révolution par des expulsions qui font mentir notre devise. Il faut que ces ignobles sentiments soient refoulés. — Quoi ! tandis qu'un grand nombre d'ouvriers s'imposent des privations afin d'offrir au Gouvernement le prix d'une ou de plusieurs journées de travail, d'autres ouvriers viendront faire tache au tableau, les uns par de sauvages demandes d'expulsion, les autres par des exigences non moins brutales, non moins compromettantes!... Qui ne sait pas attendre et souffrir dans les circonstances si graves où nous sommes n'est pas digne du titre de républicain..... »

La Commission du Luxembourg s'émut également; elle chargea M. Louis Blanc de transmettre ses sentiments au Conseil. Le Gouvernement provisoire publia cette proclamation.

AU NOM DU PEUPLE FRANÇAIS.

« Sur la proposition de la Commission de gouvernement pour les travailleurs :

» Considérant que le principe inauguré par la République triomphante est le principe de la fraternité;

» Que nous venons de combattre, de vaincre au nom et pour le compte de l'humanité tout entière;

» Que ce seul titre d'homme a quelque chose d'inviolable et d'auguste, que ne saurait effacer la différence des patries;

» Que c'est d'ailleurs l'originalité glorieuse de la France, son génie, son devoir, de faire bénir par tous les peuples ses victoires, et, quand il le faut, ses douleurs mêmes;

» Considérant que, si elle nourrit en ce moment beaucoup d'étrangers, un nombre bien plus grand encore de nationaux vivent de leur travail en Angleterre, en Allemagne, en Suisse, en Amérique, sous les cieux les plus éloignés;

» Que provoquer des représailles en repoussant loin de nous nos frères des autres pays serait une calamité en même temps qu'un déshonneur;

» Le Gouvernement provisoire place sous la sauvegarde des travailleurs français les travailleurs étrangers qu'emploie la France, et il confie l'honneur de la République hospitalière à la générosité du peuple. »

VII

Tout en invoquant la générosité du peuple et les vrais principes qui relient les nations entre elles, pour faire respecter les ouvriers étrangers venus en France avant les journées de Février, le Gouvernement provisoire prenait d'équitables mesures pour empêcher leur nombre d'augmenter indéfiniment.

Les contrées voisines avaient souffert de la disette des années 1846 et 1847; la crise financière et industrielle laissait, en Belgique, en Hollande, en Allemagne, une population affamée, errante, implorer vainement un travail qui fuyait de ses mains. Dès que le bruit se répandit qu'en France des ateliers nationaux étaient ouverts, des masses se disposèrent à s'y rendre.

Autorisé par le ministre de l'intérieur, le préfet de police dut prendre des dispositions spéciales, afin de réserver aux nationaux les salaires et les travaux créés en vue des circonstances : il défendit l'entrée du territoire aux bandes de gens sans aveu, dont la présence eût été une charge pour les communes et un sujet d'inquiétude pour les populations. Il dut aussi favoriser le départ des ouvriers que l'amour national rappelait dans leurs patries.

VIII

L'écroulement de la vieille société, le renouvellement de la face des États, les élèvements des peuples, l'ébranlement des trônes, le retentissement des cris de liberté et d'émancipation d'une extrémité de l'Europe à l'autre, ces résultats imprévus, inespérés, de la Révolution de Février, réagissaient au foyer même d'où ils s'étaient élancés sur le monde.

Apportées par chaque courrier, les nouvelles des insurrections de Milan, de Berlin, de Vienne, des États d'Italie et d'Allemagne, exaltaient les étrangers résidant à Paris, Allemands, Polonais, Hongrois, Italiens, Belges, qui se glorifiaient d'avoir pris une part plus ou moins active aux journées de Février. Chaque cri d'indépendance leur paraissait un appel; chaque lutte, un reproche à leur inaction; chaque goutte de sang versé pour la conquête de leurs droits, une accusation contre leur courage; chaque triomphe, un tort fait à leur gloire. Ils se sentaient brisés de regrets, dévorés de désirs, brûlés d'amour pour la patrie absente! Les exilés surtout, nobles victimes de tentatives malheureuses, qui avaient donné fortune, repos, bonheur, à l'affranchissement de leur pays, se désespéraient de ne point partager les efforts couronnés de succès et les périls qui restaient à courir.

Aussi voyait-on cette foule d'étrangers, population de 15 à 20 000 personnes, circuler en tous lieux, participer à toutes les manifestations, entrer dans toutes les réunions, se mêler à tous les incidents de la Révolution. Ils communiquaient partout le feu qui les embrasait; ils poussaient, sans le vouloir et sans le savoir, leur fiévreuse activité jusqu'à la turbulence et leurs passions jusqu'à la révolte.

Chaque nationalité avait son club : Club démocratique allemand, Réunion des ouvriers allemands, Association italienne, Association générale des Belges. Les Polonais se groupaient sous diverses appellations. Les Irlandais, les Grecs, les Moldaves, les Savoisiens, etc., avaient leurs sociétés.

Tous étaient accourus à l'Hôtel de ville pour adresser au peuple français des témoignages de sympathie, en des termes dont la grandeur des circonstances justifiait l'exaltation. « Salut à toi! » disaient les Allemands. « Peuple français! à toi notre reconnaissance!... Sous ton souffle puissant, l'étincelle de la liberté est devenue une flamme dont la clarté et la chaleur pénétreront jusque dans la chaumière la plus reculée. La voix du peuple a parlé aux peuples ; et les peuples saluent avec joie l'avenir que tu leur as dévoilé... Les idées de la nouvelle République française sont à la fois les idées de toutes les nations ; et le peuple français a la gloire immortelle de leur avoir donné par sa révolution la sanction du fait... Oui, partout en Europe, les idées démocratiques s'éveillent ; partout des millions d'hommes sont prêts à vivre, à mourir pour elles... »

A ce langage on peut juger de leurs convictions.

Après le tribut d'enthousiasme venaient les réclamations d'intervention. Invoquant les principes de la fraternité et de la solidarité des peuples, ils exigeaient du Gouvernement provisoire des armes et de l'argent pour faciliter leur rentrée dans la patrie. Ils s'organisaient en bataillons, en légions, choisissaient leurs capitaines, et poursuivaient de leurs instances incessantes les membres du Conseil, à l'Hôtel de ville, aux ministères des affaires étrangères et de l'intérieur, à la préfecture de police. Dans leur impatience, ils imploraient, accusaient, menaçaient. Pour arracher du Gouvernement ce qu'ils voulaient, ils allaient exhaler leurs plaintes dans les clubs les plus prononcés. M. Bornstedt, délégué des Allemands, demandait à la société des Droits de l'homme aide et assistance, puisque le Gouvernement provisoire les repoussait : « Le tocsin de 1848 a réveillé toute l'Allemagne. La France ne peut laisser égorger des peuples qui se sont levés à sa puissante voix. Et cependant la réponse obtenue se résume en cette maxime égoïste : Chacun chez soi, chacun pour soi ! » Cherchant ainsi à soulever le club, le délégué obtenait d'un orateur cet assentiment menaçant : « Il serait du devoir des vrais républicains de forcer la main au Gouvernement. »

Ils faisaient afficher sur les murs et publier dans la presse des adresses brûlantes : des Polonais aux Allemands, des Allemands aux Polonais, aux Suisses, aux Belges, etc., aux chefs de la garde nationale, aux présidents des clubs, aux journalistes.'

IX

Dans le Conseil du 24 mars, le Gouvernement provisoire délibéra longuement sur ces réclamations et sur la politique à suivre. A l'unanimité il vota un premier crédit de 60 000 francs à partager, comme étapes de route jusqu'à Strasbourg, entre ceux qui voudraient retourner dans leur patrie; mais les armes seraient refusées. M. Flocon, qui connaissait personnellement les chefs les plus influents, offrit de leur transmettre cette résolution et de leur distribuer les secours accordés.

X

Le lendemain, le ministre de l'intérieur prévint le Conseil que les Polonais, malgré l'opposition de leur Association démocratique, préparaient une pression sur le Gouvernement. La nouvelle de l'insurrection de la Pologne entière et le faux bruit d'une bataille dans Varsovie poussaient leur exaltation jusqu'au délire. Les secours ne leur suffisaient plus : ils exigeaient une intervention déclarée.

Dès le 2 mars, sur leur demande, avait été décrétée la création d'une légion polonaise placée sous les ordres du ministère. Les Polonais, divisés en cinq ou six fractions, n'avaient pu s'entendre; et les cadres de cette légion n'avaient pu se remplir. Le Gouvernement n'en avait pas moins fait preuve d'une profonde sympathie. Devait-il aller plus loin et déclarer la guerre à l'Allemagne et à la Russie? Telle était la question posée par le fait dans le Conseil du 25 mars, où furent admis M. Vavin, membre de tous les comités qui avaient étudié les intérêts de la Pologne, et le général Dwernicki, un des plus illustres officiers de cette nation.

Dans toutes les capitales de l'Allemagne, le peuple avait brisé ses chaînes et reconquis ses droits. Imposer notre intervention à cette Allemagne révolutionnée à notre exemple, c'était lui faire supposer de notre part des projets de conquêtes, la soulever contre nous, et opérer une diversion favorable aux rois et aux princes par l'anéantissement de notre influence morale. Cette politique eût été insensée. La seule chose praticable, en attendant le jour où les nations nous appelleraient à leur aide, était un secours d'argent : le Gouvernement le concéda avec empressement; l'Allemagne, sympathique alors à la Pologne, fournirait les armes. Le Conseil fut unanime.

Cependant on parla de la manifestation projetée. On se plaignit vivement de ce que les Polonais s'apprêtaient à répondre ainsi aux bienfaits et à l'hospitalité de la France. M. Flocon ajouta : « Nous recevrons toujours avec satisfaction les députations des étrangers; mais nous n'aimons pas leurs démonstrations sur les places publiques, parce qu'elles nous troublent. »

Personne plus que M. Flocon ne désirait l'émancipation des peuples et la résurrection de la Pologne. Il leur eût donné son sang. Mais il parlait en homme d'État; il sentait que le gouvernement qui se laisse entraîner à une intervention intempestive par une pression étrangère n'est plus digne de diriger les destinées d'une grande nation. Et c'était là ce que voulaient tenter les Polonais !

XI

Le même jour, à son retour du Conseil, M. Lamartine trouva dans les salons de son ministère une nombreuse députation des divers comités polonais réunis pour cette solennelle démarche. Nous empruntons à Lamartine le récit de cette entrevue :

« Les Polonais se rangèrent en deux groupes en face du ministre, dans le cabinet des affaires étrangères. Un de leurs orateurs parla un langage convenable, quoique trop impérieux pour une colonie d'étrangers. Lamartine allait répondre avec les égards dus à l'expatriation et au malheur, quand des cris partis de l'autre groupe protestèrent contre la modération du premier.

» Un autre orateur, sortant avec des gesticulations frénétiques du cercle des mécontents, apostropha insolemment le ministre et la nation dans sa personne. Il fit un discours séditieux dans lequel il finit par annoncer à Lamartine que les Polonais étaient plus maîtres que lui dans Paris; qu'ils compteraient avec le Gouvernement lui-même; qu'ils avaient quarante mille hommes des Ateliers nationaux enrôlés pour se joindre à eux le lendemain et pour marcher ensemble sur l'Hôtel de ville; et que si le Gouvernement ne leur cédait pas, ils étaient assez forts pour le renverser et le changer.

» A ces mots, à ces menaces, à ces insultes à la liberté du Gouvernement et à la dignité de la nation, Lamartine irrité accepta le défi et finit par leur dire que, si la France laissait renverser son Gouvernement par une poignée d'étrangers qui lui feraient la loi chez elle, c'est que la France serait descendue au-dessous des nations sans patrie.

» La querelle s'animait, les paroles étaient vives, les visages ardents; le premier groupe essaya de faire entendre raison au second sans pouvoir y parvenir. A la fin, les hommes sages de la nation qui se trouvaient là en majorité s'interposèrent, calmèrent l'orateur factieux, et finirent par lui arracher des excuses. On s'ajourna au lendemain à l'Hôtel de ville. Le ministre en les congédiant leur dit que si leur députation dégénérait en manifestation, et s'ils amenaient à leur suite un seul Français, il ne les traiterait plus en hôtes, mais en perturbateurs de la France. »

XII

Le lendemain, les Polonais se présentèrent à l'Hôtel de ville en colonnes nombreuses, mais dans une attitude calme et convenable. M. Godebski, au nom de la députation, remercia la France de l'hospitalité accordée à leur infortune; il exprima l'espoir que le Gouvernement saurait concilier les exigences du sentiment national avec les difficultés de la position : « L'heure de la Pologne était sonnée; les exilés devaient concourir à son affranchissement; ils demandaient qu'on les aidât à accomplir leur devoir de soldats. »

Lamartine répondit au nom du Gouvernement provisoire : « ..... Depuis vos derniers désastres, depuis que l'épée a effacé de la carte des nations ces dernières protestations de votre existence comme vestige et comme germe d'une nation, la Pologne n'a pas été seulement un reproche, elle a été un remords vivant debout au milieu de l'Europe. La France ne vous doit pas seulement des vœux et des larmes, elle vous doit un appui moral et éventuel en retour de ce sang polonais que vous avez versé pendant nos grandes guerres sur tous les champs de bataille de l'Europe. (Applaudissements.)

» La France vous rendra ce qu'elle vous doit, soyez-en sûrs, et rapportez-vous-en au cœur de trente-six millions de Français. Seulement, laissez à la France ce qui lui appartient exclusivement : l'heure, le moment, la forme dont la Providence déterminera le choix et la convenance pour vous rendre, sans agression et sans effusion de sang humain, la place qui vous est due au soleil et dans le catalogue des peuples.

» ..... Les nations germaniques travaillent en ce moment à modifier d'elles-mêmes leur système intérieur de confédération, et à créer l'unité et le droit des peuples qui ont une place à leur revendiquer dans son sein.

Il faudrait être insensé ou traître à la liberté du monde pour les troubler dans ce travail par des démonstrations de guerre, et pour changer en hostilités, en susceptibilité ou en haine la tendance libératrice qui les pousse de cœur vers nous et vers vous!

» Et quel moment nous demandez-vous de choisir pour ce contre-sens du droit de la politique et de la liberté? Est-ce que le traité de Pilnitz se trame par hasard contre nous? Est-ce que la coalition des souverains absolus se noue et s'arme sur nos frontières et sur les vôtres? Non, vous le voyez; chaque courrier nous apporte une acclamation victorieuse des peuples qui se scellent dans notre principe et qui fortifient notre cause précisément parce que nous avons déclaré que ce principe était le respect du droit, des volontés, des formes des gouvernements, du territoire de tous les peuples. Les résultats extérieurs de la politique du Gouvernement provisoire sont-ils donc si mauvais, qu'il faille le contraindre violemment à en changer et à nous présenter sur les frontières de nos voisins la baïonnette à la main, au lieu de la liberté et de la paix à la main?

» Non, cette politique à la fois ferme et pacifique réussit trop bien à la République pour qu'elle veuille la changer avant l'heure où les puissances la changeront elles-mêmes. Regardez la Belgique! regardez la Suisse! regardez l'Italie! regardez l'Allemagne méridionale tout entière! regardez Vienne! regardez Berlin! Que vous faut-il de plus? Les possesseurs eux-mêmes de vos territoires vous ouvrent la route vers votre patrie, et vous appellent à en reconstituer pacifiquement les premières assises. Ne soyez injustes ni envers Dieu, ni envers la République, ni envers nous. Les nations sympathiques de l'Allemagne, le roi de Prusse ouvrant les portes de ses citadelles à vos martyrs, à vos exilés, Cracovie affranchie, le grand-duché de Posen redevenu polonais, voilà les armes que nous vous avons données en un mois de politique!

» Ne nous en demandez pas d'autres.

» Trente jours ont déjà donné à la cause de la démocratie française plus de terrain que trente batailles rangées, et ne troublez, ni par les armes ni par une agitation qui retomberait sur notre cause commune, l'œuvre que la Providence accomplit sans autres armes que les idées, pour la régénération des peuples et pour la fraternité du genre humain. » (*Bravo! Vive la République!*)

Un Polonais s'approche et dit : « Nous partirons! et nous partirons sans armes! » Un autre prend les mains de M. Lamartine et lui demande pardon de quelques expressions un peu vives échappées la veille à l'impatience de son patriotisme. M. de Lamartine lui serre cordialement la main et lui répond : « Ne parlons plus de ce mot, le patriotisme porte sa justification avec lui. Je ne m'en souviens plus, et la France ne se souvient que de son amour pour la Pologne! »

Le *Moniteur* achève ainsi ce récit : « La députation se retire aux cris de *Vive la République!* Une vive animation règne sur la place de l'Hôtel-de-Ville; et la colonne se remet en marche aux acclamations du peuple. »

La journée s'était heureusement passée sans troubles. Les Polonais avaient compris que servir de prétexte à une émeute, créer des obstacles aux élus du peuple, susciter des déchirements intérieurs à la République, c'était un véritable suicide.

XIII

Dans le Conseil du 27, le Gouvernement décida qu'il serait remis d'avance aux Polonais, à titre de secours, un trimestre de leur subvention, environ 150 000 francs, qu'ils se rendraient en Allemagne par groupes détachés, que la nation française prendrait à sa charge les femmes et les enfants restés en France, et leur assurerait aide et protection.

XIV

L'histoire va maintenant nous apprendre combien le Gouvernement provisoire, résistant ainsi à ses propres désirs, eut raison de ne concéder aux étrangers qui voulaient se repatrier que les moyens de retour et non des armes. On verra qu'une politique contraire eût produit les conséquences les plus opposées à ses vues, en arrêtant le mouvement de l'Allemagne et de la Pologne vers la régénération, et en suscitant une réaction défavorable à l'influence morale de la République française.

XV

Sur les six mille Allemands qui s'étaient réunis aux Champs-Élysées le 18 mars, deux mille avaient formé une légion divisée en quatre bataillons. Le 24 et le 30, trois détachements de cinq cents hommes chacun étaient partis en ordre, drapeaux (rouge, noir et or) déployés, mais sans armes, accompagnés par un nombreux cortége de Polonais, de Belges, d'Italiens et de Français. Leurs chefs, MM. G. Herwegh, H. Boernstein et Bornstedt, devaient les suivre avec le dernier bataillon.

M. Flocon était parvenu à leur faire comprendre que l'Allemagne affranchie leur remettrait les armes que la France ne pouvait leur accorder. Le ministre de la guerre avait donné ordre aux frontières de ne laisser passer aucun détachement armé.

Malgré l'extrême réserve du Gouvernement français, dès que l'on apprit en Allemagne le départ de cette légion, ce fut une alarme générale : « Pourquoi ce retour en cohortes rangées? Les frontières ne sont-elles pas ouvertes? Le despotisme qui les fermait n'est-il pas tombé? Que veulent-ils, que prétendent-ils, avec cet appareil de guerre? Viennent-ils, avant-coureurs d'une armée française, nous imposer une volonté qui n'est pas la nôtre? Sont-ils libres ou soudoyés? Sont-ils des compatriotes ou des ennemis? Compatriotes! qu'ils rentrent au milieu de nous, chacun dans ses foyers, faisant cause commune avec nous. Ennemis! nous les repoussons comme traîtres à la patrie et à la liberté que nous avons su reconquérir sans eux. » Enfin la sensation fut telle que le Gouvernement français se vit obligé d'insérer au *Moniteur* cette note :

« Une sorte de panique s'est répandue en Allemagne. On dit partout, de l'autre côté du Rhin, qu'on organise à Paris une armée d'ouvriers allemands pour révolutionner leur pays. On fait monter leur nombre à des chiffres fabuleux. Il n'est question de rien moins que de soixante mille hommes armés en guerre, et marchant par étapes de Paris à Strasbourg et à Metz, le drapeau tricolore en tête et la *Marseillaise* à la bouche. Les gouvernements se sont émus de cette propagande républicaine qui menaçait leurs trônes; les propriétaires ne sont pas moins effrayés de ce qu'ils regardaient comme une invasion du communisme. En Bavière, en Wurtemberg, dans le duché de Bade, on s'est armé; et on assure que l'enthousiasme pour la Révolution française s'est fort attiédi depuis ces nouvelles. Elles sont fausses cependant..... Que l'Allemagne se rassure! La France ne veut pas de conquête matérielle ni de propagande à main armée. L'influence de ses idées sur le monde a plus de puissance que les baïonnettes; un mois de miracles tels que ceux que nous avons vus le prouve assez; et si les peuples en veulent davantage, il n'est pas besoin de le leur faire vouloir par force. »

Ainsi les Allemands qui, rentrés individuellement dans leur patrie, eussent été accueillis comme des frères, devenaient pour leurs concitoyens un objet de terreur, par cette seule raison qu'ils passaient pour être organisés, armés et soldés par la France. Cantonnés sur le Rhin, ils ne tardèrent pas à connaître la répulsion et la peur qu'ils inspiraient, et, pour justifier leur conduite et leurs intentions, ils durent publier une note et une proclamation.

A peine aux prises avec les faits, ils étaient contraints de reconnaître la vérité et la justesse de la politique du Gouvernement provisoire, de l'invoquer et de la pratiquer.

Si la seule présence de quelques cohortes sur les bords du Rhin soulevait de semblables craintes et une telle réaction parmi des peuples en pleine révolution, que serait-il donc advenu si la France eût voulu intervenir elle-même dans les destinées de l'Allemagne ?

XVI

Il semblait aux Belges, témoins à Paris des journées de Février, que la Belgique, attirée par l'enthousiasme dans la sphère de la France, devait acclamer la République. Si le gouvernement constitutionnel et libéral du roi Léopold, sa sagesse, son indifférence pour la couronne, et des concessions immédiates, avaient désarmé la Révolution, ils pensaient qu'il suffirait de leur présence pour donner le signal impatiemment attendu et renverser un trône ébranlé. Aussi ne cessaient-ils d'assiéger de leurs instances la mairie de Paris, le ministère de l'intérieur et la préfecture de police, qui distribuaient des secours aux plus nécessiteux. Organisés en légion, sous la présidence d'un commerçant en vins, M. Blervacq, et d'un ancien officier au service de la Belgique,

M. Fosses, ils promenaient leurs drapeaux à travers Paris, et affichaient hautement leurs vœux et leurs prétentions. Le 21, ils se présentaient en députation à l'Hôtel de ville, et réclamaient à mots couverts une intervention de la France. Ils annonçaient dans la presse une réunion de l'Association des démocrates belges, chez leur président, rue Ménilmontant, n° 94, à l'effet de fixer le jour du départ.

Rien ne manquait à la publicité. Le ministre belge à Paris et son gouvernement pouvaient lire dans les journaux ces déclarations, ces avis, ces projets, ces préparatifs, et agir en conséquence.

XVII

L'idée d'une république fondée en Belgique souriait à la politique du ministère de l'intérieur, de la préfecture de police et de la mairie de Paris. Mais intervenir sans être appelé par la nation était contraire au manifeste du Gouvernement. M. Ledru-Rollin le désirait, et sentait qu'il ne le devait pas. M. Caussidière le voulait, et n'osait pas. Le maire de Paris consultait le ministre des affaires étrangères, qui répondait par le refus du Gouvernement. Le préfet de police proposait au ministre de l'intérieur d'adjoindre à cette expédition les anciens gardes municipaux, troupe d'élite. Le ministre répliquait officiellement : « Le Gouvernement français ne s'engagera dans aucune démarche de nature à inquiéter la Belgique, avec laquelle on est en bonnes relations; il accordera seulement le transport gratuit aux

Belges qui voudront rentrer dans leur pays, mais sans intervenir autrement dans leurs affaires. » Il disait officieusement à ceux qui devaient accompagner la colonne, MM. Lefrançois, Dolisie, Viot, Tiffly, Deron, élèves de l'École polytechnique, et Pardo jeune, docteur en médecine : « Si, comme homme, j'approuve cette expédition, comme ministre je ne puis y prendre part. » Il leur remettait un peu d'argent, quinze cents francs, et une lettre pour M. Delescluze, Commissaire du département du Nord.

XVIII

Le 24 au soir, huit cents Belges, les plus impatients, se présentent au chemin de fer du Nord, sans armes, quelques-uns accompagnés de leurs femmes et de leurs enfants. Par ordre du préfet de police, M. Mercier veille à leur départ. M. Delescluze, informé de ce fait, convaincu que ce sont des ouvriers, et craignant leur dispersion dans le département, où déjà des collisions d'étrangers avec les ouvriers français ont nécessité des mesures répressives, se transporte à Quiévrain pour s'entendre avec l'administration belge. Un accueil pacifique est assuré à la colonne. Les employés des chemins de fer français et belge sont avisés que le train sera conduit jusqu'à Quiévrain sans s'arrêter à la frontière.

Les choses ainsi convenues furent conformément exécutées. Le convoi, amené à Valenciennes à quatre heures et demie du matin, fut immédiatement remorqué. Tout aussitôt des cris de fureur se font entendre :

« Nous sommes trahis ! » et l'on s'élance des voitures avant que le train ait repris toute sa vitesse; d'autres trouvent le moyen de descendre à Mouscron; deux cents environ rétrogradent, six cents arrivent à Quiévrain. Là, entourés par un bataillon belge, les ouvriers sont dirigés chacun sur sa résidence, quelques-uns sont arrêtés, soixante voyageurs français sont reconduits en France par le chemin de fer.

Les colonnes qui suivirent devaient rencontrer une autre fin.

XIX

Le 25, douze cents hommes sans armes partent de Paris en trois convois, sous la direction de MM. Blervacq, Ch. Graux et Fosses, accompagnés des élèves de l'École polytechnique dont nous avons parlé. Arrivés à Douai pendant la nuit, ils sont cantonnés à Séclin et dans les villages voisins, chez les habitants. Sur la demande des élèves, M. Delescluze et le général Négrier leur font distribuer du pain. Le Commissaire et le général donnent mission de les surveiller au sous-commissaire, M. Pillette, et au général Salleyx, commandant cinq compagnies du 74e et un détachement de cavalerie. Le plus grand ordre est observé.

En même temps, sollicité par M. Delescluze qui réclamait des fusils pour armer la garde nationale, le ministre de la guerre lui envoyait, le 26 mars, l'ordre demandé. M. Delescluze charge M. Deron, élève de l'École, de remettre au général Négrier cet ordre, ainsi qu'une lettre datée du 27, portant demande de cartouches. Le 28, à midi, M. Deron, suivi de cinq chariots fournis par un commissionnaire de roulage, M. Deloigne, se présente à la citadelle de la ville pour faire enlever les armes et les munitions. La nuit, il se dirige, par la commune de Bondues, vers la porte de Gand.

XX

Dès que le général Négrier avait appris l'arrivée des Belges à Séclin, il s'y était transporté, et il avait immédiatement (le 27) transmis au ministre de la guerre un rapport indiquant les faits, les mesures, la distribution de vivres, la présence des élèves, celle du sous-commissaire, les dispositions des colonnes pour se procurer des armes et pour entrer en Belgique afin d'y proclamer la République. Il avait envoyé en même temps un de ses amis, M. Gustave des Essarts, prévenir M. Lamartine.

Le Conseil, instruit de ce qui s'était passé à Quiévrain, considérait ces expéditions comme funestes. Aussi le ministre de la guerre expédia-t-il au général Négrier, dès la réception de ses avis, une dépêche télégraphique conçue en ces termes :

Le ministre de la guerre à M. le général de division commandant la 16e division militaire.

« 28 mars, deux heures et demie.

» J'ai reçu vos deux rapports du 27. J'approuve les mesures que vous avez prises. La troupe doit conserver ses armes à tout prix. Aucune concession, aucune négligence ne doit avoir lieu. Donnez aux troupes un chef ferme; et employez des mesures de rigueur s'il le faut.

» Dites de ma part aux élèves de l'École polytechnique qui sont à Séclin et dans les environs que je leur donne ordre de rétrograder immédiatement sur Paris, à moins que leur présence ne soit nécessaire pour maintenir l'ordre.

» Le Gouvernement provisoire ne veut pas violer ni aider à violer la frontière belge. Faites bien remarquer à ces élèves que, dans aucun cas, ils ne doivent se mettre à la tête d'un rassemblement qui voudrait entrer en Belgique. »

Rien de plus net, de plus précis que cette dépêche. Reçue à six heures du soir, elle fut aussitôt communiquée à M. Delescluze. En même temps le général fit prévenir les élèves, qui obéirent. Il donna aussi des ordres pour que les portes de Lille fussent fermées à toute bande qui voudrait traverser la ville.

Il reçut également de M. Lamartine la réponse que le Gouvernement ne voulait favoriser aucune intervention armée.

XXI

M. Delescluze, troublé, accusé violemment par les républicains d'avoir livré le premier convoi belge, tandis qu'il n'avait cru prendre que des précautions justifiées, ne savait plus que décider. Il flottait entre l'action et l'inaction. Son cœur battait du désir et de l'espérance de voir la Belgique unie à la France; et il ne croyait pas au succès. Du 26 au 28, depuis trois jours entiers, il laissait stationner la colonne sans oser ni l'arrêter ni la laisser passer. Enfin, poussé à bout par l'incertitude, ignorant les intentions secrètes du ministre de l'intérieur, désireux de les connaître, il lui adressa une dépêche télégraphique qui demandait un *oui* ou un *non*.

M. Ledru-Rollin, maîtrisant ses sympathies et fidèle aux décisions du Conseil, répliqua par ce seul mot : *Non!* L'employé du télégraphe ne vit là que la répétition des derniers signes qu'il avait transmis, et ne fit aucune communication au Commissaire. M. Delescluze, ne recevant point l'avis qu'il avait réclamé d'une manière si formelle, prit le silence pour un consentement et laissa faire.

XXII

Le 28, à neuf heures du soir, la colonne belge, composée de 1 100 hommes non armés, quitte Séclin, tourne les fortifications de Lille, arrive à deux heures sur le territoire de Bondues, y trouve les chariots, se partage les fusils et les munitions, et se dirige sur Menin, afin d'entrer en Belgique par Bourbecque. Mais, assaillie de soupçons et d'inquiétudes secrètes, elle laisse Menin et Bourbecque à gauche, se rabat à travers champs sur Mouscron, et pénètre au jour sur le territoire belge, débouchant en deux divisions par Neuville. Une avant-garde de vingt hommes est détachée pour fouiller le poste de la douane. N'y trouvant personne, elle donne le signal de marcher en avant. Les divisions obéissent. Tout à coup, près d'un endroit appelé Risquons-tout, apparaissent les troupes belges.

Le gouvernement belge n'ignorait rien de préparatifs si ostensibles. Après la dispersion du premier convoi, il avait pu surveiller pendant trois jours la colonne belge cantonnée près de la frontière, en connaître le nombre, l'esprit, la mauvaise organisation, et suivre pas à pas ses démarches. Le général Fleury-Duray avait sous ses ordres, à Menin, 400 hommes, et à Courtray, 600 fantassins, 100 cavaliers du 2e chasseurs, et 2 pièces d'artillerie. Il se trouvait à Mouscron avec 200 hommes du 5e de ligne, les deux pièces d'artillerie et 25 chasseurs, quand il fut informé de la marche de la colonne belge. Aussitôt il s'était porté au-devant d'elle, en donnant l'ordre à toutes les forces de Courtray et de Menin de venir le joindre.

XXIII

Ainsi d'un côté, des troupes fraîches, reposées, disciplinées, munies de canon et de cavalerie; de l'autre, des hommes fatigués, dont la plupart n'ont jamais manié un fusil, et qui ont pris leur enthousiasme pour une force suffisante, leur patriotisme pour une certitude de succès.

Cependant, durant deux heures, des groupes détachés, postés derrière les haies, les murs et les maisons du village, échangent résolûment le coup de feu avec les soldats jetés en tirailleurs, qui épuisent leurs cinquante cartouches. Faisant un suprême effort, ils se rassemblent, sortent du village, et s'avancent au pas de charge, drapeau déployé, aux cris de « Vive la République belge! » A ce moment arrivaient les renforts de troupes. Le général oppose à la colonne ses deux pièces chargées à mitraille. Au troisième coup les assaillants, dont un certain nombre est tombé renversé, hésitent. Le désordre se met parmi eux; ils se dispersent, jetant les fusils et cherchant un refuge sur le territoire français.

Vers neuf heures, tout était fini : 7 hommes tués, 26 blessés, 60 prisonniers, sauvèrent du moins, dans cette déroute, l'honneur du drapeau, et effacèrent la tache de cette malheureuse échauffourée.

Le général Négrier donna l'ordre de recueillir les fugitifs.

XXIV

En Belgique, l'opinion publique, qui avait salué avec enthousiasme les journées de Février, réagit contre cette propagande armée. Les journaux et les Chambres voulurent donner du retentissement à leurs plaintes. Mais le ministre des affaires étrangères, M. d'Hoffschmidt, répondit à une interpellation : « Je n'ai cessé de recevoir du Gouvernement provisoire l'assurance la plus formelle qu'il est complétement étranger à ces ridicules manœuvres. Dans une dernière conférence sur cet objet entre le prince de Ligne et M. Lamartine, ce dernier a protesté de la non-participation de son gouvernement à ces actes; il les a désavoués, et il a reconnu le droit du gouvernement belge de repousser par la force de pareilles tentatives... En présence de semblables déclarations, le doute n'est pas permis. Et, quant à nous, nous avons la foi la plus complète dans la sincérité du Gouvernement français... Du moment où la France reconnaît notre nationalité et notre indépendance, la Belgique devient sa première et sa plus fidèle amie, quelle que soit la forme de son gouvernement. »

Ces paroles dignes et nettes mirent un terme à tout débat.

En effet, si le Gouvernement provisoire, mettant en jeu l'enthousiasme révolutionnaire des premiers jours, avait cru devoir intervenir en Belgique pour y renverser la monarchie et y proclamer la République sans consulter la volonté du peuple belge, qu'avait-il besoin de soudoyer une colonne d'ouvriers, mal conduite, mal disciplinée, impuissante? Il n'avait qu'à donner des ordres au général Négrier, qui, à ce sujet, répondait à M. Delescluze : « Si j'ai ordre de pénétrer en Belgique, je n'ai que faire de vos 1 800 Belges; j'ai assez de monde pour répondre que dans cinq jours je serai à Bruxelles. »

XXV

Cette déplorable affaire de Risquons-tout n'eut de sérieux que le bruit qu'elle suscita. Tandis que les uns reprochèrent au Gouvernement d'avoir favorisé cet essai de propagande républicaine, quelques fuyards, de retour à Paris, colportèrent dans les clubs des calomnies contre ce Gouvernement, et accusèrent leurs chefs de trahison. — Il n'y avait eu ni trahison ni abandon. On pouvait seulement imputer aux agents du pouvoir des concessions maladroites, des ordres incertains et mal transmis; aux meneurs, de l'imprévoyance et de l'incapacité; à la colonne belge, un trop prompt découragement et une défaite trop facile.

XXVI

Une autre expédition devait rencontrer une fin non moins pitoyable, et produire des conséquences non moins fâcheuses.

Les habitants de la Savoie, que les traités de 1814 avaient annexée à la France et que l'invasion de 1815 en avait séparée, avaient été séduits par l'éclat et la grandeur de la Révolution de Février. Ils avaient senti se réveiller en eux les désirs de réunion à la France. Ces sentiments s'étaient manifestés : à Chambéry, dans la nuit du 14 mars, par des cris de « Vive la République! » et par une agitation que les troupes sardes avaient eu peine à comprimer; sur toute la frontière, par les cris répétés de « Vive la France! » et, à Paris, par une adresse de 2 000 Savoisiens au Gouvernement provisoire :

« ..... L'héroïsme du peuple pendant le combat, sa magnanimité, sa modération après la victoire, ont fait battre nos cœurs et nous ont pénétrés d'admiration. Les mots : *Liberté, égalité, fraternité*, ont retenti aussi dans nos montagnes et dans nos vallées; ils y ont donné une nouvelle force aux sentiments de sympathie et d'enthousiasme que le peuple savoisien a toujours conservés pour la France.

» Séparée par les traités de 1815, la Savoie, calme et patiente jusqu'ici, s'est résignée à son sort. Mais, chaque année, de nombreuses émigrations viennent chercher dans ce pays les ressources matérielles, intellectuelles et morales, qu'elles ne peuvent trouver chez elles. L'accueil fraternel qu'elles ont toujours reçu, la protection bienveillante qui leur a été constamment accordée, ont dû leur inspirer ce sentiment, que la France était restée pour elles une seconde patrie.

» La position géographique de la Savoie qui fait de cette contrée une des frontières naturelles de la France, le langage de ses habitants, leur caractère, leurs mœurs, leur nationalité, qu'ils ont eu soin de conserver intacte et distincte des autres parties du gouvernement sarde, tout concourt à ce que l'immense majorité du peuple savoisien se souvienne que leur pays a formé autrefois les départements du Mont-Blanc et du Léman... »

Lamartine répondit au nom du Gouvernement provisoire :

« Citoyens savoisiens, en recevant l'adhésion que vous apportez à la République, le Gouvernement provisoire croit recevoir l'hommage d'une partie même de la nation française, comme l'a si bien dit votre honorable orateur.

»..... Si nous la repoussons, nous froissons nos propres cœurs; si nous l'acceptons, nous rompons la paix et l'alliance avec les peuples et les gouvernements. Or, nous l'avons dit, et nous voulons que les paroles de la République soient des paroles de vérité : Nous ne romprons pas la paix du monde. Mais si, indépendamment de nous, la paix du monde venait à se rompre par une atteinte à l'indépendance de l'Italie, nous volerions à votre secours, nous délivrerions l'Italie, nous joindrions notre drapeau au vôtre; et si ensuite la carte de l'Europe venait à être déchirée sans nous et contre nous, soyez convaincus, citoyens savoisiens, qu'un fragment de cette carte resterait dans vos mains et dans les nôtres, et que nous mettrions le poids de vos cœurs dans la balance où l'Europe et votre gouvernement lui-même pèseraient les territoires dont se composerait le nouvel équilibre européen.

» Reportez ces paroles dans vos Alpes, non comme des paroles de guerre, mais comme des paroles de parenté, d'amitié et de paix. » (Cris de Vive la République! Vive le Gouvernement provisoire! *A l'union des peuples!*)

Les tendances de la Savoie étaient manifestes; les dépêches des commissaires des départements limitrophes les signalaient journellement, ce qui faisait dire à Lamartine, au Conseil du 29 mars : « Avant six semaines, la Savoie demandera sa réunion à la France. »

Mais un événement inattendu devait changer la face des choses et donner un démenti aux prévisions fondées du ministre.

XXVII

Les Savoisiens séjournant à Lyon s'étaient réunis, le 27 mars, à la Rotonde, afin de se concerter sur les moyens de rentrer dans leur pays. Heureux de saisir cette occasion pour protester contre les actes violents commis envers les étrangers par quelques ouvriers égarés, des délégués des commissions municipale et préfectorale se rendirent à cette assemblée. MM. Rittiez, Doncieux et autres exprimèrent leurs sympathies, puis se retirèrent pour laisser les Savoisiens délibérer en pleine liberté. La conférence fut animée et unanime. Au milieu des transports du patriotisme, les Savoisiens décidèrent qu'ils iraient immédiatement affranchir leur patrie, convaincus par l'état des esprits qu'ils n'avaient qu'à se présenter pour fonder la République.

Ils adressèrent aussitôt à M. Em. Arago une demande pressante d'armes et de munitions. M. Em. Arago refusa, déclarant qu'il avait reçu du Gouvernement provisoire des ordres positifs, et qu'il n'y contreviendrait point. Il crut devoir ensuite leur faire observer combien le moment était mal choisi : « Charles-Albert était en guerre avec l'Autriche pour l'affranchissement de l'Italie : ils allaient porter une diversion favorable à l'ennemi. Leur entreprise serait facile peut-être, car la Savoie était dégarnie de troupes; mais où étaient-elles, ces troupes? Composées en partie de leurs compatriotes, elles étaient en Lombardie, combattant et mourant pour la liberté. Ces considérations n'étaient-elles pas assez puissantes pour les arrêter dans leurs projets? Au surplus, s'ils partaient, ils partiraient sans armes; car s'ils en prenaient, il se verrait obligé par son devoir de mettre obstacle à leur départ. »

Ce langage était celui de la raison; mais la passion parlait et invoquait l'amour de la patrie. Les Savoisiens persistent dans leur résolution. Ils se donnent rendez-vous place Bellecour, le 30 mars, à sept heures du matin.

Le 30 mars, au jour, accourt une population avide de spectacle et d'émotion. La foule est immense. Bourgeois, gardes nationaux, ouvriers, soldats, se pressent autour des fils de la Savoie, les acclament, les encouragent, les excitent, leur pressent les mains. On chante en chœur des hymnes à la liberté. Des souhaits ardents, des adieux fraternels sortent de toutes les bouches. Les Savoisiens partent. On les accompagne jusqu'à quatre kilomètres de Lyon.

XXVIII

Le même jour, à Chambéry, mille rumeurs circulaient sur ce départ. Suivant les uns, ce sont de malheureux ouvriers expulsés par la rivalité des ouvriers français; et ils se préparent à les recevoir avec effusion et à partager avec eux le pain de l'hospitalité. Suivant les autres, c'est une nombreuse colonne qui vient changer le gouvernement, ce sont dix mille Savoisiens armés, escortés par des compagnies de Voraces, qui viennent proclamer la République ou l'adjonction à la France.

Le 31, les autorités sardes songent à se retirer. Un conseil général se constitue, et adresse aux habitants une proclamation qui rappelle que Charles-Albert combat pour l'indépendance de l'Italie, « et que si jamais les événements doivent amener la séparation de la Savoie et de la Sardaigne, il n'appartient qu'aux Savoisiens de prononcer sur leur sort ». Le conseil recommande l'ordre, l'union et le courage. Le soir, le peuple se porte au château pour retenir le gouverneur. Le lendemain matin, le gouverneur passe en revue la garde nationale. On renonce au projet d'un gouvernement provisoire indépendant. Quelques heures après, les habitants apprennent avec surprise la fuite des autorités sardes et l'abandon de la Savoie à l'envahissement des colonnes qui s'approchent.

XXIX

Les Savoisiens avaient passé le Rhône à Belley, et pénétré sur leur territoire à Yenne, où ils avaient été favorablement accueillis. Après un repos, ils s'étaient dirigés vers le Mont du Chât, l'avaient traversé au milieu du jour, et, descendant les rampes qui dominent le lac du Bourget, ils étaient arrivés, le 2 avril, au Bourget. Ils y avaient installé un camp organisé contre toute surprise. Le lendemain matin, ils s'étaient remis en marche, et avaient fait halte au Pont-Rouge, à cinq kilomètres de Chambéry.

De là ils envoyèrent un parlementaire à la ville. Deux délégués du conseil municipal vinrent leur dire qu'ils seraient reçus en compatriotes et en amis, s'ils voulaient garantir sur l'honneur qu'ils n'avaient aucun désir de destruction ni de pillage. Après avoir rassuré les délégués sur la loyauté de leurs intentions, les colonnes firent leur entrée dans Chambéry vers dix heures du matin, à travers la population, qui les regardait passer sans témoigner d'autre sentiment que celui de la surprise.

En effet, on s'attendait à une troupe de huit à dix mille hommes parfaitement armés et disciplinés, et l'on ne voyait que quinze cents hommes tout au plus, dont cent seulement portaient des fusils, tandis que le reste n'avait que des sabres, des haches, des outils emmanchés, des bâtons. Était-ce là une armée faite pour soumettre une province? N'était-ce pas plutôt une bande déréglée et sans frein? Les habitants eurent honte de leur panique, et ce sentiment les prédisposa à protester contre toute tentative de domination.

XXX

L'issue de l'entreprise dépendait des premiers actes des immigrants. Deux moyens contraires étaient à leur disposition : ou se présenter comme alliés, reconnaître la municipalité installée, laisser les habitants mécontents de la fuite des autorités sardes constituer un conseil de gouvernement, offrir à la garde nationale la conservation de ses postes, proclamer le droit du peuple assemblé à statuer sur son sort; — ou bien s'imposer comme conquérants, s'emparer de l'Hôtel de ville, du château, des casernes, des établissements publics et des postes, armer tous leurs hommes, observer une discipline sévère, changer la municipalité, s'instituer comme gouvernement, et se préparer à soutenir vigoureusement par la force leur détermination et leur pouvoir.

Ils prirent ce dernier parti.

Ils installent un maire, M. Peyssard, apprêteur à Lyon, forment un conseil de gouvernement composé de MM. Guillermé père et fils, le docteur Burnet, etc., désarment la garde civique et proclament la République. Puis, cherchant un appui dans la menace, ils tentent de se couvrir de l'autorité et de l'influence de la France, publient des proclamations, prennent quelques mesures pour consolider ce pouvoir du jour, et font appel à plusieurs habitants connus. Mais avant la nuit même tout prestige a disparu, toute frayeur est dissipée. Des groupes se forment, des cris se font entendre : « Est-il possible qu'on se soit laissé surprendre par cette horde indisciplinée? La colère contre cette honte exalte les têtes. On entoure les postes et les casernes. On menace les factionnaires. Mais la contenance fière et résolue des volontaires, et l'intervention de quelques citoyens qui redoutent les horreurs d'une bataille de nuit, rendent à la ville un calme momentané.

Confiants dans l'apparence, les chefs se livrent à l'espoir du succès, lorsque, à six heures du matin, ils entendent le tocsin retentir aux clochers de la ville, puis tout à l'entour dans les campagnes. Le lugubre signal de guerre est donné.

« Des brigands, » dit-on, « se sont emparés de Chambéry ; ils pillent le château, l'Hôtel de ville, les caisses publiques! » Partout on s'arme. Fusils, fourches, faux, épieux, tout est bon. On se précipite au combat. Il s'engage vigoureusement sur plusieurs points : à la caserne d'infanterie, à l'entrée du faubourg Montmélian. La masse des assaillants croît sans cesse. Elle devient si considérable, l'attaque est si prompte, l'élan si impétueux, que les volontaires, séparés les uns des autres, sont en un instant cernés, pris, désarmés, mis en pleine déroute. La lutte n'a duré qu'une heure, et elle laisse quinze hommes tués et autant de blessés parmi les volontaires. Les chefs et huit cents hommes sont prisonniers. Les habitants ont trois ou quatre morts et quelques blessés.

A huit heures, l'ancienne municipalité reprenait ses fonctions. Le soir, les autorités sardes faisaient leur rentrée à la tête de 3 000 hommes de troupes.

Malheureusement le nombre des victimes ne fut pas limité aux pertes faites dans la ville. Les paysans avaient cru délivrer Chambéry d'une horde de brigands, et ils poursuivirent les fuyards avec un acharnement et une cruauté inouïs. Beaucoup cependant trouvèrent un asile hospitalier; et, dès le lendemain, la pitié remplaça la colère. La garde civique, qui avait déployé énergie et courage, réclama des autorités, qui n'avaient fait preuve que de faiblesse, une amnistie complète. Les sympathies, refusées aux vainqueurs, furent rendues aux vaincus.

XXXI

Le Gouvernement sarde, instruit, le 1er avril, du départ des colonnes savoisiennes, avait, le même jour, adressé au Gouvernement français la demande instante « qu'il ne laissât pas pénétrer en Savoie des bandes armées et organisées ». Les dépêches arrivèrent tardivement à Paris. Il fut facile au ministre des affaires étrangères et à l'ambassadeur français de démontrer, par les instructions transmises à M. Emmanuel Arago et ponctuellement exécutées, que le Gouvernement provisoire avait prévu et prévenu cette demande. Aussi la première impression produite en Piémont, défavorable à la Savoie et à la France, fut-elle bientôt dissipée; elle fit place à la joie lorsqu'on apprit que la garde civique savoisienne seule avait suffi pour triompher. Il était évident que, « si la France avait voulu intervenir, même indirectement, la lutte aurait été bien autrement sérieuse ». Le ministre français, M. Bixio, qui transmettait ces renseignements à Paris, insista pour qu'il n'y eût ni réaction ni persécution. Sur ses instances et sur celles de M. Félix Mornand, Commissaire d'un département français limitrophe de la Savoie, un décret d'amnistie complète fut octroyé (28 avril) par le gouvernement piémontais.

XXXII

Une défaite et une amnistie! tel fut le dénoûment de cette malheureuse expédition, tentée par l'enthousiasme, échouée par imprévoyance et maladresse. Au lieu de chercher à se faire accueillir en concitoyens, les volontaires avaient voulu s'imposer; au lieu d'être reçus en frères, ils avaient été traités comme des étrangers. Ils avaient voulu contraindre leur patrie à se réunir à la République française : et ils n'étaient parvenus qu'à affaiblir au cœur de la Savoie ses désirs d'alliance et d'union.

XXXIII

Le Gouvernement provisoire déplorait ces tentatives : contraires à ses déclarations, faites malgré ses ordres, elles ne pouvaient qu'aboutir à des désastres, à des répulsions, et nuire au but même pour lequel elles étaient entreprises. Les gouvernements étrangers les suivaient d'un œil inquiet; ils épiaient avec une anxieuse méfiance les sentiments et l'attitude de la République française.

Le cabinet anglais surtout, préoccupé du mouvement chartiste et plus encore de l'agitation irlandaise, interrogeait dans notre politique nos dispositions à répondre à l'appel des Irlandais et à jeter dans la Grande-Bretagne la discorde et la guerre civile.

Nous donnons, dans notre tome deuxième de l'histoire de l'Europe, la noble et franche réponse du Gouvernement provisoire faite à la députation irlandaise par M. Lamartine, et les témoignages d'adhésion fournis tant par le ministère et la presse britanniques que par les Irlandais eux-mêmes.

XXXIV

La politique loyale du Gouvernement provisoire devait conquérir le respect des gouvernements et les sympathies des peuples. Elle laissait aux peuples la liberté et la volonté hautement déclarée de se racheter par leur propre sang, et d'ajourner l'intervention de la France à l'heure de la défaite ou de l'impuissance. Elle enlevait aux princes tout prétexte pour soulever leurs sujets au nom de la nationalité menacée et pour les détourner de la liberté par une guerre étrangère. « Ce système, » disait Lamartine, « a fait plus en trente jours que trente batailles rangées. »

XXXV

La situation de l'Italie était différente : elle avait secoué le joug de l'étranger et proclamé son indépendance nationale. La promesse faite aux peuples par la République française de concourir à la défense de leur place marquée sur le sol et de leur race élue par Dieu allait sans doute être invoquée. Aussi le Gouvernement provisoire organisait-il une armée prête à répondre au premier appel de l'Italie, vendait-il aux Milanais et aux Vénitiens des armes et des munitions, et offrait-il publiquement l'épée de la France aux délégués de l'Association italienne.

A cette offre, Mazzini faisait la même réponse que Charles-Albert. Le roi et le tribun repoussaient également l'intervention; le roi comptant sur ses bataillons, le tribun sur l'insurrection. Chacun d'eux croyait à la victoire, et l'un et l'autre désiraient en recueillir l'honneur et les résultats..

Malgré ces refus, le Gouvernement provisoire n'abandonnait point ses mesures de prévoyance. C'est qu'il ne partageait pas les illusions des Italiens. Chaque jour, l'affranchissement de l'Italie était le sujet des entretiens et des méditations du Conseil. Il y consacrait plus spécialement ses séances des 20, 22, 23 et 27.

XXXVI

Dans cette même séance du 27, M. Lamartine fit connaître les mauvaises dispositions de la Russie. « Il faut se préparer à monter à cheval ! » avait dit le czar à ses officiers. Le journal personnel de l'empereur et le langage officiel s'exprimaient avec un emportement conforme à cette parole.

XXXVII

L'Europe allait se diviser en deux camps. Comme l'Italie, l'Allemagne était menacée d'être envahie, comprimée dans son essor. La France devait donc se tenir prête à protéger, au Nord aussi bien qu'au Midi, les peuples qui, après avoir proclamé leur indépendance et leur liberté, invoqueraient sa fraternelle assistance. Aussi, contre les avis de certains politiques qui, par économie, demandaient le désarmement, le Gouvernement provisoire songeait-il à organiser une forte armée. Le ministre des affaires étrangères la réclamait avec instance; le ministre de la guerre la préparait activement; malgré la pénurie du Trésor, le ministre des finances se portait fort pour la France là où son honneur était engagé.

Le 29 mars, jour désigné pour une séance du Conseil où devait assister la Commission de défense nationale, le ministre des affaires étrangères fit l'exposé de la situation de l'Europe :

« Le roi de Sardaigne s'est décidé à mettre le pied sur le territoire lombardo-vénitien; résolu d'accepter la royauté de ces riches contrées, il attend la reconnaissance de la France. — Naples est dans un état semi-républicain. — Rome possède une constitution républicaine dont le pape accepte la présidence. — Florence paraît calme, Gênes incandescente. — Forte de cent vingt mille hommes sous les armes, la Suisse semble peu disposée à contracter une alliance offensive et défensive avec la France. — L'Allemagne est livrée à une profonde perturbation. — A Berlin, la révolution est arrêtée au deuxième degré. La peur emporte vers l'ambition le roi de Prusse, comme le roi de Sardaigne. — Le gouvernement anglais redoute notre participation aux troubles de l'Irlande; mais le froid accueil de l'Espagne à notre République lui fait espérer un point d'appui contre nous. — En proie à une irritation excessive, le czar cherche la popularité jusque dans des tentatives d'émancipation des serfs; il rêve le despotisme dans la démocratie; ce qui soulèvera la noblesse contre lui. Il peut réunir quatre cent mille hommes. — La question polonaise est à la veille de se résoudre, sans que nous ayons besoin de tirer un coup de fusil.

» En face de cet état de choses, le Gouvernement provisoire doit plus que jamais persévérer dans sa politique. »

XXXVIII

Après cet exposé, les membres de la Commission de défense, MM. les généraux Pelet, Lamoricière, Bedeau, Oudinot, Pailhoux-Vaillant, l'intendant militaire Denniée et le chef d'escadron Charras, furent introduits.

Le ministre des affaires étrangères leur posa les questions qu'il avait soumises précédemment au Conseil : « La République avait un urgent besoin de 60 à 80 mille hommes échelonnés de Marseille à Grenoble; 100 à 120 mille hommes distribués sur la frontière, de Lille à Bâle; 10 à 15 mille hommes campés au pied des Pyrénées. La Commission pouvait-elle réunir ces forces? Combien de temps exigeait-elle? » — Le général Pelet répondit que la France ne pouvait mettre immédiatement en campagne deux cent mille hommes, mais qu'elle y parviendrait dans un assez court délai.

La discussion s'engagea sur les détails, et, avec une extrême vivacité, sur le rappel des troupes d'Afrique. Quatre-vingt-sept mille hommes occupaient l'Algérie. Les généraux regardaient comme dangereuse la réduction de ce chiffre au-dessous de soixante-dix-huit mille. M. Lamartine insista énergiquement pour le rappel de trente mille hommes.

On convint enfin que l'armée d'Afrique serait réduite à soixante-douze mille hommes, dont huit mille indigènes, et que vingt-sept mille hommes de vieilles troupes seraient rappelés et remplacés en partie par les contingents de 1842, 43 et 44. — Afin de développer les engagements volontaires, on restreignit à deux ans le minimum de leur durée. — Le ministre de la guerre obtint la formation d'une nouvelle compagnie de fusiliers par bataillon.

XXXIX

Le 2 avril, le ministre des affaires étrangères annonçait au Conseil la pleine retraite des Autrichiens de la Lombardie. — La Prusse demandait si le Gouvernement français la soutiendrait contre une invasion prochaine de la Russie. — La Russie montrait des dispositions moins hostiles à la République.

Le 5, le ministre de la guerre lisait un rapport détaillé sur les forces de terre et de mer.

Le 6, il obtenait un crédit pour les fortifications des côtes.

Le 7, le Conseil l'autorisait à vendre au gouvernement provisoire de Milan cent mille fusils, ou à lui en donner gratuitement vingt-cinq mille.

Le 11, le ministre des affaires étrangères expédiait cette dépêche au chargé d'affaires de France à Turin :

« Les événements de l'Italie nous inquiètent assez pour nous faire penser à l'éventualité de la descente d'un corps d'observation en Piémont, avec le consentement préalable du gouvernement sarde, ou même en devançant au besoin cette demande. Ne communiquez point ces inquiétudes au gouvernement de Turin, mais tâchez de savoir, par voie de conversation ou autrement, par toute autre voie indirecte, si, dans le cas d'une marche d'un corps d'armée française par la Savoie, les *forts* qui se trouvent sur la route de la *Maurienne,* comme Brumont et autres, feraient feu sur nous.

» Renvoyez-moi le courrier jusqu'à Lyon pour me rendre votre réponse. »

Le 13, sur la proposition du ministre de la guerre, le Conseil donnait ordre aux généraux Bedeau et Oudinot de se rendre à l'armée des Alpes, les remplaçait à la Commission de défense par les généraux Korte et Schramm, et confiait au général Foucher le commandement de la première division militaire.

XL

L'armée des Alpes avait été rapidement organisée. Une avant-garde de trente mille hommes avait été mise sur pied en quinze jours. Les généraux Bedeau, Baraguey-d'Hilliers et Magnan commandaient les trois divisions d'infanterie; ils avaient avec eux les généraux de brigade Guesvilliers, Salleix, Tallandier, Duhot, Guillabert, Renault. La cavalerie était aux ordres du général de division Oudinot et des généraux de brigade Regnault de Saint-Jean d'Angély, Tartas, Lebon des Mottes. L'artillerie était commandée par le général Legendre; le génie, par le général Morvan. M. Denniée avait la direction de l'intendance. Le plus ancien général de division devait prendre *provisoirement* le commandement en chef de l'armée.

Ces détails officiels dessinent dans leur vérité la politique, les vues, les moyens et les ressources du Gouvernement provisoire.

Presque tous ces généraux avaient été à la tête des troupes pendant les journées de Février. Leur confier ce nouveau et noble commandement, était-ce un acte de bonne ou de mauvaise politique? Était-ce grandeur d'âme ou fausse appréciation des hommes? L'union de l'armée et du peuple n'en recevait-elle pas sa dernière sanction? L'acceptation de ces officiers n'était-elle pas la garantie de leur fidélité, la preuve irréfragable de leur dévouement à un ordre de choses qui donnait ample satisfaction au courage et à l'orgueil du soldat? En échange de cet accroissement d'honneur, pouvaient-ils s'avilir jusqu'à la trahison?

XLI

Le Gouvernement provisoire veillait en même temps à l'esprit de l'armée.

D'une part, dans la nouvelle vie qui s'ouvrait à elle, il avait à faire son éducation, à lui enseigner que le soldat est un citoyen et non un aveugle instrument. Mais alors l'amour de la liberté n'irait-il pas jusqu'à la passion de la licence? L'indépendance de l'homme ne tuerait-elle pas l'obéissance du militaire?

D'autre part, pour conserver l'armée, il fallait la discipliner. L'anarchie la minait jusqu'à la destruction, si une vigoureuse répression ne venait y mettre l'ordre. Presque tous les régiments étaient pris de la fièvre du jour. Une vague agitation les tourmentait. On murmurait contre les chefs qui n'avaient pas su se faire aimer; on accusait le patriotisme des autres. Quelquefois le mécontentement passait à la révolte.

Le 19 mars, à Valenciennes, après l'appel du soir, les dragons poussent des clameurs contre leur colonel. — Le 22, à Maubeuge, le 8e cuirassiers exige le renvoi de plusieurs officiers, méconnaît la voix de son chef supérieur, et ouvre les portes des salles de police. — A Cambrai, le 5e léger commet des actes d'insubordination. — A Lorient, dans la nuit du 26 au 27, les artilleurs de marine barricadent leurs quartiers pour conserver leur adjudant-major, dont on leur annonce l'éloignement. — Le 27, la garnison de Poitiers s'abandonne à des faits répréhensibles. — Le 28, à Tarbes, les chasseurs se révoltent contre leur colonel. — Au Mans, les cuirassiers mettent en liberté quarante de leurs camarades. — A Lyon, la punition d'un fourrier du 4e d'artillerie soulève une partie de la garnison; et, pendant trois jours, la ville est témoin des scènes les plus déplorables.

Partout ces troubles étaient étouffés par les soldats eux-mêmes. La première effervescence passée, la honte de leur conduite les rappelait à la raison et au devoir aussi promptement qu'ils s'en étaient écartés. Mais une telle situation ne pouvait se prolonger sans péril.

Le Gouvernement provisoire s'adressa directement à l'armée :

PROCLAMATION

DU GOUVERNEMENT PROVISOIRE A L'ARMÉE.

« Soldats citoyens,

» Vous devez à la République un titre de plus. Vous n'étiez que soldats, elle vous a faits citoyens en vous restituant votre part de la souveraineté du peuple.

» Mais en vous conférant ce titre de plus, la République vous impose un devoir de plus. Vous n'aviez que les devoirs du militaire; vous avez maintenant ceux du citoyen.

» Vous n'aviez qu'une loi : la discipline; vous en avez deux : la discipline et l'amour de l'ordre.

» La discipline et l'ordre ont été troublés dans quelques régiments. Le Gouvernement provisoire de la République a porté aussitôt son attention sur ces faits.

» Il est décidé à les réprimer avec la justice et avec l'inflexibilité d'un gouvernement républicain; mais avant de sévir, il veut avertir. Vous vous rallierez à sa voix.

» Voyez le peuple! Admirez cet ordre volontaire qui s'est établi et qui se soutient de lui-même par la seule discipline de la raison générale.

» Quoi! ce serait vous, qui devez être l'ordre vivant au sein de la patrie, ce serait vous qui donneriez à ce peuple admirable les premiers et les seuls exemples de désordre!

» Non! vous respecterez et vous ferez respecter la religion du drapeau.

» S'il en était autrement, nous prendrions des mesures qui nous affligeraient, mais qui rétabliraient énergiquement la discipline.

» De grands devoirs vous sont réservés. Gardez l'armée intacte et forte pour les éventualités de la patrie. Nous allons élargir vos rangs ; il y aura de la place et de la gloire pour tous les patriotismes.

» Bientôt nous allons réunir des députations de l'armée autour du centre national à Paris, pour fraterniser avec le peuple et la garde nationale.

» Qu'aucune ombre de désordre ne tache d'avance les drapeaux que nous allons vous distribuer!

» Que vos frères de Paris vous reçoivent comme le modèle de cette armée française!

» Après avoir écrit de tout temps le mot de *gloire* sur vos drapeaux, inscrivez-y de vos propres mains, aujourd'hui, le mot de *discipline,* cette vertu républicaine du soldat.

» Paris, le 30 mars 1848. »

Après l'exhortation, l'exemple. Sur la proposition du ministre de la guerre, le Gouvernement provisoire mettait à l'ordre du jour de l'armée un décret qui envoyait en non-activité, par retrait d'emploi, deux lieutenants et deux sous-lieutenants de cuirassiers, pour résistance combinée contre leur colonel.

XLII

Le choix des généraux de l'armée des Alpes avait témoigné de l'esprit conciliateur du Gouvernement; les nécessités de réformes demandaient à leur tour satisfaction. Le nombre des officiers généraux dépassait tous les besoins.

Les derniers rois avaient voulu entourer la couronne du prestige d'un nombreux état-major, récompenser les dévouements, et s'attacher les chefs militaires par les grades et les honneurs. Ce brillant cortége n'avait pu empêcher l'écroulement de deux trônes. C'est que la quantité des épaulettes, la bravoure même des capitaines, sont d'un faible soutien pour un gouvernement, quand il n'a pas conquis l'opinion publique par l'équité et la justice.

La République n'avait point à se faire des créatures, mais à récompenser des services. Elle devait faire disparaître toute superfétation d'emplois.

Le 11 avril, deux décrets supprimaient la deuxième section, dite de réserve, des états généraux des armées de terre et de mer, en admettant les officiers généraux à faire valoir leurs droits à la retraite.

Le 15, le ministre de la guerre donnait lecture au Conseil d'une liste de trente-huit généraux de division, vingt-sept généraux de brigade, quatre colonels et cinq lieutenants-colonels d'état-major, vingt et un colonels et lieutenants-colonels, qu'il proposait de mettre à la retraite. Cette proposition adoptée, les décrets furent publiés le 17.

XLIII

Le général Subervie, ministre de la guerre, avait le cœur, l'intelligence et la volonté. Mais, à la hauteur de ses fonctions en temps régulier, il ne paraissait pas à la presse avoir la vigueur et l'activité nécessaires pour réorganiser l'armée et l'administration, à une époque de révolution. Le Gouvernement songea à élever à ce poste difficile un homme qui réunît la puissance de l'action à la popularité du nom. Le général Subervie ayant accepté (19 mars) la Chancellerie d'honneur en remplacement du maréchal Gérard, M. François Arago prit l'intérim du ministère de la guerre, où le général Cavaignac fut appelé le 21 mars.

Le général Cavaignac, alors gouverneur de l'Algérie [1], refusa. Sa réponse, faite en des termes vagues, produisit une pénible impression sur les membres du Gouvernement, et provoqua de la part de MM. Arago, Ledru-Rollin, Louis Blanc, Marrast, une vive critique, que repoussa, par une chaleureuse justification, M. Flocon, en correspondance privée avec le général.

M. Arago, cédant alors aux instances de ses collègues et aux sollicitations de la Commission de défense nationale, accepta (5 avril) le portefeuille de la guerre. Le secrétaire de cette Commission, le lieute-

[1] Le général Changarnier, chargé du gouvernement intérimaire de l'Algérie au départ du duc d'Aumale, avait remis ses pouvoirs, le 10 mars, au général Cavaignac. C'était encore le général Changarnier que le Gouvernement provisoire désignait pour lui succéder.

nant-colonel Charras, fut nommé sous-secrétaire d'État de ce ministère. Ainsi se trouvèrent chargés de la direction, du mouvement et de l'administration, ceux-là mêmes qui étaient chargés de la défense du territoire. M. Arago conserva par intérim le portefeuille de la marine.

CHAPITRE SEPTIÈME.

Les sectaires veulent avoir la majorité dans le Gouvernement provisoire; ils excitent leurs chefs à y travailler; leurs alliés. — Mécontentement des détenus politiques et des blessés de Février. — Lenteurs de la Commission des récompenses. — Attaques violentes et insensées de la presse ultra-révolutionnaire contre le Gouvernement provisoire; elle trouve un concours dans les ultra-monarchistes, les nouveaux journaux créés chaque jour, les clubs, les ouvriers du Luxembourg. — Le Comité d'action du Luxembourg décide une nouvelle manifestation; paroles de M. Louis Blanc; fixation du jour de cette manifestation; préparatifs des chefs; inscriptions sur les bannières et pétitions; intentions de M. Louis Blanc. — Position du Gouvernement provisoire en face de cette détermination : la majorité se refusera à toute concession et se retirera. — Projets et complots de M. Blanqui. — Vues et préparatifs de M. Caussidière. — M. Sobrier; sa physionomie; ses dispositions. — Rapports de police au ministre de l'intérieur sur les menées de la manifestation. — Conférences dans le cabinet de M. Ledru-Rollin; incitations des partisans de l'action; raisons des opposants; hésitation de M. Ledru-Rollin; visite de MM. Landrin, Jules Favre et Carteret; visite des partisans de la démonstration. — Préparatifs du mouvement : le Luxembourg, la préfecture de police, la rue de Rivoli, le Club des clubs, M. Blanqui; séance du club de la Révolution; séance et adresse de la Société démocratique centrale; entraînement par contagion et par habitude. — Certains membres du Gouvernement provisoire reçoivent personnellement des avis sur ces menées. — Séance du Gouvernement, le 15. — Proposition de M. Lamartine à MM. Carnot, Garnier-Pagès et Duclerc. — Nouvelle séance, le 15, dans la soirée; paroles de M. Flocon. — Mesures de précaution ordonnées par le Conseil. — Mise à la retraite d'officiers supérieurs de l'armée. — Impôt temporaire sur les créances hypothécaires; abolition de l'impôt sur le sel.

I

Les sectaires dont les théories sociales reposaient sur la direction de la nation par l'État avaient le fanatisme de leur foi. La logique leur imposait l'ambition du pouvoir; sans lui, pas d'application possible pour leur système. Ils avaient bien dans le Gouvernement des représentants. Cela ne suffisait pas; minorité, il fallait y posséder la majorité. Épurer le Gouvernement était un devoir.

Les chefs étaient pressés, sollicités. « L'occasion est propice, » leur disait-on; « il n'y a aujourd'hui qu'une autorité de fait; demain, l'Assemblée nationale réunie, il y aura une autorité de droit. La garde nationale, non organisée, commandée par des officiers non reconnus, est sans force. La garde mobile, portant encore le vêtement de l'ouvrier, est à nous. L'armée absente laisse la place libre. Les gardiens de Paris et la garde républicaine relèvent de la préfecture de police. Les délégués du Luxembourg étendent leurs ramifications jusque dans le dernier atelier. Centralisés par les meneurs, distribués en cohortes toutes prêtes, les clubs ont soif d'action. Nos journaux sapent la popularité des membres de la majorité du Gouvernement provisoire. Le peuple, accouru déjà par masses innombrables à l'Hôtel de ville pendant les journées de mars, suit notre impulsion. Il n'y a plus qu'à vouloir. Hâtons-nous! Jamais les circonstances ne seront aussi favorables. »

Les plus exaltés passaient des exhortations aux reproches, et des reproches aux menaces. « Vous faiblissez! » s'écriaient-ils, « vous n'avez pas la vigueur des grandes résolutions! Vous n'êtes plus à la hauteur des idées. Vous serez dépassés. Des considérations mesquines de personnes vous arrêtent. Laissez ces sentiments puérils aux timides. Vous! vous devez être forts comme vos principes, ardents comme vos convictions, audacieux comme vos théories. Le peuple souffre; il est las de souffrir. Vous avez le remède à ses longues misères, ne le détenez plus. Levez-vous! Marchons! ou si, pusillanimes, vous refusez, nous nous lèverons sans vous. »

Ainsi l'écho de leurs prédications revenait aux chefs plus violent que leurs paroles mêmes. Ils avaient attisé le feu; et la flamme les entourait. Entraînés par le mouvement qu'ils avaient fomenté et qui les débordait, ils hésitaient.

II

Aux sectaires hommes de foi venaient se joindre ceux qui se jettent dans les révolutions sans les comprendre, ces destructeurs infatigables, impuissants à réédifier, indomptables batailleurs ayant toujours des bras pour une barricade, de la poudre pour le coup de feu; — ces gens déclassés, sans moyens d'existence, dévorés de désirs, toujours à l'escalade d'une position, écartant tout sur leur passage, capables de tout pour arriver; — quelques conspirateurs par nature, jamais hommes d'État, complotant sans cesse, contre leurs amis aussi bien que contre leurs adversaires, sous la République comme sous la monarchie; — enfin certains agents, amis des troubles, cachant dans les ténèbres l'impureté de leur vie, à la solde de tout venant, se faufilant partout pour épier, à l'affût des secrets à vendre, vivant de délation et commerçant d'infamie.

III

A cette foule se ralliaient les mécontents, les mécontents à juste titre.

Les détenus politiques avaient perdu pour la cause républicaine leur état, leur carrière, leur avenir : ils avaient droit de demander à la République, non pas comme indemnité (rien ne peut indemniser de la perte de nombreuses années d'existence, si ce n'est la satisfaction du martyre et la joie du triomphe), mais comme reconnaissance nationale, une modeste fonction qui leur permît de vivre en travaillant.

Les blessés de Février attendaient justice : ils espéraient ces témoignages de gratitude publique que la Révolution de 1830 avait concédés avec largesse.

IV

La Commission des récompenses nationales s'était mise à l'œuvre sans retard et avec zèle. Mais, au lieu de siéger à la mairie de Paris, centre des renseignements, de se subdiviser par arrondissements et de multiplier les sous-commissions pour hâter le travail, elle s'était transportée au Luxembourg, et avait limité à onze le nombre de ses membres. Un labeur assidu ne put satisfaire à l'encombrement des pétitions et des certificats plus ou moins sérieux. Avec la quantité, la responsabilité s'accrut. De là, des lenteurs forcées et des réclamations incessantes.

Le 30 mars, M. Flocon se fit près du Conseil l'interprète de ces réclamations. Il demanda un examen plus rapide et la disposition immédiate d'un certain nombre d'emplois. Les membres du Gouvernement déclarèrent, avec empressement et à l'unanimité, qu'ils n'attendaient que les propositions de la Commission. Maintes fois ils exigèrent des listes de présentation.

La Commission, perdue dans un dédale de notes, de documents, de papiers, n'en pouvait débrouiller le chaos, et, absorbée par d'autres préoccupations, ne remettait aucun travail. Son président, M. Albert, jaloux de ses prérogatives, ne voulait pas concéder à la mairie de Paris des distributions de secours, ni aux ministères des distributions de places, sans sa participation directe. Il en résultait des souffrances prolongées, des irritations, des plaintes dans les clubs et dans la presse, des pensées de soulèvement contre un gouvernement qui laissait les fonctions aux ennemis de la République et en éloignait ses plus fervents défenseurs.

V

La polémique plus passionnée de la presse, la critique plus amère des actes de l'autorité, ces phrases à double portée, confidence involontaire de l'écrivain au public, ces demi-mots révélateurs indiscrets de la conscience, tous les symptômes avant-coureurs des grandes journées présageaient des projets attentatoires tramés dans des comités secrets.

Le Courrier français : « Nous soutenons que le Gouvernement n'a pas fait suffisamment preuve d'énergie. En finances, on n'a pris que des demi-mesures... On n'a rien fait aux travaux publics, rien à l'instruction publique. En ce qui touche l'institution de la magistrature, de la magistrature inamovible, on n'a rien fait encore... rien à la marine, rien à la guerre, rien au commerce..... »

Le Représentant du peuple : « *L'Assemblée nationale* continue de pousser ce cri : *A la tyrannie!* contre un pauvre Gouvernement de dictateurs qui *n'agit pas!*... Le Gouvernement n'avait qu'à *savoir*, *vouloir* et *oser*. La France était sauvée... Le Gouvernement n'a pas *su*, n'a pas *voulu*, n'a pas *osé*. — Il a gaspillé près de deux mois de dictature révolutionnaire d'un pouvoir sans exemple, sans précédents, sans frein, sans limites pour le bien qu'il pouvait faire. — Ni le travail, ni le capital, ni la propriété ne sont satisfaits. Tout languit, tout s'arrête, tout meurt. »

La Presse reprochait au Gouvernement provisoire son peu d'audace.

La Réforme lui répondait : « *La Presse* nous reproche de ne rien oser, et elle a raison. En révolution, nos pères nous l'ont appris, il faut de l'audace. C'est parce que nous n'osons rien que nos ennemis osent tout. — Si, avec la proclamation de la République, nous avions annoncé aux départements la révocation de tous les fonctionnaires civils qui pouvaient être mis de côté sans nuire au service, le renouvellement de tous les parquets, le renvoi de toute cette magistrature de Louis-Philippe et de Charles X à jamais flétrie; si nous avions fait payer aux vaincus les frais du combat; si nous avions doublé, triplé, décuplé les impositions de tous les fauteurs du dernier règne; si nous avions nommé des commissions d'enquête pour faire rendre gorge à tout ce qui avait pris part à la curée des dix-sept ans; si nous avions repris le milliard de l'indemnité partout où nous en aurions retrouvé les traces, personne ne se fût certainement récrié, et c'eût été justice. — Mais nous ne sommes pas en révolution. Cela viendra peut-être. Nous sommes dans les difficultés d'une transaction qui n'a satisfait personne, et dont, pour notre part, nous ne voulons pas. »

Le Populaire poursuivait ses violentes attaques.

L'Ami du peuple : « Jamais position ne fut plus facile et plus douce que la vôtre. Concours sympathique partout. Résistance nulle part. Ne vous targuez pas des embarras de la situation; ils n'ont existé que parce que vous leur avez donné lieu de naître. La patrie ne vous en tiendra aucun compte; nous désirons qu'elle ne vous en demande pas raison. »

La Vraie République : « L'inquiétude est grande parmi le peuple de Paris. On s'étonne de la mollesse et de l'inaction du Gouvernement provisoire... Jamais aucune révolution n'a été aussi muette, aussi indolente; l'avenir, un avenir prochain, nous réserve pourtant une vie bien agitée, de grandes luttes et de grands spectacles. La Révolution de Février est grosse d'une société nouvelle; et c'est à peine si l'on sent tressaillir l'enfant dans ses flancs assoupis. On dirait que Paris a pris de l'opium. Son médecin, le Gouvernement provisoire, hésite à employer les remèdes héroïques. Il faut toutefois que la délivrance s'opère sans que le peuple ait recours à l'opération césarienne. »

La Commune de Paris : « Nous prions tous les révolutionnaires nos amis, connus et inconnus, tous les présidents de clubs, tous les chefs de corporations, de passer dans nos bureaux, afin de nous donner des renseignements sur la situation, qui devient plus grave tous les jours. Plus que jamais il importe de se serrer et de se concerter pour tenir tête à la réaction..... » — Plus loin, sous forme de lettre adressée au journal : « *Sauvons le peuple et la République*..... Tous les amis de l'ordre et de la liberté se plaignent et gémissent de l'excessive indulgence du pouvoir, des retards qu'il met à améliorer le sort des travailleurs, des dangers inévitables qui peuvent s'accumuler sur nos têtes..... Il y a urgence de fortifier le pouvoir par l'accession d'hommes énergiques et possédant vraiment l'intelligence et l'amour du peuple, etc. » — A quoi le rédacteur répondait : « Nous avons lieu de croire qu'il sera fait droit aux réclamations de notre correspondant. La fraternité sera réalisée dans les faits... »

VI

Ces reproches, ces demi-avëux n'étaient-ils pas clairement énoncés? Ne devait-on pas y voir le prélude d'une action cachée qui bientôt éclaterait au grand jour?

Ainsi des sectaires ardents et impatients minaient le

Gouvernement sans s'apercevoir que c'était à la République elle-même qu'ils s'attaquaient. Ce que les plus audacieux n'osaient pas espérer le 22 février, ils le tenaient dans leurs mains, et ils ne savaient pas en jouir. Le suffrage universel, la liberté de la presse, le droit de réunion, tous les modes de manifester la pensée humaine, ils les possédaient sans entraves. Ce n'était plus assez! Ils voulaient toutes les réalisations sociales, sans merci ni délai. Ce pouvoir élu par le peuple, fidèle au peuple jusqu'à la mort, représentant de la République dans le présent et dans l'avenir, ils le livraient à des adversaires et le dénonçaient au pays comme insuffisant et incapable. Au lieu de pallier ses fautes, de se grouper autour de lui, de le défendre, ils ne cessaient de le harceler et de le poursuivre. Au lieu de se dévouer à son agrandissement, agrandissement de l'œuvre commune, de la Révolution, ils se hâtaient de l'amoindrir. Ils s'épuisaient à détruire sa popularité, et ils ne savaient pas que cette popularité était pour la République le principal élément de force et de durée. Les institutions ont besoin d'hommes; et ils effaçaient de quelques traits de plume les services rendus et à rendre, ces seuls titres aux fonctions. Par eux, l'envie, venin de la démocratie, pénétrait dans les masses. Pour s'élever, ils tentaient d'abaisser le niveau : les célébrités par les vertus publiques, comme Dupont (de l'Eure), par la science, comme Arago, par le génie, comme Lamartine, ils les marquaient du doigt pour que la France oubliât leurs noms. Tentatives folles, qui n'aboutissaient qu'au suicide!

VII

Les ultra-zélés monarchistes ne s'y trompaient point, et savaient mettre à profit ces attaques insensées. Ils mêlaient leurs clameurs à ces clameurs et s'empressaient de rejeter sur le Gouvernement provisoire la responsabilité de tous les désastres du passé, de toutes les angoisses du présent. Ce que leurs grands journaux ne voulaient ou n'osaient pas formuler, des feuilles étaient journellement créées pour le dire à l'abri de l'anonyme ou sous le travestissement de noms d'emprunt. Affectant un républicanisme outré, prenant le ton, le langage, les manières, les formes de l'exaltation socialiste, elles exploitaient l'exagération démagogique, jetaient le fiel et la boue aux membres du Gouvernement, et s'unissaient aux démolisseurs pour précipiter l'accomplissement de leur œuvre.

VIII

Au surplus, des écrivains de tous les partis prêtaient la main à ces apparitions quotidiennes. Chacun s'efforçait de percer la cohue de ses confrères et de captiver l'attention du public. L'originalité du titre, la singularité des expressions, la bizarrerie de la forme, la vivacité de l'attaque, l'excentricité du ton et de la couleur, le scandale, tout y était bon. Le matin, le soir, dans la journée, c'était une pluie de ces feuilles nouvelles, qui inondaient les rues, les places, les faubourgs. L'énumération en serait trop longue. Il suffit de dire que du 24 février à la fin d'avril leur nombre dépassait soixante-treize. Quelques-unes, spéculation destinée aux collectionneurs, ne laissaient de trace que celle de leur haut prix. Beaucoup naissaient et mouraient le même jour.

Chacun de ces folliculaires était un assaillant qui apportait son tribut d'attaques contre le Gouvernement provisoire. Le Gouvernement ne voulut jamais se défendre. Convaincu que ce n'était là qu'une fièvre passagère, plein de respect pour la liberté de la presse, il laissait au temps le soin de former le nouveau tempérament de la nation, et à la presse le soin de guérir les plaies de la presse.

IX

L'œuvre de démolition recrutait encore d'actifs et nombreux agents parmi les clubistes. Les meneurs influents dissimulaient mal leurs projets et souvent mettaient à jour leurs intentions secrètes. Les comités apportaient quelquefois à la tribune publique les signes de leurs désirs. Dans une séance de la Société des Droits de l'homme (11 avril) un citoyen proposait « une manifestation des clubs et des corporations auprès du Gouvernement provisoire, pour lui donner de la force et le mettre à même d'appliquer des remèdes énergiques à la situation actuelle ».

X

Le Luxembourg s'était successivement formé en Commission générale des ouvriers, en Comité des ouvriers et des patrons, en Comité des hommes spéciaux versés dans l'économie politique et sociale, en Comité électoral et en Comité d'action. Ce dernier se réunissait souvent le soir. Ses membres arrivaient la tête encore brûlante des agitations de la journée et pleine des théories qui, dans les réunions du matin, avaient obtenu de chaleureux applaudissements. Outre les considérations déjà exposées, ils s'entretenaient des moyens de réaliser et de mettre en pratique un système qui assurât l'avenir de l'humanité. Posséder la vérité, le bonheur du peuple, et ne pouvoir agir, était un supplice pour leurs imaginations ardentes. Se payerait-on toujours de vaines paroles, de promesses et d'espérances? Se contenterait-on de ne formuler que des vœux, lorsque le peuple était vainqueur et maître, et que d'un mot on pouvait l'appeler à son aide? Ce mot, hésiterait-on à le prononcer?

Une manifestation, un nouveau 17 mars, une levée en masse des ouvriers, le peuple au Champ de Mars, le peuple à l'Hôtel de ville! voilà ce qui fut décidé.

XI

M. Louis Blanc a dit lui-même dans ses œuvres les motifs de cette détermination.

« Le 17 mars était apparu aux royalistes comme la révélation d'un nouvel univers. Plus que du bruit de la fusillade, plus que du roulement des canons sur le pavé, ils avaient pris alarme de ce silence épique du peuple. Leur insomnie les retrouvait traversant Paris, ces calmes légions sorties tout à coup de tant d'ateliers fraternels. Quelle force pour des hommes d'État vraiment pénétrés de l'esprit de la Révolution! Mais que vaudrait le levier d'Archimède aux mains d'hommes obstinés à vouloir l'immobilité du monde? ..... Un mois s'était écoulé depuis le 17 mars. Encouragés par l'impassible modération du Gouvernement provisoire, les partis vaincus cherchaient à se reconnaître et commençaient à gronder. Quant à la presse royaliste, rendue dès le premier jour certaine de l'impunité, elle attaquait sans relâche, elle insultait, elle calomniait, elle vouait à l'exécration et des générations futures et de la génération présente un pouvoir qu'elle savait résolu à respecter, dans les injures même dirigées contre lui, la présence de la liberté. Que dis-je? Nous poussions ce respect jusqu'à intervenir de nos personnes entre l'indignation du peuple et la rage de nos insulteurs. *Le Constitutionnel* s'était armé contre moi d'une plume aiguisée en stylet; j'empêchai l'invasion projetée de ses bureaux, en déclarant que je me regarderais comme personnellement offensé par ceux qui oseraient me défendre ainsi. A son tour, *la Presse,* de M. Émile de Girardin, ayant été menacée, MM. Lamartine et Ledru-Rollin la protégèrent.

» Mais pour que la modération d'un gouvernement soit honorable et honorée, il ne faut pas qu'on la puisse attribuer à sa faiblesse. Rien ne dispense mieux de la violence que la constatation de la force; or, comme le peuple avait prouvé, au 17 mars, jusqu'à quel point il était capable de demeurer maître de lui, je *fus charmé* qu'une occasion lui fût offerte de venir dire une fois encore : « Je suis là ! »

» De leur côté, les représentants des corporations attendaient avec une impatience légitime et croissante qu'on s'attaquât à leur ennemie, la misère! Ils reprochaient au gouvernement né de la Révolution d'hésiter devant un problème qui, résolu, était toute cette révolution. Tournant un regard inquiet vers les provinces, vers les campagnes encore à demi plongées dans les ténèbres, ils se demandaient si leurs espérances n'allaient pas rester étouffées au fond des urnes, sous ce nombre trop considérable, hélas! de boules qui appartiennent aux influences de position et de fortune, à l'intrigue, à l'ignorance, au hasard. Il fallait donc appuyer le Gouvernement provisoire, l'encourager au bien par des témoignages non équivoques de sympathie, mais en même temps le *pousser* à une généreuse initiative, et lui rappeler que dans ses préoccupations les moyens de détruire le prolétariat réclamaient la première place. »

XII

M. Louis Blanc a affirmé qu'il n'aspirait à aucune modification du Gouvernement provisoire. Moi, son ancien collègue, plus que tout autre je dois croire à sa parole; et si, dans mon histoire, malgré mes intentions, il ressortait la moindre équivoque, ce seraient les faits eux-mêmes qui domineraient ma volonté. Des revers communs ont rendu les sympathies communes. Passionné pour la vérité, je la recherche avec le soin minutieux de n'être ni injuste ni blessant, surtout envers ceux dont je ne partage pas les opinions.

M. Louis Blanc adhérait à une journée et à l'appel devant l'Hôtel de ville des cent cinquante mille ouvriers du 17 mars, dans le seul but, suivant son expression, de *pousser* le Gouvernement à une généreuse initiative! — C'était une pression! L'histoire est là pour démontrer les résultats ordinaires d'une pression par le peuple sur le pouvoir : toutes ont abouti à un changement de gouvernement. Au 17 mars, si les meneurs avaient échoué, c'est que le peuple était accouru pour défendre le Gouvernement provisoire et non pour le *pousser*.

M. Louis Blanc, membre du Gouvernement, usait de son droit dans le Conseil. Il avait proposé de profiter des embarras de la Banque de France pour la transformer en Banque d'État, de racheter toutes les industries en souffrance, au nom de l'État, avec du papier de l'État, et de les livrer, sous la direction de l'État, à des associations de travailleurs. Ses propositions avaient été rejetées comme désastreuses ou impraticables. Espérait-il obtenir leur acceptation en parlant au nom de cent cinquante mille hommes armés d'une puissance irrésistible et attendant satisfaction?

XIII

La manifestation résolue, restait à en fixer le jour. La revue de la garde nationale, de la garde mobile et de l'armée, avait été remise au 20 avril; les élections générales avaient été ajournées au 23 : la manifestation devait les devancer! L'on choisit donc le dimanche 16, et l'on désigna le Champ de Mars comme point de rassemblement. Le droit donné aux travailleurs d'élire parmi eux des officiers d'état-major fût le prétexte mis en avant pour attirer un plus grand nombre d'ouvriers, qui ne seraient sans doute pas venus pour une autre cause. Mais le prétexte devait bien vite faire place à la réalité. Des bannières préparées à l'avance et portant ces inscriptions : *Abolition de l'exploitation de l'homme par l'homme! Organisation du travail!* révéleraient aux ouvriers l'intention des chefs, tandis qu'une pétition, déjà rédigée, ferait connaître au Gouvernement et à la nation la volonté de ceux qui l'avaient ainsi formulée :

Les travailleurs du département de la Seine au Gouvernement provisoire.

« Citoyens!

» La réaction lève la tête; la calomnie, cette arme favorite des hommes sans principes et sans honneur, déverse de tous côtés son venin contagieux sur les véritables amis du peuple. C'est à nous, hommes de la Révolution, hommes d'action et de dévouement, qu'il appartient de déclarer au Gouvernement provisoire que le peuple veut *la République démocratique*, que le peuple veut *l'Abolition de l'exploitation de l'homme par l'homme*, que le peuple veut *l'organisation du travail par l'association.*

» *Vive la République! Vive le Gouvernement provisoire!* »

XIV

Que pouvait répondre le Gouvernement provisoire à ces termes impératifs : « Le peuple *veut* l'abolition de l'exploitation de l'homme par l'homme, le peuple *veut* l'organisation du travail? » Se laisserait-il imposer un système? Abaisserait-il sa dignité jusqu'à concéder à la force ce qu'il avait refusé à la discussion? Subissant la loi qui lui serait dictée, laisserait-il humilier l'autorité dans ses mains? Répudierait-il son honneur? Abdiquerait-il le pouvoir? — Le choix n'était pas douteux : la majorité du Conseil se retirerait.

C'était bien là le but poursuivi par le Club des clubs, par le club Blanqui, et connu de la préfecture de police et du ministère de l'intérieur.

XV

De tous les hommes désireux de modifier ou de renverser le Gouvernement, M. L. A. Blanqui était le plus violent. Sa nature l'y portait aussi bien que la vengeance. Depuis la publicité donnée aux révélations sur le 12 mai 1839, ce qui n'avait été pour lui qu'aspiration politique était devenu nécessité impérieuse. Cité devant un jury d'honneur, il refusait de s'y rendre, et préférait chercher une justification dans un audacieux coup de main qui le relèverait de la situation la plus fausse au faîte le plus haut, jusqu'à la dictature.

En proie à une fièvre qui ne le quittait plus, il remplissait de colères, de flammes, d'invectives, quelques pages où il tentait de démontrer la fausseté de l'accusation qui pesait sur lui. Il se retournait contre les hommes de l'Hôtel de ville, les dénonçait à ses partisans, et lançait sa déclaration de guerre en paroles empreintes de menaces et de haine.

Aidé de MM. Flotte, Lacambre et de quelques autres séides exaltés, il ne cessait de recruter des combattants, de gagner des alliés dans les clubs les plus résolus, de préparer des intelligences dans les faubourgs, auprès des gardiens mêmes de l'Hôtel de ville et des Montagnards de M. Caussidière, dont il avait adroitement séduit une partie par des promesses et des excitations. Ainsi préparé et pressé plus que jamais d'en finir par une entreprise, il avait fait porter ses propositions à la préfecture de police, au Luxembourg et au ministère de l'intérieur, quoiqu'il les accusât de complicité dans les calomnies dirigées contre lui. Il leur déclara vouloir agir avec eux, sans eux, et même contre eux s'ils refusaient son concours dans le mouvement déjà prêt.

Le dimanche 16 avril, devançant la revue et les élections, lui convenait mieux qu'à tout autre comme le jour le plus favorable à ses desseins. La convocation une fois faite par le Luxembourg, il saurait bien s'emparer de la position, exercer sa large part d'influence sur l'issue de la journée et se faire place au pouvoir.

XVI

M. Caussidière voyait en M. Blanqui un rival d'action, de conspiration et de popularité dans les clubs, ou bien un associé qu'il serait contraint d'accepter. Rival ou associé, il fallait à la fois s'en servir et s'en défendre, user de sa force révolutionnaire et l'absorber, se mettre en mesure de dépasser son élan et de le comprimer. M. Caussidière connaissait ses projets, ses préparatifs, ses complots, soit par des amis communs, soit par des propositions directes. Il épiait ses tentatives ténébreuses, se méfiait de son audace plus que de son courage, redoutait ses séides plus que lui, se tenait enfin sur une défensive assidue contre ses coups de main. M. Caussidière et M. Blanqui se détestaient l'un l'autre; mais ils avaient une haine commune contre la mairie de Paris, et ils voulaient tous les deux renverser la partie modérée du Gouvernement provisoire. Liés par de tels rapports dans les passions et dans le but, ils étaient bien forcés de marcher côte à côte, dans la même voie, d'employer les mêmes moyens. Bon gré, mal gré, rivés l'un à l'autre, c'était à qui des deux, après le succès, se retournerait le plus rapidement pour écraser son rival, afin de rester seul maître de la place.

Dans les conjonctures présentes, ni l'un ni l'autre ne pouvait se laisser dépasser par les intentions, par les doctrines, ni prévenir par l'exécution; sinon toute influence était perdue sur les hommes d'action, toujours plus pressés que les chefs, parce qu'ils ont des besoins plus urgents, des difficultés et des embarras moindres, et qu'ils comptent sur leur obscurité pour échapper aux suites de la défaite.

M. Caussidière ne se croyait pas obligé envers le Gouvernement provisoire. Malgré la confirmation officielle de sa position, il se disait qu'il avait conquis la préfecture de police, comme délégué du peuple; qu'il ne devait rien à ce Gouvernement; qu'il se devait tout à lui-même, à ses principes, à ses amis.

S'il était contraint de louvoyer, de composer avec les événements, il espérait bien les dominer un jour. Il visait à son indépendance; et, placé au second rang, il préparait les voies pour monter au premier. Doué de souplesse et de finesse, il se plaisait à jouer avec les hommes et les choses. Chez lui, l'affirmation contraire n'était pas le mensonge, mais l'adresse indispensable à son but.

Préfet de police, il était chargé de la surveillance des clubs, des meneurs et des machinations secrètes, tandis qu'il en était le chef comme homme de parti. Il avait sous sa main des cohortes de montagnards, des armes, des munitions, de l'argent, affectés au maintien de l'ordre public; et il pouvait s'en servir pour renverser. En rapport avec le Club des clubs, la Société des droits de l'homme, le Club de la Révolution, la Maison de la rue de Rivoli, le Luxembourg, et journellement avec le ministère de l'intérieur, il avait foi en sa puissance; et lorsqu'il voyait le Gouvernement provisoire isolé, sans force organisée, il croyait à la faiblesse de ce Gouvernement. Comparant alors sa puissance et cette faiblesse, il ne doutait pas de l'issue de la lutte : il ne lui restait plus qu'à choisir le jour, l'heure et le lieu.

Chaque soir, il délibérait avec ses amis sur l'occasion propice. Il allait chaque jour au ministère de l'intérieur par devoir de fonction; il sondait les dispositions de M. Ledru-Rollin, et il le pressait d'adhérer à ses desseins.

La date de la manifestation étant fixée, les conférences devinrent plus fréquentes. Le 14, une convocation instante fut adressée aux zélés.

Le 15, M. Caussidière remit à M. Sobrier une demande, écrite et adressée au ministre de l'intérieur, de mille fusils et de trente mille cartouches. Le préfet de police organisait en ce moment la garde républicaine et les gardiens de Paris; sa réclamation n'avait donc rien d'insolite et ne pouvait être refusée. Le chef du cabinet du ministre, obéissant aux ordres donnés, visa la demande, qui reçut son exécution au ministère de la guerre, après quelque hésitation du colonel de Bressolles, chargé de la distribution. Moitié de ces armes et de ces munitions fut portée par M. Sobrier à la Maison de la rue de Rivoli.

M. Caussidière entassait les munitions de toutes sortes. M. Grandménil avait écrit le 8 avril à l'un de ses neveux, fabricant de matières pyrotechniques à Angers : « Marc (Caussidière) vous recommande vivement de fabriquer dans le plus grand secret et d'apporter quelques-unes de vos bombes. Vous ne craignez plus rien; mais silence chez vous et ailleurs à ce sujet... »

Enfin, le 15 avril, la garde nationale, venue pour prendre son poste à la préfecture, le trouvait occupé, et se voyait, malgré ses réclamations au préfet de police, obligée de se retirer [1].

XVII

M. Sobrier allait partout, aux ministères des affaires étrangères, des finances, de l'intérieur. Il semblait dévoué à tout et à tous, et il l'était en effet. Il employait sa fortune au triomphe de toutes les causes républicaines et socialistes. Le premier sur la brèche, le dernier sur les listes des gouvernements que l'on organisait, il aimait la conspiration pour la conspiration, le secret pour le secret, l'action pour l'action. Caractère facile, il était de toutes les menées, se nourrissait de projets et les connaissait tous. Sans ambition, il aimait cependant jouer un rôle; sans vanité, il se complaisait dans son importance, heureux que l'on s'occupât de lui. Dangereux sans être méchant, il était prêt à vous combattre comme à vous soutenir. On croyait le tenir, et il vous échappait, non par trahison, mais par faiblesse à suivre un nouvel entraînement. Hostile à personne, il ne s'attirait aucune hostilité, et il servait souvent d'intermédiaire et de porteur de paroles.

Le 15, dans son journal, il annonçait les événements

[1] La garde nationale ne reprit son service à la préfecture que le 21 avril, lendemain d'une grande revue.

qui se préparaient, par ces mots insérés en gros caractères au bas d'une réclamation des ouvriers carriers : « ESPÉREZ, FRÈRES! le jour de la justice est proche! » et il signait.

En tête de la même feuille, le 16, il faisait connaître ainsi la manifestation convenue avec le Luxembourg : « Tous les corps d'état sont convoqués par leurs délégués, pour se réunir aujourd'hui, à huit heures précises du matin, et se rendre en corps au Champ de Mars, afin d'élire les capitaines d'état-major de la garde nationale qui doivent être choisis dans le sein des diverses industries. »

XVIII

Le mot d'ordre passait de bouche en bouche. Des placards sur les murs de Paris provoquaient les travailleurs. Une note de police, du 14, prévenait le ministre de l'intérieur : « Dès l'avant-veille au soir, on dit que les membres du Gouvernement provisoire du Luxembourg, en avertissant les délégués de se rendre le dimanche au Champ de Mars, pour l'élection des officiers d'état-major, ont en outre fort stimulé leur zèle pour qu'ils aient à en faire autant auprès de leurs camarades. Aussi, dès ce moment, des avis très-pressants, indiquant les points de réunion pour dimanche, sont placardés dans les quartiers populeux. »

Depuis les premiers jours d'avril, les rapports de police se succédaient. M. Carlier les adressait à M. Carteret, au secrétaire général, M. Jules Favre, et au ministre : « Les renseignements sont affirmatifs. L'intention des meneurs est d'épurer le Gouvernement provisoire, d'ajourner les élections, de constituer une dictature ou un comité de salut public, pour donner un nouvel essor à la Révolution. Dans certains conciliabules, on va jusqu'à vouloir l'élimination, au besoin par la force, par les armes, par le sang versé. L'horizon devient de plus en plus sombre. L'insurrection est résolue. Pour l'arrêter, il faut une détermination prompte et définitive. Que fera-t-on au ministère de l'intérieur? La question, nettement posée, exige une solution nettement formulée. »

XIX

Ces rapports ne révélaient rien à M. Ledru-Rollin. Chaque nuit, à la sortie des clubs, il recevait les délégués du Club des clubs, qui lui donnaient communication de la correspondance des citoyens envoyés dans les départements. Il apprenait en même temps, par leurs confidences ou leurs propositions, les intentions de pression des uns et les projets de renversement des autres. Des entrevues eurent lieu entre lui et MM. Flocon, Louis Blanc et Albert, pour délibérer sur ce qu'ils devaient faire. MM. Louis Blanc et Albert étaient résolus. M. Flocon était plus circonspect : il répugnait à abandonner au flot des conspirations des collègues près desquels il siégeait chaque jour.

XX

Des conférences s'établirent alors dans le cabinet du ministre, entre minuit et deux heures, après les travaux et les fatigues de la journée. A ces conférences assistaient MM. Flocon, Jules Favre, Carteret, Landrin, Portalis, Étienne Arago, Barbès, Élias Regnault et quelques autres. Ils examinaient et recherchaient la conduite à suivre. Les opinions étaient diverses.

Les partisans de l'action disaient à M. Ledru-Rollin : « La crise est trop violente pour durer : au premier jour elle éclatera. On a voulu la conciliation entre les différentes fractions des citoyens. Vains essais! Tentatives nuisibles qui n'ont produit que la faiblesse et l'impuissance! Vous ne pouvez à la fois satisfaire la bourgeoisie et contenter le peuple : la bourgeoisie craint le mouvement, le peuple veut marcher en avant. Entendez les plaintes d'un côté, les clameurs de l'autre! Tous protestent contre vos efforts. Les intérêts sont divisés, les volontés plus encore. La bourgeoisie ne veut rien céder; le peuple veut tout obtenir. La peur pousse la bourgeoisie à la réaction, la misère pousse le peuple à la Révolution. Le Gouvernement provisoire se débat entre ces deux grandes fractions de la nation. Ce qu'il fait, et il a beaucoup fait (nous en convenons volontiers), est reçu sans reconnaissance, parce qu'il n'est à personne, en voulant être à tous. Lisez les journaux des anciens partis. Ils retournent contre lui la liberté qu'il leur laisse. Sa grandeur d'âme, sa générosité, la protection dont il les couvre, n'arrêtent pas leurs attaques. Tout est par eux exploité. Une phrase, un mot, donnent prétexte à un débordement d'invectives. Chaque mesure soulève une critique amère, chaque décret excite leur courroux. Ces vieux partis sont intraitables. Si vous ne les écrasez pas, ils vous écraseront. — Lisez les journaux républicains. Ils savent gré au Gouvernement provisoire de quelques lois populaires et de sa bonne volonté. Mais ils lui reprochent avec raison de les livrer sans défense à leurs adversaires ; de manquer de hardiesse et d'énergie ; de ne pas couper le nœud gordien ; d'être retenu par des considérations banales ; de ne pas dominer l'époque ; de ne pas tracer le sillon où le peuple doit trouver satisfaction pour ses besoins ; de ne pas savoir s'élever assez haut pour imprimer à la Révolution une marche rapide que rien ne puisse arrêter. — Ainsi, de toutes parts, on murmure, on s'agite. Le mouvement se prépare irrésistible. Tout est prêt. On se lève! Le triomphe du peuple est certain.

» Et vous, Ledru-Rollin! qu'allez-vous faire? Vous, le chef des républicains avancés, allez-vous vous laisser déborder, perdre votre force avec votre popularité? En défendant la partie modérée du Gouvernement provisoire, allez-vous disparaître avec elle? A qui abandonnerez-vous le pouvoir? à Louis Blanc, dont vous n'aimez pas les doctrines ; à Blanqui, dont vous redoutez la violence? Livrerez-vous la France à des mains inhabiles ou insensées? Les clubs sont à vous! La préfecture de police est à vous! Vos amis sont là! Ils sont les plus nombreux. Ils vous appellent à leur tête, ils vous offrent la dictature pour sauver la Révolution. Délaisserez-vous plus longtemps soldats et lieutenants impatients, vous, leur général? Décidez, décidez, et la France est à vous! »

XXI

MM. Jules Favre, Landrin, Carteret, etc., qui désapprouvaient une journée, répliquaient à leur tour :

« Nous reconnaissons la justesse de certaines appréciations. Oui! la situation se complique. Oui! il y a impatience et ingratitude de tous côtés! Oui! la bonne volonté du Gouvernement provisoire est méconnue! L'abolition de la peine de mort, le suffrage universel, la presse affranchie, les libertés recouvrées, les droits établis, le travailleur proclamé citoyen, l'esclavage aboli, la nation grandie parmi les nations, les peuples émancipés à la voix de la France! Cela n'est rien.

» Les ouvriers veulent davantage. Ils veulent *l'organisation du travail.* Comment? par l'association. Mais laquelle? il y a dix théories. Vous pensez pouvoir donner satisfaction à toutes. Ne voyez-vous pas que l'insurrection qui se prépare est plus que révolutionnaire?... On vous propose la direction pour ne pas la laisser prendre à d'autres; et c'est par eux et pour eux que le peuple va être soulevé. Vous croyez être seul! on vous associera non-seulement Blanqui, mais Cabet et tous les rêveurs de rêves impossibles. Vous serez en lutte avec eux, dès le lendemain peut-être; et il vous faudra recommencer. C'est à l'anarchie qu'on vous mène, et, par l'anarchie, à la destruction de la République.

» Mais pourquoi faire la guerre à la bourgeoisie? S'est-elle montrée hostile? Une partie des anciens conservateurs, oui! Mais la bourgeoisie libérale et républicaine n'est-elle pas nombreuse, forte, éclairée, courageuse? Que sommes-nous donc tous? vous, nous, Barbès, Caussidière, Sobrier, Louis Blanc, Pierre Leroux, tous les chefs de clubs, sauf quelques-uns? des bourgeois. Ces distinctions sont fausses, inutiles, dangereuses.

» On veut modifier le Gouvernement provisoire. Quelles luttes avez-vous eues avec vos collègues? Que vous ont-ils refusé? Ils ne marchent pas assez vite? soit. Mais le terme de la course n'est pas loin. Dans vingt jours, l'Assemblée nationale sera réunie, le Gouvernement provisoire déposera ses pouvoirs; et vous aurez donné l'exemple inouï, unique, d'une dictature qui n'aura touché un seul citoyen ni dans sa personne, ni dans sa liberté, ni dans ses biens, qui aura repoussé la violence, la persécution, la vengeance, l'oppression, la banqueroute. Vous fondez ainsi la République sur des souvenirs ineffaçables. Contentez-vous de cette grandeur. N'allez pas plus loin. Prenez garde à la honte et au sang. »

Une raison d'honneur touchait surtout M. Ledru-Rollin et M. Flocon : « On veut épurer le Gouvernement provisoire, vous séparer, vous diviser, enlever la plupart de vos collègues. Ces hommes qui ont traversé avec vous les premiers jours, qui ont souffert avec vous, créé avec vous la République, et dont vous pressez la main à toute heure, vous allez les livrer à des mécontents! Vous allez conspirer contre eux sans savoir si vous pourrez arrêter le bras de quelques fanatiques. Quelle horrible responsabilité!

» Et, d'ailleurs, êtes-vous bien assuré du succès ? Croyez-vous que vos collègues se laisseront expulser sans se défendre, sans faire appel aux armes, à la garde nationale, à la bourgeoisie, à leurs amis ? La manifestation deviendra une bataille, une guerre civile !

» Un dernier argument : Êtes-vous sûr de vos alliés ? Vous croyez être un chef, et vous n'êtes qu'un instrument. Vous n'êtes que le bouclier derrière lequel on se cache, et qu'on brisera dès qu'on s'en sera servi. — De cette intrigue, de cette conspiration, vous n'avez pas et vous n'êtes pas le dernier mot! »

En effet, dans l'esprit des interlocuteurs, des soupçons planaient sur M. Caussidière lui-même. Des faits précis, désignés et vérifiés, des ordres non exécutés, malgré la volonté du ministre, leur démontraient suffisamment que le préfet de police était décidé à agir sans et même contre M. Ledru-Rollin.

XXII

M. Ledru-Rollin flottait indécis entre ces influences contraires. Le temps passait, et il écoutait toujours. Il prêtait l'oreille à tous les avis, et ne prévenait pas ses collègues. Il se trouvait dans cette situation doublement fausse : ou de paraître trahir ceux qui se confiaient à lui, s'il révélait leurs projets; ou de paraître trahir le Conseil, si lui, ministre chargé de la surveillance, ne l'instruisait pas des complots tramés contre le Gouvernement.

Le jour fixé, il hésitait encore.

Témoins et confidents de son irrésolution, en proie à une intolérable anxiété, MM. Landrin, Jules Favre et Carteret, qui partageaient avec lui la responsabilité du silence, se concertèrent pour lui annoncer, dans une dernière entrevue, leur ferme résolution d'obtenir de lui le désaveu formel de la manifestation, ou d'abandonner un poste où ils devenaient impuissants à empêcher ce qu'ils croyaient fatal à la République.

XXIII

Dans la nuit du 13 au 14, ils se rendent dans le cabinet du ministre, qui les reçoit avec une certaine réserve. Une conférence a lieu. Ils insistent avec plus de vigueur encore sur les considérations qu'ils ont déjà fait valoir, et ils donnent à leur argumentation une force nouvelle. Ils déroulent et résument les périls inévitables : l'abîme, l'inconnu, le pouvoir aux mains de Blanqui, aux mains des théoriciens les plus fougueux et les plus insensés, la guerre civile, le sang, la destruction de toutes les libertés, la trahison envers des collègues, la honte dans l'insuccès, le crime dans la victoire, l'autorité livrée à un assaut perpétuel, le peuple sans guide, sans drapeau, sans but, l'anarchie effrénée, la réaction, la monarchie restaurée comme dénoûment de cette épouvantable tragédie !

Loin d'employer un langage qui cherche à s'imposer, ils se servent de termes inspirés par l'amitié la plus sincère. Ces conseils ainsi fraternellement donnés pénètrent le cœur de M. Ledru-Rollin. L'offre de leur démission, s'ils n'ont pas une promesse positive, achève de l'entraîner ; sa conscience éclairée s'ouvre et s'épanche. La conversation prend un caractère d'abandon et de douce intimité. Ces messieurs se retirent heureux du résultat obtenu.

Mais le jour amène au ministre d'autres visites, d'autres sollicitations : « Lui, l'homme de la Révolution, s'opposera-t-il à un acte révolutionnaire? Le chef populaire entravera-t-il une démonstration du peuple ? Le chef de parti luttera-t-il contre la majorité de ses partisans ? »

Il ne peut se décider, et il attend encore.

XXIV

Les journées des 14 et 15 sont consacrées à préparer le mouvement. Le Luxembourg est en communication avec tous les ateliers. La préfecture de police se tient sous les armes, ainsi que la Maison de la rue de Rivoli. Le Club des clubs se déclare en permanence. La Société des Droits de l'homme prévient les sections, fixe des rendez-vous donnés sous divers prétextes. Blanqui trace leur rôle à ses principaux adhérents. — Chaque club prend ses dispositions.

Les procès-verbaux des séances abondent en documents sur ces menées. On ne peut en trouver une trace plus intéressante ni une preuve plus évidente que dans le procès-verbal du club de la Révolution, présidé par M. Barbès (15 avril au soir).

« La séance a été entièrement remplie par la discussion sur la manifestation préparée pour le lendemain. Il serait question de se réunir au Champ de Mars pour, de là, envoyer au Gouvernement provisoire une députation chargée de lui exprimer le sérieux mécontentement de toute la partie révolutionnaire du peuple, et de demander le prompt renvoi des Commissaires départementaux, dont les tendances réactionnaires sont manifestes.

» Cette démarche aurait aussi pour but d'obtenir une modification dans la composition du Gouvernement provisoire : le maintien de quelques membres et l'expulsion de ceux qui par leur faiblesse, par leur incapacité, compromettent la situation.

» L'on n'est pas bien fixé sur l'importance et sur le but véritable de cette manifestation, et l'on demande si le club de la Révolution doit ou non s'y adjoindre.

» Le citoyen Étienne Arago pense qu'il serait imprudent de s'associer à une démarche qui n'aurait pas un caractère de grandeur et de solennité imposante. Il propose que le club, avant de rien décider, nomme des délégués chargés de connaître la vérité sur ce fait, et qu'une permanence s'établisse pour le cas où l'on devrait agir.

» Plusieurs citoyens sont d'avis de prendre l'initiative et d'aviser ce soir.

» La proposition du citoyen Arago est adoptée; et les délégués sont aussitôt choisis pour éclaircir cette affaire.

» .... On se sépare en se donnant rendez-vous pour le lendemain matin. »

XXV

La Société démocratique centrale, composée en partie d'officiers supérieurs de la garde nationale, était convoquée d'urgence et en séance extraordinaire pour le samedi 15 avril, à sept heures et demie du soir, au secrétariat de l'État-major. En l'absence de M. Guinard, retenu au lit par la maladie, M. Haguette présidait.

Après délibération, on vote à l'unanimité « qu'il y aura manifestation portant sur les principes et non sur les personnes ». Une commission est chargée de rédiger, séance tenante, une adresse au Gouvernement. La commission, prévoyant que choisir le dimanche 16 c'est s'associer à la démonstration, propose l'ajournement au lundi. La réunion convient qu'elle se rassemblera le 16, à huit heures du matin, pour présenter le projet d'adresse qui sera prêt à dix heures; et, afin qu'aucun membre de la Société ne puisse s'abstenir, une sommation est faite aussitôt en ces termes :

« Citoyen,

» Une manifestation doit avoir lieu demain près du Gouvernement provisoire. — On a décidé que tout membre qui s'abstiendrait sans justification serait réputé démissionnaire. — On se réunira à dix heures du matin, au lieu ordinaire des séances. »

L'adresse devait être portée par les officiers supérieurs de la garde nationale membres de la Société, en uniforme et drapeau en tête. Elle fut ainsi rédigée, après une entrevue confidentielle de deux membres de la commission avec M. Louis Blanc :

« Jusqu'à ce jour, la Société démocratique centrale a franchement appuyé le Gouvernement provisoire de la République. Ses dispositions étaient si bien connues de tous, qu'on lui a, dans plus d'une occasion, reproché d'être aveuglément ministérielle. Elle pensait qu'un pouvoir né d'hier, et dont toute la force repose sur la confiance du peuple, devait être soutenu par ceux qui ont si longtemps combattu et souffert pour la démocratie. Elle ne regrette point ce qu'elle a fait. Mais, éclairée par des faits nombreux, évidents, caractéristiques, elle vient aujourd'hui, en conseillère amie, vous dire, elle vient vous crier :

« Citoyens,

» Vous vous êtes chargés de défendre les droits du peuple : les droits du peuple sont méconnus. Vous vous êtes faits les défenseurs officiels de la démocratie : la démocratie serait en péril si elle pouvait jamais l'être. Nous ne disons pas qu'il y a parmi vous des hommes volontairement rétrogrades, mais nous vous disons qu'il y a parmi vous des hommes stationnaires..... Eh bien! citoyens, prenez-y garde : ne pas avancer, c'est reculer.

» Citoyens, ce qui apparaît aujourd'hui à tous les yeux clairvoyants, c'est que nous sommes déjà rentrés dans le cercle où, pendant dix-huit ans, nous nous sommes si péniblement débattus, c'est que les hommes qui ont perdu l'ancien pouvoir occupent déjà les abords du pouvoir nouveau.

» Le peuple, tant de fois trompé, a les yeux ouverts. Il veut que la Révolution faite par lui ait été faite pour lui. Il ne se payera plus de formes ni de noms nouveaux. La Révolution est, à ses yeux et dans sa conviction, essentiellement démocratique et sociale. Il ne comprend pas que l'homme puisse désormais être exploité par l'homme, qu'il y ait encore des prolétaires. Il veut que le travail soit organisé, graduellement et sans secousses, par l'association libre. Il entend enfin que le mot de fraternité ne soit pas un vain mot. Le rôle de la Société démocratique est nettement tracé : elle a toujours été, elle restera toujours avec le peuple. Elle vient donc supplier aujourd'hui le Gouvernement provisoire d'écouter la voix du peuple et de marcher avec lui. »

XXVI

Les officiers supérieurs de la garde nationale qui signèrent cette adresse exprimaient, sous une forme plus digne et plus respectueuse, mais aussi significative, les mêmes volontés que les délégués du Luxembourg ; et, cela, le même jour!

Tandis que le Gouvernement provisoire hâtait de tous ses vœux et de tous ses efforts la constitution de la garde nationale, — du peuple armé, organisé, — pour lui remettre l'honneur de la République, le maintien de l'ordre et la défense de la liberté, une partie de l'état-major de cette garde nationale voulait peser sur ses résolutions, lui signalait ses membres stationnaires, lui signifiait une adhésion au mouvement, et l'abandonnait au hasard d'une journée. Ainsi, la dernière espérance du Gouvernement, le frein du peuple contre ses propres passions, la seule garantie de la nation contre les factions isolées, l'unique protection de la loi, allaient disparaître dans ce tourbillon qui menaçait de tout engloutir.

Certes, ces officiers étaient dévoués à la République, à l'ordre, à la liberté; hommes de cœur, ils avaient fait leurs preuves de patriotisme et d'abnégation; ils étaient favorables plutôt qu'hostiles aux membres du Gouvernement provisoire, et cependant ils se laissaient dériver vers l'inconnu. Ils subissaient la contagion de l'époque. L'habitude en eux dominait le bon vouloir : accoutumés depuis longues années à lutter chaque jour, ils ne pouvaient changer de ton et de langage, subitement, avec le changement de situation. Le mot *ministériel* avait été dans leur bouche une flétrissure si fréquemment infligée à leurs adversaires, qu'ils repoussaient comme un stigmate cette qualification qu'on pouvait leur appliquer depuis que leur parti était parvenu au pouvoir. Au lieu de s'en glorifier, ils s'en défendaient et en avaient honte. Approuver les actes de l'autorité leur semblait inouï; les contredire était si naturel! Protéger et conserver n'était point leur fait; ils se sentaient créés pour avancer et marcher toujours. Aussi, à la veille d'une manifestation, étaient-ils fatalement portés à la participation, non à la compression.

Tous les partis ont les défauts inhérents à leur essence même. Un défaut des hommes du progrès est de ne jamais vouloir être distancés, ni dans la critique, ni dans les principes, ni dans l'action. La popularité étant le prix, c'est une espèce de course au clocher où l'on doit tout surmonter pour arriver le premier, sauf à briser ou à être brisé. Lancé, on ne peut plus s'arrêter à volonté : la tête tourne, et l'on se précipite toujours en avant jusqu'à l'abîme. On cède au vertige qui éblouit et emporte. La justice absolue, la morale, cessent d'être la règle suprême. Combien de démocrates ont été la proie de ce délire! Combien ont été poussés bien au delà de leurs intentions! Que de fautes, de défaillances, de chutes, de désastres, de persécutions! Que de révolutions avortées pour avoir été trop vivement menées! L'histoire abonde en exemples.

Combien de défaites à subir encore pour acquérir l'expérience! Combien de purifications par le martyre!

XXVII

Ainsi abandonné par tous, le Gouvernement provisoire ne s'abandonnait pas. Habitué aux tempêtes, il attendait l'orage sans se déconcerter. Les bruits, les clameurs, le tumulte d'une foule éperdue, lui avaient apporté leurs menaces, et il n'avait pas détourné la tête : il avait regardé en face le danger. C'est qu'il puisait sa force dans sa conscience, qu'il voulait fonder la République sur la liberté la plus complète; c'est qu'il avait foi en son œuvre.

M. Lamartine, par ses conversations avec certains membres des clubs; MM. Marrast, Pagnerre, Buchez,

Recurt, Edm. Adam, par les avis de quelques détenus politiques, amis de vieille date; MM. Garnier-Pagès et Duclerc, par les rapports de M. Rébillot, colonel de la gendarmerie départementale, avaient bien eu connaissance de signes précurseurs d'une journée. Mais les principaux meneurs couvraient encore de prétextes leurs projets, simulaient les motifs les plus plausibles, et ne disaient leur dernier mot que dans des conférences secrètes. Les notions sur leur véritable plan demeuraient donc vagues et confuses.

XXVIII

Le 15, à midi et demi, en séance du Conseil, au ministère des finances, M. Ledru-Rollin, dans son rapport journalier, parla de la manifestation projetée.

M. Pagnerre fut chargé de rappeler à M. Marrast, alors absent, qu'il avait à rédiger, au nom du Gouvernement provisoire, une proclamation pour annoncer au peuple la fête de la distribution des drapeaux et le caractère essentiellement fraternel de cette solennité. On voulait faire un appel à la concorde et à l'union, avant la journée du 16.

La manifestation devint ensuite l'objet d'une grave discussion.

M. Louis Blanc déclara l'intention des ouvriers d'élire leurs officiers d'état-major de la garde nationale. — M. Ledru-Rollin fut plus précis : « Trois clubs doivent présenter un programme au Gouvernement provisoire. Blanqui cherche à profiter du rassemblement au Champ de Mars pour exciter un soulèvement. »

On se demanda s'il convenait d'arrêter Blanqui et quelques autres : « Vaut-il mieux couper le mal à sa racine, et s'emparer préventivement de l'instigateur le plus dangereux? Vaut-il mieux le surveiller, et le saisir en flagrant délit d'actes publics et irrécusables? Jusqu'à présent, pas une arrestation n'a été ordonnée; la République a inauguré le respect profond de la liberté individuelle. Le fait est seul punissable, et non la pensée. Changera-t-on ce système? et si l'on commence, jusqu'où ira-t-on? Après une personne, une autre; après les hommes d'un parti, ceux des autres partis; après les fauteurs de l'action, les fauteurs de la réaction. Dès lors, la porte est ouverte aux persécutions. La dictature improvisée par le peuple perd sa généreuse grandeur. Le premier pas est fait vers la tyrannie, au moment où un nouveau pouvoir, régulièrement élu par le suffrage universel, va être saisi du droit et du devoir de comprimer sévèrement les audacieuses et coupables tentatives. La politique et le courage conseillent au Gouvernement provisoire de s'abstenir des rigueurs et des poursuites judiciaires, et de laisser les prisons vides à l'heure de sa retraite. On n'évoquera plus contre la République le fantôme sanglant du passé. Les plaintes d'ailleurs sont-elles fondées? Les griefs sont-ils sérieux? »

MM. Marie, Lamartine, Crémieux, Carnot, Garnier-Pagès, parlent tour à tour : « Devant quel progrès possible a-t-on reculé? Quelle mesure praticable a-t-on repoussée? Les chefs des clubs exaltés n'ont que des paroles creuses; lorsqu'on les presse, on n'y trouve rien que du vide. De leurs innombrables conférences est-il sorti une seule idée efficace, un seul projet réalisable, une seule réclamation admissible ? En désaccord entre eux sur la théorie et sur l'application, ils n'ont rien élaboré. On n'en pourrait satisfaire un sans mécontenter tous les autres. Réunis pour renverser, ils sont divisés pour édifier.

» Au surplus, le Gouvernement ne se refuse pas à expérimenter les systèmes; mais prescrire au hasard à la société des errements nouveaux n'est-ce pas vouloir l'impraticable, et tenter une folie? Les ouvriers souffrent, c'est vrai. Une crise affreuse, qui date de loin, ruine l'industrie. Le travail manque aux bras impatients. Mais la première loi du travail, c'est l'ordre; l'ordre fait reparaître le capital, et le capital vivifie le travail. Que font les chefs des clubs ? Ils agitent sans cesse. Remplis d'un feu dévorant, ils préparent des démonstrations et produisent une émotion qui se traduit en privations pour l'ouvrier, en jetant dans les esprits l'incertitude et la crainte. Dans ce trouble général, il y a danger pour le consommateur qui n'ose acheter, pour le commerçant qui n'ose vendre, pour le travailleur qui n'ose produire. Les passions des meneurs prolongent la misère du peuple au nom duquel ils réclament. On demande ce que les ouvriers ont gagné à la Révolution de Février : ils y ont gagné le titre et la qualité de citoyens; le reste viendra. Ils ont conquis une place et des droits égaux à ceux de tous les Français. Ils ont leur part de souveraineté. — Ceux qui veulent une démonstration ont la prétention d'imposer leurs principes au pays. Avant la représentation régulièrement élue de la nation, imposer telle ou telle opinion, tel ou tel choix, telle ou telle conduite, n'est-ce pas porter atteinte à l'indépendance des départements? — La République et la Liberté ne sont qu'une même chose et qu'un même nom. — Nous resterons, quoi qu'on fasse, fidèles à cette pensée. — Dans cette voie où le devoir et l'honneur nous inspirent, on peut nous renverser, on ne peut nous intimider. — Nous n'avons qu'un but : l'union de tous les enfants de la République. »

Une inquiétude vague préoccupait cependant les membres du Gouvernement provisoire : les uns par ce qu'ils savaient, les autres par ce qu'ils ignoraient. D'un côté, secrets et irrésolutions; de l'autre, méfiances et soupçons.

La séance fut remise au soir. Les généraux commandant la garde nationale et la garde mobile furent convoqués.

XXIX

Cette séance eut lieu, au ministère des finances, à huit heures et demie.

« Nous ne sommes pas suffisamment renseignés sur les événements, » avaient dit le matin M. Lamartine à MM. Carnot, Garnier-Pagès et Duclerc. « Dans l'intérêt de la République, de la sécurité commune, je vais réclamer 150 000 francs de fonds secrets pour le ministère des affaires étrangères. Des périls nous menacent; nous ne pouvons nous laisser surprendre. Je veille! veillez aussi ! L'Hôtel de ville a également besoin de se tenir sur ses gardes. Concentrons nos forces, nos moyens. Sauvons le pays ! Sauvons de leurs propres erreurs les républicains les plus exaltés! Ils ne savent où ils vont! C'est une fièvre épidémique qui les pousse! Préservons-nous d'eux! Préservons-les d'eux-mêmes. »

XXX

Le Conseil commença par voter sans discussion cette demande de crédit; puis il reprit la question de la convocation des ouvriers au Champ de Mars.

On en démontre le péril à M. Louis Blanc; on lui demande d'employer son influence à le détourner. M. Louis Blanc affirme son impuissance. M. Albert fait la même réponse. Tous deux cherchent à justifier la manifestation par le prétexte dont elle se couvre, et à rassurer sur les craintes qu'elle peut inspirer. Par dignité, on n'insiste pas.

Une déclaration franche et cordiale de M. Flocon rassérène la situation. « Quoi qu'il advienne, » s'écrie-t-il, « dans l'intérêt de la République et pour notre honneur, il faut qu'il ne soit porté aucune atteinte à la constitution du Gouvernement provisoire. »

Les événements grandissaient M. Flocon; l'exercice du pouvoir l'élevait. Il se montrait homme d'autorité. Il surprenait par des idées et des reparties inattendues. Il luttait encore en lui-même contre ses habitudes d'opposition et ses préventions personnelles; se laissant parfois aller à des mouvements brusques, il savait les réprimer à l'instant. Il se formait aux affaires et prouvait qu'il avait l'intelligence pour les comprendre et la capacité pour les conduire. Sa raison mûrissait chaque jour. Il n'était pas de ceux-là qu'un ministère écrase, mais bien de ceux qu'un ministère développe. La veille du 16 avril, il fut sincère avec tous. On voyait qu'il eût préféré partager le gouvernement avec des hommes plus en rapport d'opinions avec lui, mais il lui répugnait de délaisser ceux auxquels le 24 février l'avait associé. Un seul membre du Conseil lui était antipathique, c'était M. Marrast : ancienne rivalité, non encore éteinte, entre le rédacteur en chef de *la Réforme* et le rédacteur en chef du *National !*

XXXI

Un nouveau sujet d'alarmes amena les explications du général Duvivier au Conseil. Les jeunes ouvriers qui composaient la garde mobile portaient encore les vêtements déchirés des barricades ou les blouses de l'atelier ; ils réclamaient l'uniforme. Un mécontentement sourd, facile à exploiter, circulait dans leurs rangs. Si la lutte surgissait, qui l'emporterait en eux, de la discipline, lien si nouveau pour ces enfants de Paris, ou de l'habitude invétérée de l'émeute et de l'insurrection ? Tout était donc trouble et incertitude de ce côté. Le général énuméra les causes de retard, les marchés passés, les promesses d'habillement complet pour le 3 mai, veille du jour où l'Assemblée nationale devait inaugurer la République. Jusqu'à ce jour, et dès le lendemain même, 16 avril, il comptait dominer par son influence. — Ce n'était qu'une espérance !

XXXII

Le Conseil ne pouvait savoir ce qui se passait le soir même dans les clubs et dans les comités secrets. Tout en découvrant dans la manifestation une pression à laquelle il saurait bien résister, il ne croyait pas à une conspiration violente. L'indécision même de l'attaque le laissait irrésolu dans la défense. Toutefois il ordonna des mesures de précaution. La garde habituelle de l'Hôtel de ville serait augmentée de 400 hommes; les postes du ministère des finances, siége habituel des délibérations du Gouvernement, seraient doublés; des piquets seraient commandés dans toutes les mairies; de fortes patrouilles circuleraient à travers Paris pour maintenir l'ordre et rassurer la ville par l'aspect d'une force régulière.

XXXIII

Avant de se séparer le Conseil approuva, sur la proposition du ministre de la guerre, la mise à la retraite d'un certain nombre d'officiers supérieurs de l'armée, dont nous avons déjà parlé, et, sur la proposition du ministre des finances, l'établissement d'un impôt temporaire sur les créances hypothécaires et l'abolition de l'impôt sur le sel, dont nous parlerons plus loin. C'était une satisfaction à la Révolution et au peuple; c'était un démenti formel aux accusations portées contre le Gouvernement provisoire de ménager les positions des adversaires de la République, de n'oser aucune modification au système financier qui pesait plus sur le pauvre que sur le riche, et de ne rien entreprendre en faveur de l'agriculture, du commerce et de l'industrie.

CHAPITRE HUITIÈME.

Programme des chefs clubistes. — Sentiments et projets divers. — Ouvertures de M. Blanqui à M. Ledru-Rollin repoussées. — Mesures de précaution prises par les membres du Gouvernement provisoire et par l'Hôtel de ville. — Paris, le 16 avril au matin. — Séance à l'Hippodrome : manifeste des Sociétés secrètes, déclaration des Droits de l'homme. — Réunion au Champ de Mars; excitation; M. Blanqui. — M. Carteret à la préfecture de police; sa conversation avec M. Caussidière; il la rapporte à M. Ledru-Rollin; détermination de M. Ledru-Rollin contre la manifestation; il va au ministère des affaires étrangères. — Paroles de M. Lamartine à M. Lherbette. — Entrevue de MM. Lamartine et Ledru-Rollin; leur entente. — M. Lamartine à l'État-major de la garde mobile et à l'État-major de la garde nationale. — M. Ledru-Rollin donne au général Courtais l'ordre de faire battre le rappel; le général en avise le ministre des finances; approbation. — Dispositions défensives du ministère des finances. — M. Ledru-Rollin rentre à son ministère; surviennent MM. Louis Blanc et Albert; leur émotion en entendant battre le rappel; leurs observations à M. Ledru-Rollin. — Députation et adresse de la Société démocratique centrale; réception au ministère des finances; MM. Flocon et Garnier-Pagès signalent la vérité de la situation; la députation se retire pour aller prêter main-forte au Gouvernement. — Préparatifs de défense à la mairie de Paris; M. Buchez; entretien de M. Arago et de M. Buchez; M. Arago va aux mairies des cinquième et huitième arrondissements; dernières dispositions de M. Buchez; il reçoit une communication et un renfort de la préfecture de police; arrivée de MM. Lamartine, Marrast, Changarnier; perplexités des membres du Gouvernement provisoire; inquiétudes à l'Hôtel de ville sur l'État-major; M. Edm. Adam va porter des ordres. — Anxiété de Paris; le rappel est un réveil. — MM. Louis Blanc et Albert proposent au Conseil de se transporter du ministère des finances à l'Hôtel de ville; refus. — Les secours arrivent à l'Hôtel de ville et l'entourent de leur protection; paroles de MM. Buchez et Lamartine. — Mesures des généraux Duvivier et Courtais. — Les masses se sont prononcées en faveur du Gouvernement provisoire; elles ont obéi aux sentiments de liberté et d'union. — Champ de Mars : le nombre des ouvriers diminue au bruit du rappel; on se met en marche sur l'Hôtel de ville; en chemin, la colonne est coupée par la garde nationale; elle ne peut aller plus avant; elle envoie demander passage. — Hôtel de ville : l'enthousiasme est au comble; députations innombrables; réponses de MM. Lamartine, Marrast, Buchez, Recurt. — Conseil donné à la majorité du Gouvernement de se séparer de la minorité; refus; le Gouvernement provisoire doit rester entier jusqu'à la remise de ses pouvoirs. — La députation de la colonne du Champ de Mars parvient à l'Hôtel de ville; M. Edm. Adam la reçoit. — Tous les membres du Gouvernement provisoire sont réunis à l'Hôtel de ville; ils descendent sur la place; ovation; défilé. — « A bas les communistes! » protestation de la nation contre les sectaires. — Extrait des *Confessions d'un révolutionnaire.* — Fausse application des mots « socialisme, social, socialiste »; fantômes qu'ils suscitent et que la République renie. — La démonstration du 16 avril ne pouvait qu'être fatale à la République. — La France accomplira son œuvre.

I

La nuit du samedi au dimanche fut employée, par les chefs clubistes, à concentrer le mouvement du lendemain et à lui donner de l'unité. S'ils y parvenaient, le succès leur paraissait assuré. Le Gouvernement provisoire, de toutes parts cerné, verrait toutes les forces lui manquer à la fois. Le Luxembourg, la préfecture de police, la Maison de la rue de Rivoli, le ministère de l'intérieur, l'État-major de la garde nationale, la garde mobile (dont certains officiers promettaient le concours à la démonstration), les clubs, les adhérents de M. Blanqui, les faubourgs, le peuple, devaient aisément triompher de quelques hommes pris au dépourvu, réunis ou séparés, à l'Hôtel de ville, aux finances, ou dans leurs différents ministères. Ce résultat était d'autant moins douteux que les chefs espéraient bien faire accepter à la minorité, au nom de la population rassemblée, la mission de représenter et d'exécuter la volonté de tous.

Dans leur pensée, la journée du 16 avril verrait

enfin une dictature plus audacieuse; la France serait enfin vigoureusement gouvernée; les demi-mesures, les moyens termes, les idées tempérées et conciliatrices, feraient place aux mesures, aux moyens, aux idées révolutionnaires. L'impôt d'un milliard sur les riches, le milliard repris aux émigrés, la confiscation des biens de la famille d'Orléans, l'incarcération ou la déportation des réactionnaires les plus importants, la conversion de la Banque en banque d'État, le papier-monnaie, le rachat des usines et des fabriques désormais confiées à l'expérimentation des nouvelles théories et aux associations, la suspension du payement de toutes les dettes des anciennes monarchies, le changement de tous les employés, la transformation de toutes les administrations, l'ajournement de l'Assemblée nationale constituante, un comité de salut public! tel était le programme à appliquer après le renversement du Gouvernement provisoire.

II

Toutefois, parmi les organisateurs de la démonstration, les ambitions et les projets étaient divers. Les uns ne désiraient qu'une pression; d'autres voulaient une modification; ceux-ci aspiraient à un bouleversement; ceux-là proposaient des noms impossibles; M. Blanqui exigeait sa place; M. Barbès, convaincu de la trahison de M. Blanqui, était prêt à lui résister.

Il ne s'agissait déjà plus de la dictature unique de M. Ledru-Rollin, mais d'une dictature partagée, partagée avec M. Blanqui! Dans cette nuit, en effet, M. Ledru-Rollin reçut des ouvertures de la part de M. Blanqui; il les repoussa énergiquement. Vers une heure du matin, quelques délégués des clubs, réunis au pied de l'obélisque, à l'endroit même où Louis-Philippe était monté en voiture pour s'enfuir, dépêchèrent quatre d'entre eux à M. Ledru-Rollin pour l'informer que les Sociétés étaient en permanence et en armes, et pour le solliciter d'en prendre la direction. A peine furent-ils écoutés. M. Sobrier survint et insista en faveur de la coopération de M. Blanqui. Il n'obtint qu'un refus persistant.

Pendant ces pourparlers, les préparatifs ne s'en poursuivaient pas moins, et même avec plus d'activité; car dans l'inconnu du dénoûment, l'autorité serait probablement le prix de la course, de la ruse ou de la force. Chacun songeait à grouper les siens et à mettre en jeu toutes ses ressources. La préfecture de police s'armait, également disposée pour l'attaque et pour la résistance aux affidés de M. Blanqui. La nuit même elle eut une alerte, sur le faux bruit d'un coup de main de ce conjuré.

Au milieu de toutes ces menées, on ignorait encore si les chefs, ainsi placés les uns en face des autres, neutraliseraient ou uniraient leurs efforts. La solution était peut-être dans la volonté de M. Ledru-Rollin. Il n'avait qu'un mot à dire : il ne l'avait point prononcé quand le jour parut.

III

Les membres du Gouvernement provisoire ne restaient pas immobiles devant cet abîme dont la profondeur était insondable. M. Lamartine passait une partie de la nuit à envoyer des émissaires dans les faubourgs, convoquait quelques élèves de l'École polytechnique et des officiers de la garde nationale, pour lui servir d'intermédiaires avec les citoyens dont il pouvait espérer le concours. MM. Garnier-Pagès et Duclerc, secondés par un jeune officier plein de courage, M. Maréchal, assuraient les délibérations du Conseil, qui devait se rassembler au ministère des finances, le 16, à midi. M. Marie usait de son influence sur les Ateliers nationaux pour les enlever à la manifestation. M. Arago devait se tenir au ministère de la guerre. Dans le cas d'un incident imprévu, chacun se porterait là où sa présence serait nécessaire.

L'Hôtel de ville, siége du pouvoir, où les gouvernements naissent et meurent, devait attirer les principaux efforts des insurgés. MM. Marrast, Buchez, Recurt, Edm. Adam, y redoublaient de vigilance. M. Buchez, tenu en défiance par certaines confidences personnelles, avait communiqué ses soupçons à M. Marrast, qui n'avait point paru partager aussi vivement ses craintes. Il n'en avait pas moins persisté à prendre, d'accord avec ses collègues, des mesures de précaution. Dès le vendredi soir, dans une réunion, il prévint les maires des arrondissements de se mettre sur la défensive et de s'entourer de gardes nationaux volontaires. Il manda au colonel de la 9e légion de tenir mille hommes à sa disposition; après s'être concerté avec le général Duvivier pour le doublement des postes, il s'entendit avec le commandant en second de l'Hôtel de ville, M. Beaumont, sur lequel il pouvait compter. Il convint enfin avec M. Émile Thomas que des ordres seraient donnés pour détourner du Champ de Mars les ouvriers des Ateliers nationaux, mais que les élèves de l'École centrale s'y rendraient, afin d'user de leur influence sur ceux qui y seraient venus.

IV

Le dimanche 16 avril, dès le matin, on voit circuler dans les rues, sur les boulevards, sur les quais, sur les places, des groupes portant des bannières de corps d'état ou de clubs, ornées de rubans et d'emblèmes divers; sur quelques-unes on lit : « *Abolition de l'exploitation de l'homme par l'homme! Organisation du travail! Égalité!* » mots d'ordre de la journée. La plupart des hommes qui composent ces groupes ignorent le but réel des meneurs : ils croient n'avoir qu'à élire des officiers d'état-major. Les uns, aimant le bruit pour le bruit, vont à la foule pour s'unir à la foule; d'autres, portant leurs vues plus loin, se plaisent à la pensée de montrer encore une fois à la capitale leur nombre et leur puissance; certains, initiés aux projets des chefs, s'animent à l'action par les chants de la *Marseillaise* et des *Girondins;* les plus déterminés ont des armes sous leurs blouses. La masse se dirige sur les Champs-Élysées; cinq mille environ vont à l'Hippodrome, à une séance où ils ont été convoqués au nom des *Ateliers réunis*.

V

Cette séance commence par la communication d'une lettre de M. Caussidière, qui, invité à y assister, exprime en termes très-chaleureux le regret de ne pouvoir s'y rendre. La lecture d'un manifeste des Sociétés secrètes est suivie de celle d'une déclaration des Droits de l'homme. Le manifeste, fort bien rédigé, rappelle avec art les persécutions, les exils, les prisons, les échafauds qui ont décimé les républicains, évoque les martyrs de la liberté (Berton, Bories, Vallée, Caron); il excite l'enthousiasme. La déclaration des Droits de l'homme débute ainsi : « Ce que nous voulons maintenant, c'est la solution de la question sociale, et un prompt remède aux souffrances des travailleurs. » Elle se termine par cette phrase : « Tout gouvernement qui viole les principes éternels d'égalité, de liberté, de fraternité, est l'ennemi des peuples. L'insurrection contre lui est le plus saint des devoirs. » Des applaudissements frénétiques ajoutent à l'exaltation. Peu après entre un messager. Il accourt du Champ de Mars faire appel à la réunion, qui accueille cette invitation et se lève aux cris de « Vive la République ! »

VI

Entre onze heures et midi, la masse rassemblée est de trente à quarante mille hommes. L'arrivée devant l'Hôtel de ville est fixée à deux heures. On entend ce long murmure de la foule qui semble être le bruit sourd des flots de la mer et qui en a la puissance. Des conversations, puis des discussions s'établissent, les unes inoffensives, les autres hostiles. Les opinions se heurtent. Des soupçons on passe aux reproches, des plaintes aux accusations. Mille rumeurs sont habilement semées contre le Gouvernement provisoire : « Il est indifférent aux misères du peuple. Il voit, sans en être ému, les souffrances de l'ouvrier. Il ferme l'oreille aux gémissements du pauvre. Il est faible ou incapable. Une telle situation est intolérable et ne peut se prolonger. C'est au peuple à aviser ! » Çà et là, des fauteurs parcourent les groupes, répandant les invectives et les attaques. On s'agite, mais ce n'est pas encore un soulèvement. M. Blanqui arrive, va, vient, distribue des exemplaires de sa philippique contre l'Hôtel de ville, et dévoile ses projets. Il s'informe : « Les bannières des ateliers et des clubs sur lesquels il compte le plus ont-elles paru ? » Sur la réponse affirmative, il tente de se faire suivre par la foule qu'il parcourt. On dit même que, pour vaincre certaines hésitations, il ne craignit pas d'avancer que « le Gouvernement provisoire avait révoqué les délégués du Luxembourg et fermé les portes de leur salle de réunion ; qu'il voulait escamoter la République ;

que huit de ses membres devaient être remplacés. » C'était verser l'huile sur le feu. Il fallait bien surexciter les colères et soulever les passions, pour lancer cette multitude contre l'Hôtel de ville !

La colonne devait suivre les quais. Sur son passage des clubs attendaient pour prendre la tête. Rien n'avait été négligé. Tout obstacle était aplani, afin d'obtenir un résultat plus positif que celui du 17 mars. Des hommes résolus devaient donner l'impulsion. Des intelligences étaient établies avec quelques gardes du poste de l'Hôtel de ville, appelé « le poste des Morts », qui déjà avaient introduit du sable dans les fusils de leurs camarades. Les 40 000 hommes du Champ de Mars, chantant *la Marseillaise,* s'avançant à pas cadencés, ramassant en chemin les curieux et les oisifs, arriveraient au nombre de 100 000 devant l'Hôtel de ville, l'enserreraient, couvriraient les quais et les rues adjacentes, et dicteraient leur loi suprême. Le plan était net, l'exécution facile.

VII

Le matin, entre sept et huit heures, M. Carteret, inquiet des dispositions de M. Caussidière, s'était rendu auprès de lui. Il avait vu tous les préparatifs d'une lutte : les sentinelles avancées, les armes en faisceau dans les cours, les montagnards avec les pistolets à la ceinture et le sabre traînant.

M. Caussidière ignorait si M. Carteret était initié aux dernières démarches; M. Carteret voulait sonder M. Caussidière. Entre les deux interlocuteurs eut lieu une conversation énigmatique, à demi-mots, à double signification. Enfin, sur cette demande positive : « Que faut-il dire de votre part à M. Ledru-Rollin ? » M. Caussidière répondit : « Dites-lui de monter à cheval, d'aller au Champ de Mars et d'y prononcer un discours. » — « Quel discours ? » — « Un discours comme il l'entendra... Ledru-Rollin me comprendra. »

Ces paroles, malgré leur forme ambiguë, invitaient clairement M. Ledru-Rollin à prendre la direction du mouvement, à s'en faire le chef, à devenir ainsi l'arbitre de la journée. M. Carteret les comprit aisément, rentra en hâte au ministère, et rencontrant le ministre dans la cour, lui fit part sur-le-champ de son entrevue avec le préfet de police.

VIII

M. Ledru-Rollin, voyant de plus près les événements, en saisit mieux l'ensemble et les conséquences : les ambitions diverses, les buts multiples, les camps divisés, les mille volontés qui livreraient un assaut incessant au pouvoir, l'autorité tiraillée, la France livrée à la guerre civile, ses collègues menacés et remplacés par des hommes qu'il estimait moins, lui-même dépassé et poussé vers l'inconnu, la dictature tombant, de mains en mains, jusque dans celles des sectaires et de M. Blanqui. Aussi, lorsqu'il entendit le cri de sa conscience s'exhaler de la bouche d'un ami dévoué, respira-t-il plus à l'aise, et lui dit-il : « En résumé, qu'en pensez-vous ? » — « Ne plus hésiter ! Nous avons votre promesse. Dans cette insurrection, il n'y a que malheurs et désastres pour la République ! Il faut noyer cela dans un grand mouvement de la garde nationale. » — « Oui ! vous avez raison ! Noyons cela dans un grand mouvement de la garde nationale. Je vais directement chez Lamartine. » Heureux de sa détermination, il alla au ministère des affaires étrangères. Il était environ dix heures.

IX

Lamartine, entouré d'amis dévoués, regardait passer sur le boulevard lès groupes qui se dirigeaient vers le Champ de Mars, assistant de là à la première scène du drame. Il disait à M. Lherbette, un de ces hommes courageux que l'on voit toujours auprès de soi dans les jours de péril : « Je prévois l'attaque. Je ne connais pas encore les moyens de résistance. Mais, n'importe ! j'irai droit au danger. » Il ajoutait : « Je ne suis jamais rentré ici sans l'idée que je n'en sortirais plus ; je n'en suis jamais sorti sans l'idée que je n'y rentrerais pas. Le sacrifice en est fait ! Un jour ou un autre, qu'importe ? » Et aux offres de M. Lherbette de l'accompagner, il répliquait : « A quoi bon ? Cela ne servirait qu'à faire tuer un brave homme de plus ! » Pour agir, il attendait quelques informations plus précises, lorsqu'on annonça le ministre de l'intérieur.

X

J'emprunte à Lamartine lui-même le récit qui va suivre : « M. Lamartine savait que le nom de M. Ledru-

Rollin était de ceux dont l'insurrection projetée composait son Comité de salut public. Il savait de plus que les chefs politiques des sectes socialistes, les hommes du coup d'État populaire, du Club de la révolution et du Club des clubs s'agitaient autour du ministre de l'intérieur, cherchaient à accaparer son influence et son talent, et s'efforçaient de l'entraîner dans des résolutions contraires à l'unité du gouvernement et à la paix de la République. Lamartine, sans liaison préexistante avec son collègue, n'avait trouvé ni loyal de le soupçonner, ni convenable de l'informer des rumeurs injustes semées autour de lui sur ses liaisons avec les conjurés. Il l'attendait. Il ne se trompait pas.

» M. Ledru-Rollin l'informa des renseignements qu'il avait reçus lui-même pendant la nuit : le projet de manifestation armée, le Gouvernement provisoire épuré, le Comité de salut public institué.....

» Dans quelques heures, » ajouta-t-il, « nous allons être attaqués par plus de cent mille hommes. Quel parti prendre? Je viens me concerter avec vous, parce que je sais que vous conservez le sang-froid dans la rue, et que les extrémités ne vous troublent pas le cœur.

« Il n'y a pas deux partis, » répondit M. Lamartine en se levant et en tendant la main à son collègue, « il n'y en a qu'un. Il faut combattre ou livrer le pays à l'anarchie, la République aux aventuriers, le Gouvernement à l'opprobre. Vous êtes ministre de l'intérieur, vous êtes loyal et résolu, vos attributions vous donnent le droit de faire battre la générale dans Paris et d'appeler la garde nationale aux armes. Ne perdons pas une minute. Allez de ce pas donner l'ordre de faire lever les légions. Moi, je vais faire lever les bataillons de garde mobile qui peuvent être en état de combattre. Je m'enfermerai dans l'Hôtel de ville avec ces deux ou trois bataillons. J'y soutiendrai l'assaut de l'insurrection.....

» S'il y a une garde nationale, s'il y a une garde mobile, s'il y a une société, s'il y a de la vie dans la République, si nous existons enfin, nous allons le voir. La France sera sauvée ou nous succomberons avec honneur. »

Le rappel était le moyen auquel songeait M. Ledru-Rollin en venant chez M. Lamartine. Tous deux, bien résolus, sortirent immédiatement pour se rendre, M. Ledru-Rollin auprès du général Courtais, M. Lamartine auprès du général Duvivier.

XI

Lamartine, accompagné du colonel Callier, homme d'une intelligence impassible, d'une bravoure inébranlable, et d'un élève de Saint-Cyr, fils du général de Verdières, se présenta à l'État-major de la garde mobile. Le général Duvivier était absent. Son chef d'état-major et son secrétaire suppléèrent le général, et envoyèrent l'ordre aux quatre bataillons les plus rapprochés de l'Hôtel de ville de s'y porter sans délai. Au moment où Lamartine se retirait le général revint. Il rectifia quelques-uns des ordres, fit seller son cheval, et promit de se mettre à la tête de ses jeunes soldats, qu'il aimait comme ses enfants. Mais il n'avait pas assez de cartouches. Lamartine courut en chercher à l'État-major de la garde nationale.

« Le général Courtais était absent. Une légère altercation s'éleva, au sujet du rappel, entre M. Lamartine et le chef d'état-major, qui refusait de croire au mouvement et qui s'alarmait de l'effet produit dans Paris par le rappel battu et par le conflit qui pourrait en être la conséquence. Lamartine s'irritait du retard. Le général Courtais en rentrant mit fin à cette hésitation, en déclarant que le ministre de l'intérieur lui avait donné ordre de battre le rappel[1]..... »

Cet ordre était déjà exécuté dans le premier arrondissement. Il était onze heures et demie.

XII

M. Ledru-Rollin avait rejoint sur l'esplanade des Invalides le général Courtais et M. Marrast, qui assistaient à la reconnaissance des officiers de la première légion de la banlieue. Il leur fit part de son entrevue avec M. Lamartine, et donna l'ordre de faire battre aussitôt le rappel. Le général Courtais objecta qu'il avait sous sa main les 1re et 2e légions de la banlieue, plus les réserves et les postes déjà doublés; que ces forces seraient suffisantes. M. Ledru-Rollin insista : « Il voulait noyer dans un grand mouvement de la garde nationale les divers projets de pression ou d'insurrection, afin qu'il ne pût y avoir de sang versé. Des forces partielles suffiraient peut-être pour comprimer, mais

[1] *Histoire de la Révolution de* 1848. Lamartine.

non pour faire avorter les tentatives de guerre civile. C'est ce qu'il fallait avant tout et soigneusement éviter. »

Le général Courtais partit immédiatement pour l'État-major. En passant, il avisa MM. Garnier-Pagès, Carnot, Duclerc, etc., des événements et des ordres reçus; il en conféra avec eux. « N'hésitez pas, » lui répliquèrent ces messieurs, « allez rapidement! Mieux encore! commencez par donner des ordres aux tambours des postes des finances. » Ce conseil écouté, ces ordres donnés, le général, suivi de son escorte, se dirigea au galop vers les Tuileries.

XIII

Sans aucun appareil extérieur, le ministère des finances, où le Conseil tenait séance, était protégé par une force suffisante, composée de gardes nationaux et de gardes mobiles, disséminés dans les diverses cours et dans les casernes voisines. Toutes les mesures de sécurité étaient prises. Le ministre et le sous-secrétaire d'État n'eurent rien à prescrire de nouveau. — Au premier coup de tambour, les gardes nationaux des deux premières légions vinrent en foule offrir leur dévouement et leur appui.

XIV

M. Ledru-Rollin, rentré au ministère de l'intérieur, reçut la vive approbation de M. Jules Favre. MM. Louis Blanc et Albert survinrent. Il était onze heures et demie. On entendit battre le rappel. C'étaient les tambours de la 10e légion, obéissant à l'initiative du colonel Hingray, qui surveillait le Champ de Mars. On vint prévenir le ministre que le rappel avait également été battu sur la place de la Concorde par les tambours des postes du ministère des finances. MM. Louis Blanc et Albert parurent émus. Ils interrogèrent avec amertume M. Ledru-Rollin, dont les explications se résumèrent ainsi : « Blanqui veut exploiter la manifestation à son profit. Je ne veux pas livrer la République et la France à Blanqui. »

XV

La résistance éprouvée par M. Lamartine à l'État-major s'explique facilement. On y croyait à l'utilité, pour l'avenir de la République, d'une manifestation pacifique. C'était dans une salle de l'État-major que les officiers supérieurs de la garde nationale, membres de la Société démocratique centrale, venaient de signer l'adresse au Gouvernement provisoire ; c'était de là que, pour la lui présenter au ministère des finances, ils venaient de sortir revêtus de l'uniforme.

MM. Flocon et Garnier-Pagès reçurent la députation au moment même où l'on battait le rappel. M. Flocon répondit qu'aucun dissentiment sur les principes n'existait dans le Conseil, que tous ses collègues étaient déterminés à donner au progrès ses développements successifs, que tous étaient attachés aux institutions démocratiques. M. Garnier-Pagès prit la parole à son tour : il énuméra les réformes financières faites et préparées, parla de la suppression de l'impôt sur le sel, décret dont on pouvait lire sur tous les murs de Paris les considérants sympathiques aux travailleurs : « Il y a donc méprise dans les sentiments qui ont inspiré votre adresse. Aucun membre du Gouvernement n'est stationnaire; aucun ne refuse d'écouter la voix du peuple et de marcher avec lui. »

Satisfaits de ces réponses et surpris d'entendre battre le rappel, ces officiers demandèrent ce qui se passait. On le leur apprit. « Il ne s'agit pas aujourd'hui d'une simple manifestation, » leur dirent MM. Flocon et Garnier-Pagès, « c'est une modification des membres du Gouvernement provisoire que l'on veut imposer par la violence. » Ces officiers ignoraient jusqu'où certains sectaires voulaient pousser le mouvement et exploiter la démonstration; leur patriotisme les avait entraînés à venir presser le Gouvernement de donner au peuple les plus promptes et les plus larges satisfactions; mais ils étaient opposés à tout bouleversement, et ils déclarèrent qu'ils allaient immédiatement se réunir à leurs légions.

XVI

Dès le matin, à la Mairie de Paris, les mesures de précaution étaient prises. Mais on ignorait les dernières trames secrètes de la manifestation. On savait seulement que l'heure du rendez-vous général devant l'Hôtel de ville était deux heures. Pendant que M. Marrast était allé reconnaître les officiers des légions de la banlieue et que M. Recurt parcourait les faubourgs, M. Buchez, secondé par M. Edm. Adam, exerçait la direction de la

Mairie de Paris. Il avait chargé le colonel Rey et le commandant Beaumont de surveiller les hommes douteux et d'encourager les hommes sûrs. Il n'avait rien négligé pour soutenir un premier assaut.

Vers onze heures, le plus grand ordre régnait dans les environs. Aucun symptôme d'agitation ne se révélait. Le calme était tel, qu'un moment M. Buchez se demanda s'il n'avait pas été trompé par de faux renseignements, si les confidences reçues et les craintes inspirées n'étaient pas des erreurs d'imagination, si les préparatifs ordonnés n'étaient pas superflus. Tantôt il doutait, tantôt il voyait, comme au 17 mars, cent cinquante mille hommes déborder sur la place en flots tumultueux que rien ne pourrait arrêter.

XVII

Il était livré à cette pénible perplexité, lorsque, vers onze heures et demie, accourut M. Arago. On lisait sur sa figure imposante les préoccupations que donne à un chef de l'État la responsabilité du pouvoir dans des circonstances aussi critiques. Il venait examiner la position. M. Buchez lui développa tous les moyens défensifs. « Et combien de temps pouvez-vous tenir ? » — « Quelques heures. » — « Lorsque les masses envahiront l'Hôtel de ville, on s'y trouvera pris comme dans une souricière. Le ministre de la guerre ne peut pas s'enfermer ici ; il doit se trouver ailleurs et venir à votre secours en cas d'attaque. » — « Où irez-vous ? » — « A la mairie du cinquième ou à celle du sixième. » — « Quel sera le signal ? » — « Deux coups de canon. »

M. Arago alla directement aux mairies voisines, où il pouvait à la fois concentrer les légions et mander l'artillerie et les munitions.

A la mairie du cinquième, on reçut én sa présence un ordre de M. Buchez de faire battre le rappel, et un ordre contraire de l'État-major.

Le rappel fut battu en même temps dans le cinquième et le sixième arrondissement.

XVIII

M. Buchez, assuré de l'exactitude de ses renseignements, avait pris rapidement ses dernières dispositions. Il avait prescrit au colonel de la 9e légion, la plus rapprochée de l'Hôtel de ville, puis aux maires et colonels des 5e, 6e, 7e et 8e, de faire battre le rappel et de venir au pas de course; il avait envoyé des émissaires au général Duvivier et à M. Lamartine.

A midi, il vit venir le bataillon dit des Lyonnais. Le commandant lui remit de la part de M. Caussidière une lettre qui le prévenait d'un complot tramé pour enlever l'Hôtel de ville et qui l'avisait de l'envoi de ce renfort.

M. Caussidière, informé de la détermination de M. Ledru-Rollin, suivait-il l'exemple de son supérieur? C'est ce que ne pouvait deviner M. Buchez. Aussi, doutant s'il devait se fier à ces nouveaux alliés, leur ordonna-t-il d'aller stationner sur la place Saint-Jean, où il savait que bientôt ils se trouveraient immobilisés au milieu des légions de la garde nationale.

MM. Edm. Adam, Flottard, Rey et Beaumont, aidés de quelques amis, des employés et des gardiens, avaient participé avec zèle et précision à toutes ces mesures.

MM. Lamartine et Marrast arrivèrent, presque simultanément, vers midi et demi. M. Marrast fit le récit de son entrevue avec M. Ledru-Rollin sur l'esplanade des Invalides; après avoir passé par l'État-major de la garde nationale, il venait à l'Hôtel de ville, où l'appelait son double devoir de maire de Paris et de membre du Gouvernement provisoire. M. Lamartine fit part de la démarche et des confidences du ministre de l'intérieur, des résolutions prises d'un commun accord, et de sa visite au général Duvivier; il accourait au péril. Peu après survint le général Changarnier en habit bourgeois. N'ayant pu rencontrer M. Lamartine au ministère des affaires étrangères, il le rejoignait pour lui offrir son épée et son expérience.

XIX

L'anxiété était vive. Qui serait le premier devant l'Hôtel de ville, ou le peuple en uniforme, rangé sous le drapeau de la garde nationale, ou le peuple en costume de travailleur, rassemblé sous les bannières des clubs et des corporations? La place appartiendrait au premier occupant, qui, par sa masse même, devait opposer un obstacle inébranlable à toute nouvelle masse. Verrait-on d'abord apparaître les cent cinquante mille ouvriers du 17 mars ou bien les légions organisées? mais cette organisation des légions était encore un problème. L'ordre de battre le rappel serait-il parvenu à temps? les hésitations de l'État-major étaient de sinistre augure. La garde mobile serait-elle fidèle, en face des ouvriers ses frères? La bourgeoisie, égarée par les journaux de la réaction, se lèverait-elle pour défendre le Gouvernement de la République? Parmi les sectaires les plus ardents, n'y avait-il pas des agents stipendiés par les partis pour pousser le peuple aux excès et ouvrir ainsi la voie au despotisme? Le Gouvernement provisoire était-il dépopularisé? Avait-il perdu sa force morale? Sa mission était-elle accomplie? Lui, qui avait rêvé l'union, allait-il périr dans une lutte fratricide?

Ces réflexions étaient communes à tous les membres du Gouvernement. A l'Hôtel de ville, on craignait pour le ministère des finances, où était réuni le Conseil; au ministère des finances, on craignait pour l'Hôtel de ville, siége officiel du pouvoir.

XX

Dans cet état d'incertitude et d'angoisses, chaque minute accroissait les soupçons de MM. Lamartine et Marrast sur ce qui se passait à l'État-major. M. Edm. Adam offrit d'aller s'en assurer. On accepta. Montant à cheval, il partit au galop. En quelques instants il était arrivé et il accomplissait son mandat. S'apercevant que ses ordres étaient exécutés avec lenteur et que l'on contestait l'opportunité de la mesure : « Je ne discute pas, » répliqua-t-il, « je porte des ordres. » De là il alla visiter les deuxième, troisième et quatrième mairies.

XXI

Dans la ville, depuis le matin, couraient les rumeurs, prélude ordinaire des grandes journées ou des grands périls. On amplifiait, on amoindrissait les incidents, les projets, les complots. A la vue des groupes circulant avec leurs bannières, on s'interrogeait sur leur but, sur leurs intentions. On parlait d'un pouvoir nouveau qui allait surgir du Champ de Mars. On désignait les membres exclus du Gouvernement provisoire; on se demandait quels noms, inconnus ou trop célèbres par la frayeur qu'ils inspiraient, sortiraient de ce chaos. On se sentait oppressé par la prévision d'une lutte. Chacun frissonnait devant le vague des événements. Quel fantôme allait s'élever à l'horizon?

Ce fut alors que l'on entendit les tambours. Le rappel fut un réveil!

XXII

MM. Dupont (de l'Eure), Marie, Crémieux, Carnot, Bethmont, Garnier-Pagès, Pagnerre et Duclerc, étaient au ministère des finances, prêts à ramasser la garde nationale sur leur passage, pour aller délivrer l'Hôtel de ville s'il était envahi. M. Flocon y était aussi, déplorant cette manifestation comme un affaiblissement pour la République, quelle qu'en fût l'issue. M. Ledru-Rollin vint s'unir à ses collègues; il était visiblement satisfait de sa détermination. MM. Louis Blanc et Albert se présentèrent, ne dissimulant pas leur contrariété. Ils proposèrent au Conseil de se transporter à l'Hôtel de ville; on leur répondit par la résolution prise de rester divisés, afin de ne pas s'exposer à subir une pression; et ils partirent ensemble pour la Maison commune.

XXIII

L'heure décisive approchait. Aux fenêtres de l'Hôtel de ville, le regard fixé au loin, MM. Lamartine, Marrast, Buchez, etc., dévoraient l'espace et le temps, lorsque tout à coup ils aperçoivent un bataillon qui accourt au pas de course. Il est commandé par le colonel Hingray, qui n'a pas attendu d'ordre pour agir. Bientôt la 9e légion vient se placer devant le jardin; puis les élèves de l'École d'État-major, de l'École polytechnique, de Saint-Cyr, d'Alfort, de droit, de médecine, et les chirurgiens du Val-de-Grâce, qui se rangent sur les marches du palais. Deux bataillons de la garde mobile et la 1re légion de la banlieue s'étendent sur les quais. Les 5e et 6e légions arrivent en même temps. Les derniers bataillons de la garde mobile sont amenés par le général Duvivier. Enfin, des flots de gardes nationaux, sous les ordres du général Courtais, affluent sur tous les points environnants. La satisfaction est générale quand on apprend que la 12e légion, ayant à sa tête son colonel, M. Barbès, stationne sur les quais. Comme M. Ledru-Rollin, M. Barbès n'a pas voulu livrer la France à M. Blanqui.

La journée était décidée.

A l'aspect de ce spectacle grandiose, MM. Lamartine

et Buchez expriment l'émotion de tous. Celui-ci s'écrie : « J'étais froid et calme tout à l'heure; maintenant les larmes me viennent aux yeux! » M. Lamartine ajoute : « Quel bonheur! voilà une victoire sans combat! »

XXIV

Le général Duvivier avait entraîné ses jeunes gardes mobiles par des paroles pleines de verve et de cœur. Il n'y avait plus de doute sur leurs intentions.

Le général Courtais avait résolûment donné ses instructions. Il avait prescrit à M. Desgranges, colonel de la 1re légion de la banlieue, qui était à l'esplanade des Invalides, et à M. d'Alton-Shée, colonel de la 2e (banlieue), qui était à la porte Maillot, de descendre par la rive droite de la Seine, et de s'y étendre de manière à intercepter le passage à tout groupe armé et à couper toute colonne qui viendrait du Champ de Mars, tandis que le colonel Hingray, de la 10e légion, descendait la rive gauche.

XXV

Mais bientôt toute disposition militaire régulière devient inutile et impossible. De toutes parts débouchent des bataillons armés. Cent mille gardes nationaux se répandent autour de l'Hôtel de ville; la place, les rues adjacentes, les quais, sont encombrés. Les baïonnettes, resplendissant au soleil, protégent l'Hôtel de ville d'une ceinture de fer.

L'animation de tous ces défenseurs exprime les vives sensations des esprits. On remarque des compagnies décuplées par l'adjonction de citoyens [1] vêtus de vestes ou de blouses ; l'uniforme disparaît au milieu des costumes des travailleurs. Les faubourgs Saint-Antoine, Saint-Denis, Saint-Martin, Saint-Marcel, ont devancé les grands quartiers. Le peuple entier, riches, pauvres, commerçants, industriels, ouvriers de la ville et de la campagne, s'est levé au nom du salut public. Toutes les opinions se sont fondues dans les sentiments de liberté, d'ordre et d'union, plus puissants que les passions des partis. Une force domine les volontés, les témérités, les ambitions, les théories et les trames secrètes : c'est l'opinion publique. Une manifestation concertée, préparée de longue main, s'évanouit comme une fumée devant une manifestation improvisée en deux heures. Entre la provocation jetée par les sectaires au nom de leurs mille systèmes et l'appel fait au nom de la République par le Gouvernement provisoire, le peuple n'a pas hésité. Le Gouvernement provisoire est bien le gouvernement de la situation.

Rien en cela que de simple et de naturel. La bourgeoisie était chaque jour témoin des efforts inouïs de ce Gouvernement pour sauver la société. L'ouvrier avait été en contact, à toute heure, avec des hommes qu'il honorait depuis longues années ; il les avait vus aux journées de Février, aux funérailles des victimes, à la proclamation de la République ; tous les jours ses députations allaient les entretenir à l'Hôtel de ville ; il les

[1] Dans une seule compagnie de la 5e légion on comptait 1 200 hommes, dont 15 seulement portaient l'uniforme.

connaissait de visage; il avait entendu leurs exhortations sympathiques, qu'il gardait au fond du cœur; il avait échangé avec eux les sentiments que les grandes époques inspirent; il les avait acclamés le 24 février et le 17 mars; il aimait en eux son œuvre, sa représentation, son incarnation. Ces noms : Dupont (de l'Eure), Arago, Lamartine, Carnot, etc., illustrations de vertus et de talents, lui étaient autrement chers que les nouveaux noms prétendant à leur succession. Aussi, à la première rumeur d'une tentative de pression ou de renversement contre le Gouvernement provisoire, les ouvriers accoururent-ils en masse à sa défense, comme au 17 mars. Au bruit des tambours, ils se précipitèrent vers leurs légions. Le prétexte même de la démonstration tourna contre ses fauteurs : convoqués pour l'élection de leurs officiers d'état-major, les ouvriers vinrent, au premier appel, se ranger sous les drapeaux de la garde nationale.

XXVI

Au Champ de Mars, après le rappel, le nombre des ouvriers n'augmentait plus; bientôt même il diminue. A mesure que le dernier mot de certains sectaires est révélé, on voit la foule s'éclaircir. Prévenus par les élèves de l'École centrale, les ouvriers des Ateliers nationaux s'éloignent. Les paroles enflammées de Blanqui et de certains meneurs produisent un effet contraire à leur but. Peu à peu, de quarante mille le nombre se réduit de moitié; et il va toujours en décroissant. Au surplus, l'élection est faite; chacun peut se retirer.

Seuls les porteurs de bannières demeurent avec leurs adhérents. Vainement, pour ranimer les passions, quelques individus colportent le bruit que MM. Ledru-Rollin et Louis Blanc ont été victimes de la réaction; ils échouent.

Il est une heure. Le moment de se rendre à l'Hôtel de ville est venu. Une collecte (665 francs 80 centimes), destinée à être offerte en don patriotique, est placée avec l'urne du scrutin, la pétition et des drapeaux, sur une charrette à bras. Le cortége, formé en colonne serrée, se met en marche. Si la physionomie de quelques chefs décèle le regret de projets avortés, on remarque sur les mâles et expressives figures des travailleurs la conscience du devoir accompli et la foi profonde dans leurs intentions. Il est facile de voir que la masse ne prétend pas faire un acte hostile au pouvoir. Vers deux heures, ils traversent le pont de la Concorde et suivent les quais, où ils se rencontrent avec les légions de la banlieue. Sur leur chemin, ils trouvent la garde nationale de plus en plus compacte. Devant le Louvre, ils sont coupés et mêlés. Une altercation s'élève, mais n'a pas de suites. Bientôt les obstacles s'accumulent. La colonne se croise avec les légions. Elle tente d'avancer. Ses efforts sont à chaque pas ralentis. Elle finit par envoyer une députation à l'Hôtel de ville pour demander qu'on lui ouvre un passage.

XXVII

A l'Hôtel de ville, l'enthousiasme était alors à son comble. Aux rangs épais de la garde nationale s'étaient joints les décorés de Juillet, la jeunesse des Écoles et les clubs favorables au maintien du Gouvernement provisoire. Les chants de la *Marseillaise* et des *Girondins* retentissaient au loin, alternés avec des hourras et des cris de *Vive la République! Vive le Gouvernement provisoire!*

MM. Lamartine, Marrast, Buchez, Recurt, adressaient des discours chaleureux aux députations qui se succédaient sans repos. M. Recurt remerciait de leurs acclamations et de leurs vœux le club des Quinze-Vingts, les tailleurs de pierre et les carriers; M. Lamartine disait aux élèves des Écoles :

« On avait rêvé, » dit-on, « d'attaquer le Gouvernement provisoire; on avait proclamé en sa place un comité de salut public; on voulait le scinder et jeter l'anarchie dans son sein ainsi que dans l'opinion du pays. Nous ne doutions pas qu'au premier bruit d'un semblable attentat tous les bons citoyens ne se réunissent pour le défendre. »

Les salles de réception devenant trop étroites pour contenir la foule des délégués des travailleurs, des gardes nationaux sédentaires et mobiles, il fallut descendre dans la cour. Lamartine prononça d'une voix émue ces paroles sorties de son cœur :

« On avait annoncé aujourd'hui au Gouvernement provisoire un jour de danger pour la République; nous étions sûrs d'avance que ce jour de danger serait un jour de triomphe pour la patrie et pour tous ses enfants. Je sais, par une expérience récente, et je puis le reconnaître au visage de plusieurs d'entre vous, à l'énergie à la fois intrépide et modérée qui forme le fond du cœur des citoyens armés de la capitale, que nous n'en aurions pas besoin; la France, qui se résume momentanément dans le Gouvernement, n'a pas besoin d'une autre garde, d'une autre armée que de cette armée civile, volontaire, spontanée, qui se forme d'elle-même, non pas au premier coup de tambour, car vous étiez armés avant le rappel, mais qui se forme d'elle-même à la première rumeur du danger pour la patrie et pour l'ordre public.

» Citoyens, le Gouvernement provisoire tout entier doit être aujourd'hui le mot d'ordre de la population armée et désarmée de Paris, car c'est contre l'intégrité, contre l'indivisibilité du Gouvernement provisoire, que le mouvement contre lequel vous êtes venus nous former un rempart de vos poitrines avait, dit-on, été conçu. On espérait, au moyen de ces divisions suscitées entre nous, diviser la patrie comme le Gouvernement provisoire. Aucune division possible n'existe entre ses membres. Si quelques différences d'opinions, comme il s'en trouve naturellement dans les grands conseils d'un pays, peuvent s'y rencontrer en administration, l'unité existe dans le patriotisme, l'unité existe dans le même amour de la République, dans le même dévouement qui les anime envers Paris et la France !

» Cette union est le symbole de celle de tous les citoyens !

» Permettez-moi de vous offrir, non pas en mon nom, mais au nom de l'unanimité de mes collègues, les remercîments profondément sentis, non pas du Gouvernement provisoire, mais de la France tout entière, pour qui ce jour eût été un jour de calamité et de guerre civile, si le Gouvernement s'était divisé, et qui, grâce à votre énergie, sera pour elle le jour du triomphe définitif et pacifique de nos nouvelles institutions, que nous voulons remettre, inviolées et entières, à l'Assemblée nationale, qui sera l'unité suprême de la patrie. *Vive la République !*

» Citoyens, encore un mot.

» A l'époque de la première République, il y eut un mot fatal qui perdit tout, et qui conduisit les meilleurs citoyens à s'entre-déchirer, en se méconnaissant les uns les autres ! Ce mot, c'était la défiance ! (Bravos.) Et cependant elle était expliquée alors par la situation de la patrie menacée par une coalition au dehors et par les ennemis qu'elle avait au dedans.

» Aujourd'hui que la seule proclamation de nos principes de démocratie fraternelle et de respect aux nationalités a ouvert dans toute l'Europe l'horizon de la France, et a fait tomber les peuples dans notre amitié au lieu de tomber dans notre sang; aujourd'hui que la République est acceptée partout sans opposition à l'intérieur et promet à tous propriété, sécurité, liberté, il n'y a qu'un seul mot qui correspond à cette situation, et ce mot, c'est la confiance. (Oui, oui, confiance dans le Gouvernement !) Inscrivez ce mot sur vos drapeaux et dans vos cœurs ! Que ce soit le mot d'ordre entre tous les citoyens et entre toutes les parties de l'empire, et la République est sauvée. (Oui, oui !)

» Le Gouvernement provisoire vous en donne l'exemple dans la confiance méritée que chacun de nous porte à ses collègues et qu'il en reçoit à son tour ! Il en donne aujourd'hui la preuve en refusant à tout prix de se désunir, de se séparer d'aucun des membres qui font sa force dans son unité! L'indivisibilité du Gouvernement provisoire doit être ainsi la conquête civique de cette magnifique et unanime manifestation. Paris et les départements, rassurés sur sa force et sur l'attachement que vous lui portez, s'uniront comme nous et comme vous pour le salut de la République, et remettront intact à l'Assemblée nationale le dépôt de la patrie que le peuple du 24 Février a remis en ses mains. (Oui! oui!)

» Cette confiance que je vous recommande, citoyens, c'est le mot, c'est le sentiment que j'ai entendu sortir les jours du combat, ici même, sur cet escalier, dans ces cours, de la bouche des blessés du combat héroïque du peuple! Oui, je l'ai entendu sortir de la bouche de ceux qui expiraient ici pour la République, et qui semblaient vouloir nous léguer ainsi dans cette recommandation suprême le mot sauveur de la République nouvelle et de la patrie. »

(D'unanimes applaudissements et des cris de *Vive le Gouvernement provisoire tout entier!* éclatent à ces paroles.)

XXVIII

Défendre l'intégrité du Gouvernement provisoire était une pensée noble et généreuse. C'était aussi une sage et digne politique. Quelques amis zélés proposèrent aux membres de la majorité de saisir l'occasion qui s'offrait à eux, et qu'ils n'avaient point cherchée, de se séparer de la minorité : « La manifestation dirigée contre eux, tournée en leur faveur, leur en donnait le droit et le pouvoir. Ils n'avaient qu'à dire un mot, à faire un geste. En révolution, la circonstance n'est-elle pas souvent la loi suprême ? » Ce conseil était celui de la politique du succès; mais la grande politique s'accordait avec la morale pour tracer aux membres de la majorité leur règle de conduite. Ils se refusèrent à une élimination qu'ils blâmaient énergiquement peu de moments auparavant, quand elle les menaçait. D'ailleurs MM. Ledru-Rollin et Flocon avaient prouvé que l'intégrité du Gouvernement était également dans leurs sentiments. MM. Louis Blanc et Albert, ainsi qu'ils l'ont affirmé, n'avaient jamais eu de pensée contraire; pressés par des amis de donner leur démission à l'instant même, afin de provoquer des troubles, ils avaient refusé.

Le Gouvernement provisoire devait aux Républiques futures de poursuivre sa mission sans morcellement ni déchirement, jusqu'au jour où il aurait à remettre ses pouvoirs à l'Assemblée nationale régulièrement élue par le peuple.

XXIX

Les chefs les plus violents, après quelques vaines tentatives pour semer la discorde entre les ouvriers et les gardes nationaux, s'étaient retirés. Il ne restait à la tête de la colonne que les délégués des ouvriers, dont les intentions paraissaient sincères : n'avaient-ils pas traversé les rangs des gardes nationaux pour parvenir dans les salons où se pressaient les députations? Reçus par M. Edm. Adam, ils lui remirent la pétition, et se plaignirent des difficultés qu'ils avaient rencontrées sur leur passage. « Je n'admets pas ces plaintes, » répliqua M. Edm. Adam avec une sévère émotion : « Quelle est la première cause de l'agitation de cette journée ? Pourquoi une manifestation, si on ne veut pas imposer par la force au Gouvernement des actes contraires à sa volonté ? Pourquoi apporter à l'Hôtel de ville une offrande que l'on sait bien devoir présenter à la Commission qui siége à l'Élysée ? Pourquoi ces prétextes, ces pressions ? rien ne les justifie. Le Gouvernement provisoire, en toutes circonstances, a témoigné de son vif intérêt pour les ouvriers, et l'on a eu contre lui des intentions hostiles ! Est-ce donc là ce qui est réservé à son dévouement ? »

A ces reproches, les délégués se défendirent de toute mauvaise pensée : « Leur démonstration n'a eu d'autre but que de réclamer contre la réaction, et d'obtenir du Gouvernement une amélioration à leur sort. » M. Edm. Adam répondit : « Jamais aucun pouvoir n'eut plus de sympathie pour les travailleurs ! Tous les jours des décrets nouveaux en révèlent surabondamment les preuves incontestables. » Et il ajoute : « Jamais les travailleurs n'ont eu plus de sympathie pour un gouvernement, car à chaque instant des députations des corps d'état se succèdent pour en fournir les preuves loyales et touchantes à l'Hôtel de ville. La journée même est l'éclatante confirmation de mes paroles. C'est le peuple entier qui est accouru. »

XXX

Les membres du Gouvernement réunis au ministère des finances arrivèrent à l'Hôtel de ville à quatre heures et demie. Ils traversèrent la place, portés et acclamés par la foule qui se pressait autour d'eux; et ils montèrent se joindre à leurs collègues.

Rappelés par des milliers de voix, tous descendent, et, du haut d'une estrade dressée à la hâte, ils remercient le peuple. L'enthousiasme éclate; les bannières et les drapeaux s'inclinent; les bras agitent en l'air les fusils, les képis, les chapeaux, les casquettes. Un formidable cri de « Vive la République! Vive le Gouvernement provisoire! » retentit et se prolonge. Les membres du Gouvernement circulent dans les rangs. Les bataillons leur présentent les armes. Les vivat se mêlent aux chants patriotiques. A chaque pas ce sont des transports.

Les membres du Gouvernement, ne pouvant passer en revue toutes les légions et toutes les corporations, remontent pour se placer aux fenêtres et assister au défilé qui est réclamé par les gardes nationaux et par les travailleurs [1].

Ce défilé dura jusqu'à onze heures du soir, à la lueur des flambeaux et des torches. Paris tout entier

[1] La réponse aux désirs manifestés par les légions avait été transmise par M. Buchez. La réponse aux vœux exprimés par les corporations avait été faite par MM. Crémieux et Louis Blanc, en termes sympathiques.

La présence de MM. Ledru-Rollin, Louis Blanc et Albert au milieu de leurs collègues avait été le démenti aux rumeurs, semées pour exciter des troubles, que leurs jours avaient été menacés.

était là ; c'était un spectacle imposant qu'il se donnait à lui-même : le spectacle de sa force, de sa puissance et de sa volonté.

XXXI

Pendant le défilé surgit spontanément une nouvelle manifestation. Ce fut une explosion. Aux cris multipliés de « Vive la République ! Vive le Gouvernement provisoire ! » se mêlèrent tout à coup les cris de « A bas les communistes ! » qui d'écho en écho furent portés sur tous les points de la ville. La ville répondait aux sectaires du Champ de Mars. Ce n'étaient point les idées progressives, les études humanitaires, les améliorations *sociales* dont Dieu a déposé le germe dans les âmes, qui étaient ainsi proscrites, mais les théories vagues, les projets à l'état de problème, les systèmes de communauté imposés par un coup de main et protégés par la terreur. C'était au nom du principe de la liberté sainte, représenté par un gouvernement de circonstance qui l'avait respecté jusqu'à l'excès, que la nation se soulevait contre toute pensée de dictature violente, de despotisme, de comité de salut public. Elle ne voulait pas que des volontés étrangères se substituassent à la sienne ; elle prétendait marcher à sa guise, se diriger elle-même et non subir le joug. L'acte de souveraineté qu'elle venait d'accomplir en Février, elle ne l'avait pas fait pour livrer à qui que ce fût son avenir et sa vie ! Si elle avait remis le pouvoir dans quelques mains, c'était à titre provisoire, jusqu'au jour de son choix régulier ; et elle acclamait de nouveau ce gouvernement comme le seul capable de la mener à son but et de lui conserver son droit et sa liberté.

XXXII

Je laisse parler une voix peu suspecte. Dans ses *Confessions d'un révolutionnaire*, M. Proudhon (qui affirme que les décrets de dictature étaient préparés d'avance) dit : « C'est à partir du 16 avril que le socialisme est devenu particulièrement odieux au pays. Le socialisme existait depuis 1830. Depuis 1830, saint-simoniens, phalanstériens, communistes, humanitaires et autres, entretenaient le public de leurs innocentes rêveries, et ni M. Thiers ni M. Guizot n'avaient daigné s'en occuper. Ils ne craignaient point alors le socialisme, et ils avaient raison de ne le pas craindre tant qu'il n'était pas question de l'appliquer aux frais de l'État et par autorité publique. Après le 16 avril, le socialisme souleva contre lui toutes les colères : on l'avait vu, minorité imperceptible, toucher au gouvernement! »

XXXIII

Depuis lors, en effet, les mots : *socialisme, social,* convenables à toute doctrine économique et politique, et celui de *socialiste,* épithète si naturelle, applicable à tout penseur qui veut creuser le mystère de l'organisation des sociétés, prirent la signification de communisme et de communiste dans les imaginations terrifiées.

Revêtus des formes les plus abstraites et les plus terribles, ils apparurent comme des spectres; symboles de monstrueuses chimères, bien éloignées des idées de ceux à qui on les prêtait, ils suscitèrent des peurs et des prétextes : peurs véritables chez les timides, prétextes exploités par les habiles contre la République !

La République repoussait, bannissait ces fantômes, ces chimères !

La République, ce gouvernement de tous par tous, où chacun a sa place, son devoir et son droit; la République, c'est-à-dire la liberté même, la liberté de faire tout acte et d'émettre toute pensée non préjudiciables à autrui; la République, ce terrain fraternel où sont admis tous les partis, les représentants du passé aussi bien que ceux de l'avenir, où toutes les intelligences, toutes les associations, peuvent développer leur essor; la République rejetait ces blasphèmes comme la négation d'elle-même. Les républicains les plus avancés s'indignaient qu'on les supposât égarés dans de semblables rêveries. Le peuple condamnait et écrasait ces utopies sous son immense cri « A bas les communistes! » et il rendait à la civilisation, à la liberté, au progrès, leur véritable expression : « Vive la République! »

XXXIV

Ainsi finit la journée du 16 avril. Commencée sous les préoccupations les plus sinistres, elle se termina comme une fête, par une revue et des illuminations.

Quelque eût été son dénoûment, cette journée ne

pouvait être que fatale à la République. Aussi fût-elle reniée par tous. Pression, elle aboutissait à l'impraticable; élimination de la majorité, à la guerre civile; création d'un comité de salut public, à la terreur; triomphe de l'ordre, à la réaction; défaite du communisme, à la peur; compression des ultra-révolutionnaires, à la vengeance; journée, à d'autres journées plus funestes encore. La République en doit porter le deuil! Puissent au moins les générations futures en tirer un grand enseignement!

XXXV

Mais la France est assez forte pour supporter de plus rudes épreuves. Du faîte de sa grandeur, elle fait jaillir sa splendide lumière sur les nuages obscurs qui roulent sous ses pieds. Dans la voie du progrès, elle broie sur sur son passage les présomptueux qui, malgré elle, veulent précipiter sa course, l'arrêter ou la faire rétrograder. Elle marche en son temps et à son heure. Elle brise comme des fils les entraves de fer dont on veut l'enchaîner. Au sépulcre même de ses libertés, la corruption l'approche sans la pénétrer; cette mort n'est que le repos du sommeil qui renouvelle la séve de la vie. Sa vaste intelligence ne tolère pas longtemps les tutelles et les systèmes imposés. Elle porte toujours dans ses flancs l'avenir du monde. Prédestinée au saint accomplissement de l'amélioration morale de l'humanité, elle sait qu'elle doit agir, au dedans comme au dehors, par la persuasion et non par l'épée, convaincre et non soumettre, unir les citoyens et les peuples, et non les diviser, prêcher la tolérance et le respect des opinions et non les contraindre. Elle sait que son sublime apostolat est avant tout dans l'exemple des vertus politiques !

Et ceux-là qui veulent la revêtir de la forme républicaine, comme la plus pure, la plus juste et la plus féconde, doivent s'élever au-dessus de tous par l'amour de la concorde, du droit, de l'équité, de l'ordre et de la liberté.

APPENDICE.

STATISTIQUE GÉNÉRALE DES CLUBS DE PARIS ET DE LA BANLIEUE AU 30 MARS 1848[1].

1. Amis fraternels. Président, Brige. Siége du club : rue Saint-Honoré, 219.

2. Avenir. Président, Baudin. Siége du club : Faubourg Saint-Antoine.

3. Comité central (élections). Président, Lescure. Siége du club : bazar Bonne-Nouvelle.

4. Démocratique. Président, Cisset. Siége du club : Faubourg Montmartre, 60.

5. Droits de l'Homme. Président, Villain. Siége du club : Conservatoire des arts et métiers.

6. Comité démocratique. Président, Véry. Siége du club : rue de l'Ouest, 16.

7. L'Égalité. Président, Buchet de Cublize. Siége du club : salon de Mars.

8. Égalité et Fraternité. Président, Mangin. Siége du club : rue des Fossés Saint-Victor, 45.

9. Émancipation des Peuples. Président, Suan. Siége du club : cité d'Antin, 29.

10. Fraternel des Amandiers. Président, Lahaye.

11. Fraternité universelle. Président, Bouin. Siége du club : rue du Bac, 75.

12. Institut oratoire de Paris. Président, E. Lambert. Siége du club : rue Duphot, 12.

[1] Rapport de la Commission d'enquête — Assemblée nationale — IIe vol., p. 99.

13. Jacobins. Président, Christian. Siége du club : rue de Seine Saint-Germain, 51.

14. Jacobins. Président, Buchez Hilton. Siége du club : Faubourg du Roule (école communale); rue de la Harpe, 63.

15. Liberté (cercle de la). Président, Desserue. Siége du club : rue Jean-Jacques Rousseau, 19.

16. Maçonnique. Président, Moutonnet. Siége du club : au Prado, quai aux Fleurs.

17. Montagne. Président, Dulaurier. Siége du club : au Petit Château-Rouge, Montmartre.

18. Progrès. Président, Hubert. Siége du club : rue Neuve Coquenard.

19. Prévoyants. Président, E. Grégoire. Siége du club : rue de L'Arcade, 60.

20. Progrès. Président, Deligny. Siége du club : à Montmartre.

21. Religieux. Président, Gaillardin. Siége du club : rue Neuve Chabrol (salle Chabrol).

22. Républicain. Président, Houssard. Siége du club : Faubourg du Roule (école chrétienne).

23. République (dit). Président, Gugnot. Siége du club : à Vaugirard.

24. République centrale. Président, Rigaud. Siége du club : au Prado.

25. Roisin. Président, Vasselin. Siége du club : rue Lenoir, Faubourg Saint-Antoine.

26. Républicain. Président, Froissard. Siége du club : aux Batignolles, rue de la Santé, 4.

27. Droits de l'Homme (société). Présidents, L'Héritier (de l'Ain) et Grandménil. Siége du club : à l'École de médecine.

28. Démocratique (société centrale). Président, Guinard.

29. Républicaine (société). Président, Maillard. Siége du club : rue Paradis-Poissonnière, 20.

30. Fraternelle centrale (société). Président, Cabet. Siége du club : salle Valentino.

31. Républicaine centrale. Président, Blanqui. Siége du club : au Conservatoire.

32. Union des Travailleurs. Président, Laurent Mouton.

33. Travailleurs. Président, Feuillatre. Siége du club : salle Chabrol, marché Saint-Laurent.

34. Rue Traversière Saint-Antoine. Président, Borain. Siége du club : Faubourg Saint-Antoine.

35. Union républicaine. Président, Allairac. Siége du club : rue Jacob, 15.

36. Union polytechnique. Président, Cordier. Siége du club : salle de l'Opéra.

37. Assemblée nationale. Siége du club : Chaussée-d'Antin, 49 *bis*.

38. Abbaye (l'). Siége du club : rue du Dragon.

39. Vieux-Augustins.

40. Allemands (ouvriers). Siége du club : rue Saint-Denis, café Picard.

41. Association italienne.

42. Amis de l'ordre (société). Siége du club : Belleville.

43. Butte des Moulins. Siége du club : rue Saint-Honoré, chapelle de l'Assomption.

44. Banquet (12e arrondissement). Siége du club : rue de Pontoise.

45. Bureaucrates (des). Siége du club : rue Saint-Honoré, 219.

46. Bercy (de). Siége du club : port de Bercy.

47. Commerçants-Locataires. Siége du club : rue de l'Arcade, 60.

48. Commerce. Siége du club : boulevard Bonne-Nouvelle (salle des Concerts).

49. Faubourg Saint-Denis. Siége du club : faubourg Saint-Denis.

50. Club (2e arrondissement). Siége du club : Palais-National.

51. Club (11e arrondissement). Siége du club : rue Saint-Antoine, 104.

52. Club (10e arrondissement). Siége du club : faubourg Saint-Denis, café du Nord.

53. Club (12e arrondissement). Siége du club : aux Sourds-Muets.

54. Club du 27 février.

55. Club. Siége du club : rue Fontaine Saint-Georges, 8.

56. Club (barrière du Maine).

57. Comité central républicain. Siége du club : rue Notre-Dame des Victoires, 5.

58. Central du travail. Siége du club : rue des Trois-Bornes, 16.

59. Condamnés politiques. Président, Barbès. Siége du club : salle Valentino.

60. Commission instituée pour la défense des principes républicains. Siége du club : rue Blanche, 25.

61. Club Grande Salle de l'Institut. Siége du club : Grande salle, à l'Institut.

62. Club du 2 mars. Siége du club : à la Sorbonne.

63. Charonne.

64. Démocratique. Siége du club : Faubourg Montmartre, 5.

65. Démocrate (le).

66. Démocratique allemand. Siége du club : rue Montmartre, 64.

67. Démocrates fraternels. Siége du club : rue Traversière-Charonne, 19.

68. Démocratique. Siége du club : quartier Montorgueil.

69. École de droit (de l').

70. Étoile (de l'). Siége du club : au jardin de Provence (avenue de la porte Maillot).

71. Franchise (de la). Siége du club : rue des Écluses Saint-Martin, 16.

72. Fraternité (de la). Siége du club : rue du Cherche-Midi, 65.

73. Fraternité (de la). Siége du club : au centre du faubourg Saint-Antoine.

74. Fraternel. Siége du club : rue Traversière Saint-Antoine.

75. Gardes nationaux. Siége du club : boulevard Montmartre, 10.

76. Garde nationale. Siége du club : passage Jouffroy, 10.

77. Gravilliers.

78. Gentilly. Siége du club : barrière d'Italie, 60, à Gentilly.

79. Halles (des). Siége du club : rue de la Poterie, halle aux draps.

80. Hommes libres (des). Siége du club : rue Saint-Honoré, 219.

81. Indépendants (des).

82. Lyonnais (des). Siége du club : rue de Provence, 30.

83. Maison (gens de). Siége du club : salon de Mars.

84. Neuilly (de).

85. Popincourt, dit des Vigilants. Siége du club : rue Amelot, 60.

86. Popincourt. Siége du club : rue de la Roquette, 80.

87. Polonais (des).

88. Progrès démocratique. Siége du club : rue Neuve-Coquenard, impasse de l'École.

89. Publicistes (des). Siége du club : passage Jouffroy, 16 (aux Tuileries).

90. Provençaux (des). Siége du club : boulevard Bonne-Nouvelle, salle des spectacles-concerts.

91. Patriotique (7e arrondissement). Siége du club : salle Molière.

92. Populaire (10e arrondissement). Siége du club : salon de Mars.

93. Quinze-Vingts (des). Siége du club : faubourg Saint-Antoine, aux Quinze-Vingts.

94. Révolution (de la).

95. Républicain (dit). Siége du club : rue Madame (école des filles).

96. Républicaines (liberté des élections). Siége du club : rue Neuve Saint-Georges, 10.

97. Républicaines socialistes. Siége du club : rue de Beaune, 2.

98. Républicain. Siége du club : Chaussée Clignancourt (Chaussée des Brouillards).

99. Patriotique de l'Atelier.

100. Unitaire de Propagande.

101. Société démocratique des Libres penseurs. Siége du club : à l'Assomption (chapelle Saint-Hyacinthe), rue Saint-Honoré.

102. Société démocratique de Montargis.

103. Société démocratique (3e arrondissement).

104. Société démocratique de Montrouge.

105. Société démocratique (5e arrondissement).

106. Société de la Fraternité. Siége du club : rue des Deux-Boules.

107. Popincourt (société).

108. Société démocratique à la Villette. Siége du club : à la Villette.

109. Sorbonne (de la). Siége du club : rue des Grès.

110. Société républicaine socialiste. Siége du club : rue de Beaune, 2.

111. Soufflot.

112. Suisses.

113. Saint-Georges. Siége du club : rue Perrier, 1.

114. Triomphe (du).

115. Typographique.

116. Travailleurs libres. Siége du club : rue du Vert-Bois, 10.

117. Travailleurs (des droits des). Président, Flache. Siége du club : rue de la Chaussée-d'Antin, 49.

118. Marais (les travailleurs).

119. Unité républicaine. Siége du club : boulevard du Temple, 24 (salle d'Angoulême).

120. Union (de l'). Siége du club : rue de Condé, 16.

121. Union des Clercs.

122. Union. Président, Fredault. Siége du club : à la Sorbonne.

123. Jeune Montagne (de la). Président, Michelot. Siége du club : quartier Sorbonne.

124. Raspail. Président, Raspail.

125. Salut public. Président, Rousseau. Siége du club : rue Saint-Lazare, 106.

126. Républicain protestant. Président, Coquerel (pasteur).

127. Jeunes Étudiants. Siége du club : au palais de justice.

128. Lot-et-Garonne. Siége du club : à l'École de médecine.

129. Travail social. Siége du club : place Saint-Louis d'Antin, au collége.

130. Blancs-Manteaux. Siége du club : rue des Blancs-Manteaux, 11.

131. Médical. Président, Clariat. Siége du club : rue du Sentier, 3.

132. Fraternité des Peuples. Président, Rebstock.

133. Travailleurs socialistes. Président, Louis Blanc.

134. Saint-Leu. Président, Lebègue.

135. L'Espérance. Président, Gustave Robert. Siége du club : passage du Bras-d'Or, faubourg Saint-Antoine.

136. Amis des Noirs. Président, Bissette. Siége du club : rue du Carrousel, état-major de la garde nationale.

137. Rhône (du). Siége du club : près de la chapelle de l'Assomption.

138. Révolutionnaire.

139. Club de la Garde mobile. Président, Gibès. Siége du club : à l'École militaire.

140. Comité général des Électeurs de la Seine. Président, Gaillard. Siége du club : boulevard Bonne-Nouvelle.

141. Conciliation (de la). Président, Taurreil. Siége du club : rue du Carrousel, état-major de la garde nationale.

142. Club. Siége du club : rue des Mathurins Saint-Jacques, hôtel Cluny.

143. Club des clubs. Président, Deplanque.

144. De la Somme.

145. Compagnons du devoir réuni.

146. Passy (de). Président, Tard. Siége du club : au Ranelagh.

147. Montagne. Président, Grivois. Siége du club : à Passy.

FIN DU TOME QUATRIÈME.

TABLE DES MATIÈRES

DU TOME QUATRIÈME.

CHAPITRE PREMIER.

CHAPITRE DEUXIÈME.

CHAPITRE TROISIÈME.

CHAPITRE QUATRIÈME.

CHAPITRE CINQUIÈME.

CHAPITRE SIXIÈME.

CHAPITRE SEPTIÈME.

CHAPITRE HUITIÈME.

APPENDICE.

FIN DE LA TABLE DU TOME QUATRIÈME.

www.ingramcontent.com/pod-product-compliance
Ingram Content Group UK Ltd.
Pitfield, Milton Keynes, MK11 3LW, UK
UKHW020259230726
13925UKWH00001B/136